Über dieses Buch Der heutzutage häufig zu hörende Satz »Das ist nicht mein Problem« erinnert die Autorin an die biblische Geschichte von Kain und Abel, an Abels vermeintliche Unschuld und an die »kalte Macht der Gleichgültigkeit« (Lew Kopelew), die Kain womöglich erst dazu gebracht hat, die Hand gegen den Bruder zu erheben. Die Selbstherrlichkeit des ermordeten Abel gilt der Autorin als Paradigma gesellschaftlichen wie psychosozialen Elends. Sollen, Wollen und Können des Menschen als Probleme der Psychologie, vor allem im Verständnis der Auffassung Alfred Adlers, stehen im Mittelpunkt des Buches. Adlers »Gemeinschaftsgefühl« wird hier »Brüderlichkeit« genannt, eine Haltung und Forderung, die in die aktuelle Werte-Diskussion mit »ihrem unentrinnbaren dialektischen Verhältnis von Individuum und Gemeinschaft« (Manès Sperber) gestellt wird. Die Autorin erörtert die Konsequenzen, die sich daraus für die Psychotherapie ergeben, und beschreibt schließlich an ihrer Arbeit mit einer »Grenzgängerin zwischen Wirklichkeit und Wahn« mögliche Störungen in der Identitäts-Entwicklung, wie sie sich aus mangelhafter Selbst-Entfaltung ergeben können. In der abschließenden kritischen Einschätzung der eigenen Arbeit spiegeln sich aktuelle Tendenzen der Individualpsychologie Adlerscher Prägung wider.

Die Autorin Gisela Frey, Dr. phil., hat zunächst Rechtswissenschaft studiert und nach Abschluß des Studiums (1961), Heirat und Geburt dreier Kinder 1978 in einem Zweitstudium Sozial- und Heilpädagogik bis zum Diplom und zur Promotion als Dr. phil. studiert. Nach Lehranalyse in Adlerscher Psychologie, psychoanalytischer Gruppenerfahrung und mehrjähriger Weiterbildung in Humanistischer Psychologie arbeitet die Autorin seit zehn Jahren als Individualtherapeutin. Sie ist Mitarbeiterin des Frankfurter »Centrum für psycho-organische und psychosoziale Hilfe«.

Gisela Frey

Der Mensch im Widerspruch

Zur Individualpsychologie Alfred Adlers

Fischer
Taschenbuch
Verlag

Geist und Psyche
Begründet von Nina Kindler 1964

Originalausgabe
Veröffentlicht in der Fischer Taschenbuch Verlag GmbH,
Frankfurt am Main, Juli 1987

Umschlaggestaltung: Graupner & Partner, GmbH
Gesamtherstellung: Clausen & Bosse, Leck
Printed in Germany
1480-ISBN-3-596-42293-0

Meinem zu früh verstorbenen Freund,
dem gütigen Psychiater und rastlosen Forscher
Adalbert Focken gewidmet

Inhalt

»Einmal zog einer weit hinaus, das Fürchten
zu lernen. Das gelang in der eben vergangenen
Zeit leichter und näher, diese Kunst ward
entsetzlich beherrscht. Doch nun wird, die
Urheber der Furcht abgerechnet, ein uns gemäßeres
Gefühl fällig.
Es kommt darauf an, das Hoffen zu lernen.«

Ernst Bloch

»Voici mon secret. Il est très simple: on ne voit
bien qu'avec le cœur. L'essentiel est invisible
pour les yeux.«

Antoine de Saint-Exupéry

Vorwort

Mich hat seit meiner Jugend ein Satz aus dem 124. Psalm des Alten Testamentes besonders fasziniert:

»Unsere Seele ist entronnen wie ein Vogel dem Strick des Voglers; der Strick ist zerrissen, und wir sind frei.«

Wenn er mir durch den Kopf ging, hatte ich immer eine ganz lebhafte und beglückende Vorstellung von einem Vogel, der sich eben den Stricken entwindet und zu seinen Brüdern und Schwestern in Sonne und Regen fliegt. Er ist frei in doppeltem Sinne. *Befreit* zum einen *von* dem Netz, das ihn gefangenhielt, und zum anderen *frei zum* Gebrauch seiner Flügel, die ihn hineintragen in sein kleines Vogelleben und damit auch in seine nützliche Teilnahme am Kreislauf der Natur.[1]

Mein Lebensprozeß seither, vor allem der der letzten Jahre, in denen ich neben Familie und psychologischem Engagement gedanklich viel mit dieser Arbeit beschäftigt war, fügte ein anderes, dem Sinngehalt des Psalmverses entsprechendes, nur drastischer gedachtes und formuliertes Verständnis hinzu. Ernst Bloch nennt es »Ausbruchsmut aus des Teufels Wirtshaus« und schreibt dazu u. a.:

»Solch nun letzter, also wirklich finaler Lebensmut hat seinen gar nicht mehr mittelalterlichen Ausdruck folglich in Säkularisierungen nicht eingebüßt, sondern erst recht auf menschliche Füße gestellt; wo diese Praxis noch fehlt, so macht Lebensmut durch den lädierbaren, doch schwer sterblichen Traum vom besseren Leben sich immer wieder utopiehaltig; das bedenklichsten Falls illusionär, bedachten Falls aber hellhörig für das Anbrechbare einer uns adäquateren Welt. Und das nicht kraft einer empirisch gewordenen adaequatio intellectus ad rem, sondern genau kraft schöpferischer inadaequatio des Verstandes an das Faktische, doch keinesfalls Befriedigende, gar Einleuchtende gewordener Welt.«[2]

Eben diese »schöpferische inadaequatio des Verstandes an das Faktische« scheinen wir heute in der Lebenspraxis der

Individuen wie in der politischen Praxis der industriellen Gesellschaften weithin vermissen zu müssen. Mitten im »freien Westen« verstricken sich immer mehr Menschen im Netz ihrer Depressionen, geraten unfreiwillig oder freiwillig ins kränkende Abseits von den längst nicht mehr unbegrenzten Möglichkeiten in »des Teufels Wirtshaus« oder vollziehen sogar den sie ebenso wie die sie umgebende Gemeinschaft bedrohenden Ab-bruch von notwendigen Gemeinsamkeiten.

Von meinem Eingangsbild her gefragt: Welche Stricke und Verstrickungen hindern immer mehr Menschen in unserer Gesellschaft daran, ihre »Schwingen« zu regen und auf der »nützlichen Seite des Lebens« (Adler) für sich und andere erfüllend und sinnvoll tätig zu werden?

Psychosoziale Störung wird in dieser Arbeit als sozialpsychologische Gefangenschaft vermittelt werden, genauer gesagt als die Verknüpfung von *Be*-fangenheit in individualhistorisch bedingten und *Ge*-fangenheit in gesellschaftlich bedingten psychosozialen Verstrickungen. Da ich sozialpsychologische Gefangenschaft für ein inzwischen kollektives Problem halte, war ich beim Schreiben immer gleichzeitig Betroffene und Betrachtende. Die Betroffenheit trieb mich an, die Betrachtung machte mich immer wieder bescheiden in bezug auf die sozialwissenschaftliche Aussagekraft und Präzision einer solchen Arbeit. Am meisten gerungen habe ich um die schöpferische *inadaequatio* des Verstandes an das Faktische dort, wo es über die kritisch-analysierende Betrachtung hinaus um das Durchscheinen von Hoffnung ging. Doch da es inzwischen vielfältige Bemühungen in dieser Richtung gibt, darf und muß es mir genügen, einen Punkt zu setzen, einen Hoffnungspunkt, der sich – verbunden mit anderen – zu einer »Leitlinie« (Adler) zusammenfügen mag.

In der Psychotherapie entsteht Hoffnung, wenn Befähigung zur Neu-Interpretation von individueller und sozialer Realität erlangt werden kann. Man könnte es auch Befähigung zur Skepsis gegenüber biografischen Erklärungsmustern nennen, doch bliebe die eigentlich tiefenpsychologische Frage nach der innovativen Kraft der erlebnismäßigen Ausformung und Durcharbeitung der Urerfahrungen dabei ausgeklammert. Gewiß aber stehen neue Interpretationsmöglichkeiten von individueller und politischer Realität am Anfang eines jeden »Ausgangs aus selbstverschuldeter Unmündigkeit« (Kant) oder Ausbruchs »aus des Teufels Wirtshaus«. Insofern entsteht auch »Hoffnung aus der Skepsis«[3] gegenüber dem Bestehenden, Gewordenen.

> »Vor mehr als hundert Jahren schrieb Karl Marx einen Satz, der schon zu den geflügelten Worten gehört: ›Die Philosophen haben die Welt nur verschieden interpretiert, es kömmt darauf an, sie zu verändern.‹ Der Satz hat keineswegs an Dringlichkeit verloren: Die Welt muß wirklich verändert werden. Das Problem hat sich jedoch verschoben. Die Hals über Kopf veränderte Welt muß von neuem interpretiert werden, wenn sie nicht zugrunde gehen soll.«[4]

In diesem Sinne werde ich auch meine eigene Situation als weiblicher Mensch gegenüber dieser wissenschaftlichen Arbeit als sozialpsychologisches Problem insoweit zu interpretieren versuchen, als jene zu untersuchenden Befangen- und Gefangenheiten der Person bereits in sie verwoben sind.

1. Das eigene Ich als Quelle und Begrenzung dieses Forschungsbeitrages

Seit Beendigung meines zweiten Studiums der Heil- und Sozialpädagogik im Sommer 1978 bin ich vollberuflich als freie tiefenpsychologische Mitarbeiterin für Individual- und Gruppentherapie des »Centrum für psycho-organische und psychosoziale Hilfe eV, Frankfurt« tätig, das ich mitbegründet habe. Seit 27 Jahren lebe ich als Partnerin eines Mannes und Mutter dreier nun erwachsener Söhne, denen meine tiefste Solidarität gilt. Während dieser Zeit habe ich über einen Zeitraum von 12 Jahren – das sind drei Legislaturperioden – ein kommunalpolitisches Mandat als sozialdemokratische Kreistagsabgeordnete wahrgenommen.

Da mein Partner in hohem Maße politisch und berufsorientiert tätig war und ist, war mein Aufbruch aus einer ausschließlich familienorientierten Existenz in eine umfassendere Teilhabe an den sozialpolitischen Aufgaben unserer Gesellschaft nur um den Preis fast ständiger Überlastung zu haben. Dabei verstehe ich nicht diese Doppelrolle an sich als ein Zuviel, das ich mit vielen meiner Schwestern teile. Vielmehr erzeugt der Umstand, daß diese Doppelrolle fast ausnahmslos von Frauen allein aufgenommen und getragen und nicht gleichmäßig auf beide Geschlechter verteilt wird, eine inhumane Überforderung.[5] Hinzu kommt – entgegen allem Marktgeschrei – die faktische gesellschaftliche Bedeutungslosigkeit all jener (Frauen und Männer), die Liebe, Zeit und Lebenskraft in die familiale Existenz von Kindern investieren. Daß diese unbezahlbare Arbeit immer noch unbezahlte Arbeit ist, muß als der materielle Ausdruck der Geringschätzung in der Leistungsgesellschaft verstanden werden.

Der Aufhebung dieser gesellschaftlichen Bedeutungslosigkeit und *damit Unwirksamkeit*, die sich in tiefen Ohnmachtsgefühlen manifestierte, galt mein persönlicher Aufbruch. Sie zu überwinden ist das Ziel meiner politischen, der psychosozialen wie auch dieser theoretisch-wissenschaftlichen Arbeit. Die verheerenden Folgen, die das Verharren der Frau in selbstzufriedenen, resignierenden oder räsonnierenden Positionen für die Erziehung der Kinder, den Entwicklungsprozeß von Partnerschaft und das Anwachsen männlicher Hybris in Familie, Gesellschaft und Politik mit sich bringt, sind mir vor allem auf dem Wege über die eigene leidvolle Erfahrung und die Analyse meiner persönlichen Biographie sowie über mein politisches Engagement bewußt geworden und spiegeln sich heute im täglichen Leid und Elend meiner Klienten in der psychosozialen Praxis.

Noch eine andere Seite des durch Überlastung skizzierten Problems bei dieser Arbeit möchte ich beschreiben: Ich will mit diesem Buch nicht die Zahl der hochgradig abstrakten Schriften vermehren noch auch ein (nur) redliches Dokument verfassen. Beiden Lösungen begegne ich ebenso mit Hochachtung wie mit hochachtungsvollem Zweifel.

Mein Beitrag zu einer Wissenschaft, deren Gegenstand die menschliche Existenzproblematik ist, kann nur ausgehen von der eigenen leidenschaftlichen Teilhabe an eben dieser *Conditio humana*, die heute wie nie zuvor davon geprägt ist, daß mitten im hochzivilisierten Leben wir »vom Tod umfangen« sind, vom Tod, dessen Erscheinungsformen angesiedelt sind zwischen der makrosozialen Bedrohung atomarer und ökologischer Vernichtung und dem mikrosozialen Drang in die Verhältnislosigkeit, die Konkurrenz oder Beliebigkeit und damit die scheiternde Kommunikation. Peter Kutter[6] registriert zu Recht, daß wir alle aufgrund der Bedingungen, unter denen wir leben müssen, als »gestört« bezeichnet werden müssen. Bedingt werde dies durch die allgemeine Überbewertung von Rationalität und Technik und die Entwertung aller Leidenschaftlichkeit. Doch tritt der Mensch nicht nur als *Homo sapiens* und *Homo faber* – also vernunftbegabt und Symbole schaffend – in die Welt, seine tiefste Lebendigkeit drücke er aus als *Homo sentiens*, jenes »fühlbegabte Wesen«, das ebenso zu lieben wie zu hassen vermag. Erfülltes Leben binde sich daher an eine Wiederentdeckung und Wiederherstellung von Leidenschaftlichkeit als positivem Wert in der Existenz.

Für die Arbeit an dem vorliegenden Buch bedeutete die aktiv-leidenschaftliche Teilhabe in Partnerschaft, Familie und Beruf extreme Zeit-Not. Das hat mir immer wieder Angst gemacht in bezug auf die Frage, ob ich unter diesen Bedingungen den wissenschaftlichen Anspruch einer solchen Arbeit überhaupt erfüllen könnte. Gleichzeitig konnte hier kaum ein Satz formuliert werden, der die eigene personale Betroffenheit von Welt und Leben ausklammerte, der den »objektiven Faktor Subjektivität«[7] zu bagatellisieren vermochte. Mich treibt in aller gesellschaftlichen und persönlichen Beschränkung der Wunsch nach immer tieferem Verstehen und Erkennen, nach der Gewinnung angemessener Kategorien, die das Erfahrene in den Zusammenhang des Verstandenen und damit pädagogisch und therapeutisch Vermittelbaren bringen, um von dort aus mitzuhelfen an der Überwindung tödlicher Ohnmacht und Resignation.

Wesentliche Ermutigung in dieser Situation bedeutete mir immer wieder die gütige Gesprächsbereitschaft von Ernest Jouhy. Dafür und für seine menschliche und wissenschaftliche Betreuung möchte ich ihm Dank sagen.

Ich denke an dieser Stelle auch mit Dankbarkeit an all jene Autorinnen und Autoren – von denen ich namentlich hier nur Peter Kutter nennen möchte –, deren geistige Arbeit meine eigene Auseinandersetzung mit den hier aufgeworfenen Fragen gefördert hat.

Meiner 75jährigen Mutter, Sigrid Brix, geb. Jeep, danke ich für die mühselige Arbeit beim Ordnen der Literatur und die Mithilfe beim Aufstöbern mir wichtiger Textstellen in Bibliotheken. Mein Partner, der Jurist Hans-Erich Frey, mein Bruder, der Theologe Klaus Brix, und meine Freundin, die Pädagogin Regina Wanke, waren immer wieder wichtige Gesprächspartner.

Meine unbestechlichsten psychischen Lehrmeister waren meine drei Söhne Carsten, Sebastian und Oliver und in besonderer Weise meine Klienten. Das »Centrum für psychoorganische und psychosoziale Hilfe eV« in Frankfurt unter der Vorstandschaft von Ute Christ-Bode und Ernest Jouhy gab mir in wesentlichen Bereichen eine geistige Heimat.

Last – but not least – danke ich Helga von Schulz-Hausmann für ihre unbeirrbare therapeutische Hilfe zu meiner persönlichen und beruflichen Weiterentwicklung.

2. Das Menschenbild – Voraussetzung für psychotherapeutische Kommunikation

2.1 Die Person als zukunftsoffene Struktur

Von Gefangenschaft zu sprechen (s. Vorwort) impliziert die Suche nach möglicher Befreiung und befreienden Möglichkeiten. Dazu bedarf es möglichst genauer Kenntnis von der Beschaffenheit des Gefängnisses und von der Situation des Gefangenen. Gefangen- wie Befangensein heißt, untätig sein zu müssen, zumindest in seiner Tätigkeit eingeschränkt zu sein.

Leben, das nicht gewaltsam stillgestellt wird, ist Bewegung und Tätigsein[8] als Antwort auf die vielfältigen Herausforderungen, mit denen es die menschliche Existenz konfrontiert. Ob wir dieses Herausgefordertsein wünschen oder vermeiden möchten, es existiert in Form all jener Aufgaben, aus denen Leben besteht, und die unsere tätige Antwort erheischen.

Psychosoziale Störungen können als leidvoll erlebte Entgleisungen menschlicher Tätigkeiten beschrieben werden. In der Individualpsychologie (IP) sprechen wir mit Adler von »Fehlschlägen«. Nach ihm sind solche Tätigkeiten als fehlgeschlagen zu bezeichnen, die nicht am »Gemeinschaftsgefühl« bzw. am »sozialen Interesse« orientiert sind, die also nicht immer wieder konstruktiv und kreativ an der Erhaltung und Förderung der menschlichen Gemeinschaft orientiert sind. M. E. zu Recht beschreibt Antoch die IP auch als eine »Tätigkeitspsychologie« und den zentralen Begriff des Gemeinschaftsgefühles bei Adler nicht als Eigenschaft oder

> »Besitz der richtigen Einstellung zu anderen – – – (sondern) als den Stil des Heran-Gehens, lateinisch des Adgredi, einen lebensstiltypisch gestalteten Weg also und nicht einen Zustand. Und insofern ist auch das Wort »Gefühl« irreführend, denn mit Gemeinschaftsgefühl ist ein Streben, eine Bewegung, eine Tätigkeit gemeint.«[9]

Das Woher und Wohin, Warum und Wozu, Ursache und Ziel dieses menschlichen Tätigseins und seiner Ausformungen ist Gegenstand der Humanwissenschaften wie auch dieser Arbeit.

Hinweisen möchte ich auf die Einsicht in der aktuellen philosophischen Anthropologie, daß der Versuch, das Wesen des Menschen als unveränderlich – entweder gut oder böse, hilfsbereit oder aggressiv – festlegen zu wollen, in eine Sackgasse führt. Denn der Mensch hat vielerlei Möglichkeiten in sich, und welche davon er dominant entwickelt, welche latent vorhanden bleiben, ist wesentlich geprägt von der Qualität seiner Sozialisations- und Lernprozesse wie auch von den Strukturen seiner Um- und Mitwelt, in die er beständig kommunizierend eingebunden ist.[10]

In der folgenden Darstellung des dieser Arbeit zugrunde liegenden Menschenbildes verzichte ich im übrigen auf eine Schilderung des heutigen Standes anthropologischen Forschens und Denkens und auf eine Auseinandersetzung damit. Ich versuche hier – auch in Weiterentwicklung des so viel umstrittenen und in der Tat vieldeutbaren Begriffes vom »Gemeinschaftsgefühl« bei Adler – jene für mich ebenso lebensstiltypischen und damit immer auch beschränkten wie erkenntnis- und handlungsleitenden Wertvorstellungen zu erarbeiten, mit deren Hilfe ich dann die von mir angedeutete Befangen- und Gefangenheit in der Existenz erörtern sowie befreiende Möglichkeiten anvisieren werde.

Implizit ist damit die Sinnfrage gestellt. Der Zerfall religiöser Gläubigkeit und die Erkenntnis, daß die Ersatzreligiosität wissenschaftlich-technischen Fortschrittsglaubens eine selbstzerstörerische Dialektik entwickelt hat, haben zu der vielerörterten Sinnkrise geführt, die dem Psychotherapeuten in seiner Arbeit täglich begegnet, und in deren Beantwortung seine eigenen Kraftquellen zutiefst verankert sind.

2.2 Das Paradigma der biblischen Urgestalten

Zur Entwicklung meiner Vorstellungen eines Menschenbildes und dem damit verbundenen Sinn und Wert in der menschlichen Existenz knüpfe ich an einen Text aus der »Genesis« an:

> »Es begab sich aber nach etlicher Zeit, daß Kain dem Herrn Opfer brachte von den Früchten des Feldes; und Abel

brachte auch von den Erstlingen seiner Herde und von ihrem Fett. Und der Herr sah gnädig an Abel und sein Opfer;
aber Kain und sein Opfer sah er nicht gnädig an. Da ergrimmte Kain sehr und seine Gebärde verstellte sich.

Da redete Kain mit seinem Bruder Abel. Und es begab sich, da sie auf dem Felde waren, erhob sich Kain wider seinen Bruder Abel und schlug ihn tot.

Da sprach der Herr zu Kain: Wo ist dein Bruder Abel?

Er sprach: Ich weiß nicht; *Soll ich meines Bruders Hüter sein?«* [11]

Den beiden Brüdern Kain und Abel – Kinder des ersten Menschenpaares in der biblischen Schöpfungserzählung – begegnen wir im überlieferten Text des Alten Testamentes als Prototypen erwachsener Männer ihrer Zeit, die mit Ackerbau und Viehzucht die Grundlagen ihrer materiellen Existenz zu sichern suchten. Diese war im Land der Juden immer bedroht.

Die Menschen plagten sich auf Äckern und Baumpflanzungen um oft nur geringe Erträge. Besonders im Gebirge, wo die Äcker steinig und die Weideplätze karg waren, führten sie ein hartes, mühevolles Leben. Dennoch war ihre Mühe bedroht von Vergeblichkeit, wenn die Winter keinen ausreichenden und günstig verteilten Regen nach der Glut der Sommermonate brachten. Zur immer vorhandenen Kargheit kamen dann Mißernte, Hunger und Durst, die das Leben von Mensch und Tier bedrohten. Manchmal vernichteten auch Heuschreckenschwärme die gesamte Ernte des Landes. Und immer waren die menschlichen Ansiedlungen von Erdbeben bedroht.[12] Zur Sicherung gegen diese vielfältigen Formen des Ausgeliefertseins brachte der antike Mensch der Gottheit Opfer. Er glaubte, damit ihre Gunst erringen zu können und Gnade und Hilfe in Zeiten der Not zu bekommen.[13] An bestimmten Zeichen wollte er auch erkennen, ob diese sein Opfer angenommen hatte.

»Den versteckten Schützen sollte das günstig stimmen, gerade den versteckten, so doppelt unfaßlichen, abgehobenen, der Hunger oder Pest, aber auch, bei zufriedenstellend geliefertem Zehnten, gegebenenfalls Gnadenbrot abschnellte.« [14]

Die Einführung des oben zitierten biblischen Textes zu Beginn meiner Darstellung eines Menschenbildes hat paradigmatischen Charakter. Es geht – jenseits einer möglichen theologischen Interpretation[15] – um die in der individuellen Biographie wie in der Historie der Gattung virulente Frage nach menschlicher Macht und Ohn-macht, nach Möglichkeit und Un-möglichkeit für menschliches Leben. Ihr »werdet sein wie Gott« heißt es kurz zuvor in der Mythologie des Alten Testamentes.[16] Sein-wie-Gott bedeutete Macht, aber »die Macht des Menschen wird nicht automatisch zu einer Macht der Menschlichkeit«[17] wie sie sich in der biblischen Schöpfungsmythologie – unvergeßlich auf immer für die Kinder Israels und ihre christlichen Nachfolger – abbildet:

> »... daß mein Leben nicht als mein egoistischer Besitz wichtig ist, sondern daß ich durch das Leben meiner Worte – der Taten, meiner Schöpfung, durch die ich Zeit eröffne – anderen Gelegenheit gebe, Freiheit vollkommener zum Ausdruck zu bringen. Das persönliche Leben des Schaffenden tritt damit (–) in das Leben der Gemeinschaft, als ein ›Sicheinbinden in ihr Geschick‹.«[18]

Nicht darin liegt das Paradigmatische der von mir gewählten Geschichte, auch nicht bei dem im weiteren Verlauf dieser Geschichte sich abzeichnenden Durchbruch im theokratischen Jachwebild nach Kains Verfluchung:

> »... als ob er nicht der gleiche Gott wäre, der alte, harte, der bis ins vierte Geschlecht schlägt, mildert Jachwe nicht nur seinen Fluch, sondern hebt ihn auf. Statt der Reichsacht über den Vogelfreien ergeht wie von Andersher das Gegenteil: ›Nein, sondern wer Kain totschlägt, soll siebenfach gerächt werden‹; und das sogenannte Kainsmal ist, wider übliche Vorstellung, ja genau eines des Schutzes (»damit niemand ihn erschlüge«).«[19]

Nicht aus einer solchen umfassenderen exegetischen Betrachtung ergibt sich mein Paradigma, sondern aus der Wahrnehmung einer ausgewählten Szene in der alttestamentarischen Mythologie, wie sie sich mir – und dies ist gewiß immer »tendenziöse Apperzeption« im Sinne Adlers – heute als einer in der Kultur- und Un-Kultur-Tradition auch dieser Geschichte Lebenden hinhörend erschließt.

Gleichzeitig meine ich mit Gardavsky, daß das große Interesse am Mythos in der modernen Philosophie, Ästhetik, Psychoanalyse, Sozialpsychologie, Ethnographie und Literaturgeschichte – jenseits von den unterschiedlichen Auffassungen und Interpretationen – sich rückbindet an ein Rudiment, das uns geblieben ist, verborgen unter den verschiedenen Schichten und Formen des gesellschaftlichen Bewußtseins, und »das uns immer neu an den Augenblick erinnert, als die Natur den Menschen gebar«.[20]

Zu den Grundannahmen in der Tiefenpsychologie Alfred Adlers gehört es, daß die Stellungnahme des Menschen zum Leben und zu seinen Möglichkeiten entscheidend geprägt wird von der »Meinung«, die er sich auf der Basis seiner individuellen Geschichte und seines gesellschaftlichen Umfeldes von seinen Möglichkeiten oder seiner Ohnmacht gebildet hat. Was wir »auswählende Wahrnehmung« oder »tendenziöse Apperzeption« nennen, hat hier seinen Ursprung.[21]

So betrachte ich auch die beiden Männer im biblischen Text in ihrem Verhältnis zu sich selbst, zueinander, zu Welt und Leben und zu ihrem Gott als Paradigma der Grundbeziehung von Männern unter den damaligen historischen Bedingungen. Zu ihren – wie unseren – gravierendsten Prägungen gehört, daß sie sich weder als Partner des Schöpfers noch auch als seine bei ihm schlechthin aufgehobenen Kinder erleben, sondern nur als ausgesetzte Wesen, der Natur als Schöpfung ausgeliefert, und dennoch aufgerufen, »im Schweiße ihres Angesichtes« mit ihr und miteinander umzugehen.

Dem tödlichen Konflikt der Brüder in der zitierten Geschichte ging eine »gnädige« Bewertung Abels und seines Opfers und eine »ungnädige« von Kain und dessen Opfer durch Gott voraus. Am Nullpunkt seines Selbstwertgefühles und damit nach individualpsychologischem Verständnis getrieben von der Hybris der Geltungssucht konnte Kain den Wert des Bruders nicht mehr ertragen und löschte ihn aus. Befragt nach dessen Verbleib, lehnt er aufsässig jede Verantwortung ab: Soll ich meines Bruders Hüter sein? Obwohl er ihm das Kostbarste genommen hat, die Einmaligkeit und Einzigartigkeit seiner menschlichen Existenz.[22]

Die Geschichte löst Betroffenheit aus. Und wie gewöhnlich – wenn es um einen psychosozialen Exzeß geht – ist unsere Betroffenheit gerichtet: kritisch in bezug auf den Täter, mitfühlend, was die Person des Opfers angeht.

An dieser Stelle setzt meine kritische Überlegung an: Biblische Geschichte ist von Menschen verfaßt und geschrieben und damit notwendigerweise in ihrer individuellen wie gesellschaftlichen Aussage auch ein Produkt historisch-kulturell bedingter auswählender Wahrnehmung. So fehlt in der Geschichte dieses ersten Brudermordes in der Bibel die Frage nach der Verantwortlichkeit des scheinbar Unschuldigen. Abel scheint – und darin gleicht er den »Gerechten« aller Zeiten – nur Opfer zu sein, nur Un-schuldiger. Ich möchte die Frage stellen auch nach der *Unschuld, die schuldig macht*, nach der Ver-antwortung auch auf der Seite des objektiv oder scheinbar Gerechten, auch nach seiner Antwort also auf die gemeinsame Situation.

In der Aussage des biblischen Textes redete Kain mit seinem Bruder Abel, bevor er zuschlug.[23] Es liegt nahe, anzunehmen, daß er seine Enttäuschung und vielleicht auch seine Wut über das Urteil Gottes zum Ausdruck brachte, weil es ihn einsam und klein machte. Er brauchte Verbindung und einen Verbündeten für seine Verzweiflung. Abel war sein Ansprechpartner. Aber dieser zeigte kein Interesse für Kains Situation. Er schweigt und vertieft damit die Verlassenheit des Bruders. An dieser Stelle drückt sich implizit im Handeln Abels eben die Frage aus, die der biblische Text nur dem Kain zuschreibt: Soll ich meines Bruders Hüter sein?

Ich möchte dazu folgende Hypothese aufstellen:

Abel scheiterte ebenso wie Kain an der Verneinung dieser Frage. Bei Kain liegt das scheinbar auf der Hand. Sein Scheitern wird daran offenbar, daß er seinen Bruder nicht vor den Auswirkungen seiner Wut und Enttäuschung zu bewahren vermochte. Für immer bleibt sein Name mit dem Makel des Brudermordes behaftet.

Bei Abel wird es schwieriger. Sträubt sich nicht all unser »gesundes Rechtsempfinden« dagegen, den »Gerechtfertigten« nun in die gleiche Verantwortung gegenüber derselben Frage zu ziehen? Sollen Mörder und Opfer mit dem gleichen Maß gemessen sein?[24]

Dem Zweifel nachzugehen heißt zugleich, sich der damit

gestellten Frage nach der Konkretion von beider Situation zuzuwenden. Auf der Bühne des mosaischen Stückes sehen wir zwei Männer. Sie sind Brüder – werden aber zu Feinden. Was hat sie in diese Konstellation gebracht?

Beide begegnen dem Wert- bzw. Unwerturteil einer für sie ebenso maßgebenden wie übermächtigen Instanz – hier dem Urteil Gottes. Wir sehen sie erstarren in Handlungsunfähigkeit, *als habe das Urteil, die Bewertung sie hypnotisiert.*[25]

Kain erstarrt in Unfähigkeit, sich mit der Angemessenheit des Urteils auseinanderzusetzen, Abel in selbstzufriedener Gleichgültigkeit, vielleicht auch in heimlichem Triumph dem enttäuschten und gekränkten Erstgeborenen gegenüber. Ein schwacher Versuch Kains, mit Abel in Verbindung zu kommen, scheitert an der hypnotischen Wirkung des gnädigen Urteils, das diesem zuteil wurde.[26]

Für Abel ist die Welt nach »unerforschlichem Ratschluß« in Ordnung, sein Platz in ihr bestätigt. Vor Kain tut sich ein Abgrund auf: ausgeliefert an ein unumstößliches Minderbewertetsein und damit von minderem Wert sein, ist er sich selbst und dem Bruder gleichermaßen entfremdet. Er zerbricht an der für ihn *nicht hinterfragbaren Gültigkeit des göttlichen Unwerturteils ebenso wie an der »kalten Macht der Gleichgültigkeit«* (Lew Kopelew) *in der Person des Bruders. Beides erscheint ihm gleichermaßen unveränderbar,* *und es ist dies Doppelte seines unveränderbaren Ausgeschlossenseins, das seine Situation ausmacht, das ihn aus seiner Lebensordnung ausbrechen, zum Todfeind und Mörder des Bruders werden läßt.* Seine Antwort wissend, müssen wir dennoch bei der Frage bleiben: Wo ist dein Bruder Abel?

Zugleich aber geht nun die Frage an Abel – und in der Logik dieser Arbeit bekommt sie vorrangigen Charakter –: Wo ist dein Bruder Kain?

Abel ist Kains Bruder und damit im Kontext der Geschichte als *Mit-Mensch* definiert, als einer von jenen, die aufgerufen waren, sich gemeinsam »die Erde untertan« zu machen. Er erfährt sich in der vorliegenden Geschichte auf logisch nicht begründbare Weise bevorteilt in seiner Person und seinem Opfer durch den göttlichen Gnadenerweis. Für diesen unterschiedlichen Status hat er nach der Geschichte nicht mehr und nicht weniger getan als Kain. Und so kann ihm zunächst weder Verdienst zugesprochen noch Verantwortung angelastet werden für ihrer beider Situation. Mein Interesse beginnt bei der Frage, wie er als definierter Mitmensch mit seiner Bevorteilung gegenüber dem Bruder umgeht.

Abel erlebt vor seinen Augen das Entwertungsdrama des Bruders. Während er im Gefühl seines bestätigten Wertes ausruht, krankt Kain an der Bestätigung seines Unwertes. Und Abel schweigt. Aber: »man kann nicht *nicht* kommunizieren!«[27]

Gerade sein Schweigen vermittelt mit letzter Schärfe: Du und deine Probleme finden kein *Inter-esse* bei mir. Inter-esse als Dabei-sein, als Mit-sein mit dem anderen wäre die adäquate Lebensform des Mit-Menschen.[28] Abels Gleichgültigkeit macht Kain zum Un-Menschen und nimmt ihm damit das letzte Argument, sich nicht total ver-lassen und damit aus der Verantwortung ent-lassen zu fühlen gegenüber dem Bruder.

Wieviele Antworten könnten gedacht werden statt dieser ebenso abschreckenden wie banalen – der des Mordes –, wenn Abel den Bannkreis der Selbstzufriedenheit und Gleichgültigkeit verlassen und sich mit dem Bruder solidarisiert hätte! Vision einer Zukunft, die wieder offen wäre?

Kann denn aber im Kontext der Geschichte die Möglichkeit überhaupt gedacht werden, daß der eine oder andere aus der »gottgewollten« Ordnung heraustritt und sich öffnet? Schleppen wir nicht nur noch – als Ergebnis individueller Sozialisation und gesellschaftlicher Bedingungen – an unserem »Charakterpanzer«, schielen auf beiden Augen durch die Brille unserer »tendenziösen Apperzeption«,[29] verschwinden hinter unserer »Charaktermaske«? Sind die »brüderlichen Urgestalten«[30] – ebenso wie wir – in all diesem nicht nur Resultate ihrer Zeit? Hier tut sich eine Grundfrage dieser Arbeit auf.[31]

2.3 *Die biblischen Urgestalten als aktuelle Herausforderung*

Um zu entfalten, was das Geschehen um die beiden »brüderlichen Urgestalten« mit dem Menschenbild in dieser Arbeit zu tun hat, werde ich nun die Aktualität der biblischen Szene in bezug auf unsere heutige Situation untersuchen. Grundidee in meinem Ansatz ist die Überlegung, daß die von mir gewählte Geschichte ein Bild hergibt, das bis zum heutigen Tage gültig ist. Und daß an eben diesem Bild zutiefst Kritik geübt werden muß.

Auf unserer Gesellschaft wie auf der Gemeinschaft der Völker dieser Erde lastet die Vorgegebenheit von Macht.[32] Im Alten Testament wird diese Vorgegebenheit – dort als Macht Gottes – nicht hinterfragt. An dieser Schicksalhaftigkeit wird Abel zum Gegen-Menschen, Kain zerbricht an ihr. Das Urteil ist für sie unumstößlich. Es ist eine Situation, wie sie sich in der Auseinandersetzung der Studentenbewegung der 60er und 70er Jahre widerspiegelt, die heute als »melancholische Linke«[33] im Selbstmitleid zu versinken, die Hoffnungslosigkeit zum »kategorischen Imperativ« zu erheben scheint, soweit sie nicht schon vorher in die Terror-Szene abwanderte. Die Möglichkeit des Sich-Abfindens (die die Bibel auch kennt) gibt es für Kain nicht. Folglich bleiben ihm nur Ausbruch, Revolte, Mord. Am Ende ist er ein Ausgestoßener, so wie die sog. »zerstörerischen Elemente« in unserer Gesellschaft Ausgestoßene sind. Denn *Abels brüderliche Hand fehlt ihnen heute ebenso wie dem Kain von damals.*[34] Abel findet sich nicht nur ab mit seinem Status, er rechnet sich zu, daß er gut bewertet wurde. Er hockt auf seinen Privilegien wie heute etwa die weiße Rasse, die Industrienationen, der Mittelstand, die Männer, die Angehörigen der im Sinne unserer Gesellschaft potenten Jahrgänge etc. Wird einer dieser Gruppen etwas von ihren Privilegien streitig gemacht, so fühlen sie sich – wie das biblische Paradigma zeigt, zu Recht – existentiell bedroht und rufen nach der schützenden Macht. Die Idee, sich dem enterbten Bedroher brüderlich zuzuwenden, ist ihnen fremd. Sie fühlen sich als Opfer – wie Abel.

Der Abel unserer Zeit hat früh gelernt, alle Ansätze zu kritischer Infragestellung des Vorgegebenen dem elterlichen Allmachts- oder All-güteanspruch zu opfern[35] – bis hin zur Schizophrenie –, und dieses Opfer wird gnädig angesehen. Er hat weiter gelernt, in Familie, Kindergarten, Schule, Universität und/oder Berufsausbildung, daß vorgegebene Machtstrukturen alle jene gnädig bewerten, die sich mit ihnen abfinden, daß vorgegebene »Haben«-Positionen ihnen mit quasi naturrechtlicher Selbstverständlichkeit bestimmte (Vor-) Rechte zuschreiben, die sie dann nicht nur als ihr »gutes Recht«, sondern als ihren »eigenen Verdienst« zu betrachten gelernt haben.[36] Und wer könnte ihnen die – zum Teil hohen – Verdienste um die Grundlegung, Erhaltung und Tradierung ihres »guten Rechts« streitig machen?! Doch sie lernten noch mehr: sie lernten, sich überlegen zu fühlen gegenüber den »anderen« – den Schwarzen, den Entwicklungsländern, der Unterschicht, den Frauen,[37] Kindern und alten Menschen etc.[38] In der Wahl ihrer Gegenmittel können sie erfinderisch werden wie Folterknechte, wenn emanzipatorische Bestrebungen in diesen Gruppen ihre Privilegien bedrohen. Der Rückzug hinter das Schweigen, das Nicht-Reagieren, ist dabei – ebenfalls heute wie damals – ein gängiges, wenn auch vergleichsweise harmloses – Foltermittel. Dort erst entstehen – heute wie damals – Kains hilflose Antworten: wo vorgegebene Macht- und Haben-Positionen Menschen auseinanderdividieren zu Gegenmenschen, wo Zuwendungsbedürftigkeit nicht mehr gedacht und gefühlt, Verantwortlichkeit daher nicht mehr begründet werden kann. Black-Panther und Baader-Meinhof revoltieren nicht nur gegen vorgegebene Strukturen von Macht und Gewalt. Sie werden zu Kriminellen und Mördern vor allem daran, daß ihre Umwelt – daß Abel – nicht realisieren kann, was es hieße, ihnen anders als entweder mit der kalten Macht der Gleichgültigkeit zu begegnen oder aber ein ganzes Potential an Aggressivität gegen sie zu mobilisieren, weil sie ihre eigene privilegierte Existenz gefährdet und verletzt erleben.[39]

So wäre die Verantwortung vor allem bei Abel, bei den in irgendeiner Form Privilegierten und dadurch Mächtigen? Unausweichlich also die Revolte für Kain, für die in irgendeiner Weise Unterprivilegierten und Ohnmächtigen? Angemessen alle Formen der Flucht in Sekten und Süchte, in Suizid und kollektive Depression,[40] weil ja doch nichts zu ändern sei? Das würde höchste Aktualität des von mir eingeführten biblischen Bildes bedeuten.

In der Tat kann die Aktualität, was die Vorgegebenheit von Macht- und Haben-Strukturen betrifft, heute ebensowenig geleugnet werden wie die Existenz vorgegebener Ohnmachts- und Defizitstrukturen. Politisch-gesellschaftliche Perspektive ebenso wie private Hoffnung scheinen sich immer tiefer an die Frage nach Haben oder Nicht-Haben von Besitz und Macht zu binden. Die leidenschaftlich unruhige Woge menschlichen Ringens um Sein oder Nicht-Sein bricht sich nicht nur, sie droht sich müde zu laufen an den Mauern des Habens, an jenem status quo, der das Chaos in der Maske von Ordnung ist.

Das Statische des Habens[41] und damit seine tiefe Hoffnungs- und Perspektivelosigkeit wird bereits in der Konjugation des Verbums »haben« überraschend deutlich. Alle sechs Tempi des Verbs sind nur eine geringfügige Variation der Infinitivform: haben. Man muß es noch einmal sorgfältig hören, um das zutiefst Makabre daran zu fassen: ich habe, ich hatte, ich werde haben, ich habe gehabt, ich hatte gehabt, ich werde gehabt haben. Keine Bewegung, keine Entwicklung in diesem Haben ist zu spüren, das immer schon hatte und immer haben wird.

Als Kontrapunkt möchte ich dagegen die Tempi des Verbums »sein« setzen. Zwar zielt die sprachliche Form des Futurums auch hier – wie beim »haben« – auf die Übernahme der Grundform, denn es heißt dort: ich werde sein. Doch zuvor geht das »Sein« durch den verändernden Schmelztiegel seiner Gegenwart und Vergangenheit: ich bin, ich war, ich bin gewesen, ich war gewesen, bevor es »aufgehoben« wird in dem neuen Sein der Zukunft.[42]

Kain und Abel bleiben ausgeschlossen vom Prozeß des *Werdens* als Mit-Menschen. Ihr Gefühl der eigenen Abhängigkeit und Determiniertheit ist so tief, daß Sein oder Nicht-Sein allein davon abhängen, ob sie Wert *haben* vor ihrem Gott oder nicht.

2.4 *Die ethnozentrische Selbstherrlichkeit Abels als paradigmatische Quelle unseres Elends*

Die Entwicklung von Individuum und Gesellschaft in unserer Kultur, in deren Verlauf die Geschichte von Kain und Abel entstand, hat die Menschen von ihrer knechtischen Vorstellung befreit, den Mächtigen von Himmel und Hölle ohnmächtig ausgeliefert zu sein. Sie lernten nicht nur die Natur zu beherrschen, sie lernten vor allem Eigeninitiative für ihr Wohlergehen zu ergreifen, die sich seit dem ausgehenden Mittelalter – angetrieben durch die calvinistische Heilsvorstellung der Reformation – vor allem in kapitalistischem Besitzstreben äußerte. Besitz – und damit Macht – bestimmten immer stärker den Wert des Menschen. Tribut war der Kampf aller gegen alle.

Aus dem seit der Aufklärung gegenläufigen Ringen um Toleranz und Verantwortung füreinander, später um Freiheit, Gleichheit, Brüderlichkeit für alle Menschen, entstanden in der Folge als beste Ergebnisse aus dem Schoß der bürgerlichen Gesellschaften die Demokratien. Weder Gott noch weltliche Herrscher sollten weiter verantwortlich und zuständig sein für das private und gesellschaftliche Schicksal. Die Menschen selber beanspruchten, verantwortliche Produzenten ihrer privaten und gesellschaftlichen Bedingungen zu werden.

Doch die fortschrittliche Entwicklung des kapitalistischen Wirtschaftssystems brachte neben technischem Fortschritt und zunehmendem Wohlstand in den Industrienationen nicht nur die wachsende Verelendung in den Ländern der Dritten Welt mit sich. Sie erzeugte auch in den Industrienationen selbst die Konzentration von Macht über Kapital, Technik und wichtige Informationen bei relativ wenigen Wissenden über die Menge der Uneingeweihten oder durch Spezialisierung Verkümmerten. Diese Machtkonzentrationen drohen – auf dem Wege der inneren Aushöhlung oder äußeren Bestechung[43], zuweilen auch in Formen offener Drohung – Demokratien und Demokraten lahmzulegen. Das anscheinend immer schon Vorgegebene der objektiven oder scheinbaren Rollen- und Sachzwänge erzeugt einen Anpassungsdruck solchen Ausmaßes, daß Lebens- und Überlebenschancen unabdingbar an rollenkonformes und angepaßtes Verhalten gebunden scheinen.[44]

Hier manifestiert sich in aller Deutlichkeit die Aktualität des biblischen Bildes um die »brüderlichen Urgestalten«. Kain und Abel in unserer Zeit und in uns scheinen wieder von der Übermächtigkeit einer Instanz, hier ihrer gesellschaftlichen Bedingungen und weltpolitischen Gegebenheiten, ergriffen. Und wo sich Abel wieder oder noch bestätigt fühlt, krankt Kain an der Ohnmacht seines objektiven oder scheinbaren Ausgeliefertseins, seiner wachsenden Desintegration.

2.5 Deutung der Genese gegenwärtiger Mentalität

Es kann nicht unabhängig davon gedacht werden, daß die zunehmende psychische Verelendung in der BRD rasante Fortschritte macht: So beobachten wir bereits bei schulpflichtigen Kindern Alkoholismus, Drogensucht und Gewalttätigkeit. In den Produktions- und Dienstleistungsbetrieben führen streßbedingte Erkrankungen zu steigenden Produktionsausfällen. Das Leiden unter Ehe- und Partnerkonflikten, unter Depressionen und Borderline-Störungen, unter Süchten und suizidalen Neigungen bedroht nicht nur die unmittelbar Betroffenen, sondern belastet ebenso die Entwicklung der von diesen Leidenden abhängigen Kindergeneration. Immer mehr Menschen werden freiwillig oder zwangszweise in psychiatrische Krankenhäuser eingewiesen. Die psychische Verelendung in Familie, Schule und Arbeitswelt nähert sich in ihren sozialen Folgelasten und -kosten zunehmend denen für Erziehung, Bildung, Freizeit und Kultur.[45]

Verdichtet sich nicht angesichts der – hier nur auszugsweise – beschriebenen Probleme unserer Gesellschaft die provozierende Frage: *Soll* ich meines Bruders Hüter sein? zu ihrer subjektiv radikaleren Variante: *Will* ich denn meines Bruders Hüter sein? Mit einem politischen Beispiel soll der Zweifel noch weitergeführt werden:

»Im April 1981 organisierte das ›Zentrum für Verteidigungsinformationen‹ in Washington zusammen mit der holländischen Universität Groningen eine ›Konferenz

über einen Nuklearkrieg in Europa‹. Der Präsident des Zentrums, der hoch dekorierte General a. D. Gene La Roque und andere Militärs referierten über die hohe Wahrscheinlichkeit eines bevorstehenden nuklearen Krieges. La Roque: ›Die Amerikaner gehen davon aus, daß der Dritte Weltkrieg ebenso wie der Erste und Zweite in Europa ausgefochten wird.‹ Und er zitiert dazu US-Verteidigungsminister Weinberger: ›Das Schlachtfeld des nächsten konventionellen Krieges wird Europa sein und nicht die Vereinigten Staaten.‹ Daß es bei einer konventionellen Auseinandersetzung im Falle eines Krieges nicht bleiben würde, wurde von niemandem bezweifelt. Mediziner, Physiker und Radiologen beschrieben die Folgen: die totale und nicht mehr rückgängig zu machende Vernichtung Europas. Die im Pentagon ablaufenden Planspiele beziehen dieses Risiko ein.«[46]
Die Studie dieser Konferenz entwickelt sich aus der amerikanischen Theorie der Verantwortung für Demokratie und Freiheit in der Welt. Der »Bruder« sind hier die zu beschützenden europäischen Staaten.

Selbst wenn ich den politischen Konsens voraussetze, daß der amerikanische große Bruder den europäischen schützen *soll* und dies auch *will* (allerdings nicht nur aus Gründen des Schutzes von Freiheit und Demokratie), wie kann er aber Hüter seines Bruders sein, ohne daß dies den Untergang des Bruders bedeutet? Die leidenschaftlichen Stellungnahmen gegen die neuerliche Stationierung amerikanischer Raketen in der BRD 1981 haben die Gefahren deutlich für alle beschrieben. Das angesprochene politische Problem – das hier nicht weiter verfolgt werden soll – verweist exemplarisch auf die Schwierigkeiten bei der dritten Variante meiner Fragestellung: Wie *kann* ich denn meines Bruders Hüter sein?

2.5.1 Sollen, Wollen, Können als Problem der Psychologie

Während sich das Problem des Könnens nur korrelativ zum Sollen und Wollen stellt und im instrumentellen Umgang mit objektiven Schwierigkeiten realisiert, sind Sollen und Wollen beim Individuum *motivational* tief eingebettet in die Geschichte seiner jeweiligen Sozialisation, die ihrerseits wieder kulturspezifisch geprägt ist.[47]

»Der Begriff der ›Motivation‹ wird in der dynamischen Psychologie mit am häufigsten verwendet. In semantischer Hinsicht leitet er sich zunächst vom lateinischen movere (= bewegen) ab. Weil Bewegung sowohl dann entsteht, wenn ›von hinten geschoben‹ wird als auch dann, wenn ›von vorne gezogen‹ wird, nehmen die kausalistisch und finalistisch orientierten Schulen der Psychologie diesen Begriff gleicherweise für sich in Anspruch.«[48]

Alfred Adler setzte das finalistische Prinzip seiner »neuen Psychoanalyse«, der Individualpsychologie, dem strengen Kausalitätsbegriff der Freudschen Psychoanalyse entgegen. Begrifflich sehr präzise arbeitet Titze das unterschiedliche Konzept der Lebensdynamik zwischen Psychoanalyse und Individualpsychologie heraus. Während dort – wie in allen kausalen Motivationstheorien – verschiedene ›rückwärtige‹ Faktoren die treibende Kraft bereitstellten (hierin gehören als erstes die ›[An-]Triebe‹, dann aber auch ›Fixierungen‹ bestimmter ›traumatisierender Ereignisse‹ wie auch ›Komplexe‹, ›Prägung[en]‹ und ›Identifikationsmuster‹), wird der Mensch im Verständnis der finalen Motivationstheorie nicht als ›geschoben‹ oder ›getrieben‹, sondern vielmehr als ›(hin-) gezogen‹ verstanden. Im Sinne der Adlerschen Theorie projiziere der Mensch Ziele, Fiktionen und Ideale mittels eines phantasierend-antizipatorischen Aktes ›nach vorne‹ in eine zeitlich mehr oder weniger unbestimmte Zukunft, »aus welcher sie fortan ›... als eine Kraft (wirken), der sich der Mensch nicht entziehen kann‹.«[49]

Charakter bzw. »persönlicher Lebensstil« eines Kindes bilden sich nach Adler also nicht durch kausal-prägende Einflußnahme von Anlage- und Milieufaktoren heraus. Vielmehr bilde das Kind seinen persönlichen Lebensstil durch die in schöpferischer Weise entwickelten Meinungen über sich selbst, die anderen und die Welt, die dann ihrerseits konstitutiv werden für die Entwicklung des Selbst-, Fremd- und Weltbildes.

In Abgrenzung zu dem ›harten Determinismus‹ des kausalistischen Erklärungsansatzes persönlicher Entwicklungsdynamik kann im Zusammenhang mit der finalistischen Betrachtungsweise Adlers durchaus von einem ›weichen Determinismus‹ gesprochen werden, »von kausalen Faktoren mithin, welche die Bewegungsrichtung eines Menschen zwar nicht notwendig, aber hinreichend erklären.«[50]

Die verschiedenen Formen dieser Bewegungsrichtung oder Finalität lassen sich nach Wexberg inhaltlich in vier Grundformen einteilen, deren Reihenfolge Titze hinsichtlich ihrer bewußten oder unbewußten Verankerung differenziert hat. Es sind dies die im Unbewußten verankerte »biologische« und »personale Finalität« und die im Bewußtsein verankerte »soziale« und »rationale Finalität«. Während die ›biologische Finalität‹ über Instinkte (bzw. Instinktresiduen), bedingte Reflexe und die körperlichen Reaktionen auf Furcht – mechanisch – der biologischen Existenzsicherung diene, stelle die ›personale Finalität‹ die ›Finalität der zentralen Persönlichkeit‹ (Wexberg) dar und umfasse das spezifisch menschliche Ausgerichtetsein auf Fernziele, Endziele oder Ideale. In ihrem Geltungsbereich seien die ›Leitlinien‹ und Fiktionen der menschlichen Lebensdynamik angelegt. Die ›personale Finalität‹ sei damit dem Adlerschen Begriff des ›Lebensplans‹, der in den ›Lebensstil‹ integriert ist, gleichzusetzen. Der Endzweck ›personaler Finalität‹ bestehe daher in der Sicherung der persönlichen Lebensbewältigung, was subjektiv dem Streben nach einem positiven Selbstwertgefühl entspräche.[51]

Die im Bewußtsein verankerte »soziale Finalität«, die auch mit dem Begriff des »öffentlichen Lebensstils« umschrieben werden kann, setzt die über soziales Lernen erworbene Fähigkeit zu sozialer Kommunikation voraus. Das bedeutet insgesamt den Erwerb der »Einstellung des Generalisierten Anderen« (H. Mead).

> »Ein adäquates Idenfikationsvermögen ist in diesem Sinne als die eigentliche Voraussetzung eines jeden sozialen Zusammenlebens zu verstehen. Es gibt dem betreffenden Individuum die Möglichkeit in die Hand, ›Menschenkenner‹ zu sein, also über ›common sense‹ oder auch ›soziale Intelligenz‹ zu verfügen.«[52]

Aus der so beschriebenen ›sozialen Finalität‹ leite sich die Funktion der ›rationalen Finalität‹ ab als die Möglichkeit, sich mit Hilfe von bewußten Denkakten an die Lebensbedingungen anzupassen bzw. dem Menschen sein gesamtexistenzielles (Über-)Leben in dieser Welt zu sichern. Letztendlich diene die ›rationale Finalität‹ damit dem gleichen Endzweck wie die anderen Formen der Finalität: Die ›biologische‹ und die ›personale Finalität‹ stehen ebenso im Dienste der Sicherung des individuellen Organismus, wie die ›soziale Finalität‹ im Dienste der Sicherung des supraindividuellen Organismus der Gemeinschaft stehe.[53]

Die »rationale Finalität« ist es also, in der der Mensch letztendlich seine Individualität im Wollen und Entscheiden ausdrückt. Dabei gehe ich davon aus, daß Individualität (= Ungeteiltheit) nicht *statisch fest-stellbar* ist, sondern sich in den jeweiligen Äußerungsformen des Wollens und Entscheidens realisiert und *darin wahr-nehmbar* wird. Zu Recht weist Titze in diesem Zusammenhang noch auf den »interferierenden Einfluß der anderen Formen der Finalität« bezogen auf die sog. Willens- bzw. Entscheidungsfreiheit des Individuums hin. Immer seien Entscheidungen, die ein Mensch »bewußt« oder »aus Vernunftgründen« trifft, nicht nur Entscheidungen für etwas, sondern grundsätzlich auch Entscheidungen gegen die entsprechenden Tendenzen, die aus den Bereichen der biologischen, personalen und sozialen Finalität einwirken.[54]

Gleichzeitig ist die ›rationale Finalität‹ die Voraussetzung dafür, daß die o. g. interferierenden Einflüsse nicht zur Zerspaltenheit und somit Entscheidungsunfähigkeit des Individuums führen, wie sie gleichzeitig die Befähigung darstellt, nicht in den vorgegebenen Handlungsmustern der »sozialen Finalität« zu erstarren.[55] Und schließlich kann die Entscheidungsfähigkeit sich auch gegen das Individuum selbst kehren und sich in neurotischen Arrangements dauerhaft realisieren.

Im Sinne des hier vorliegenden Forschungsbeitrages zur Individualpsychologie Alfred Adlers und in der Logik meiner Überlegungen zu einem Menschenbild entspricht der hier verwendete Begriff des Sollens der eben erörterten »sozialen Finalität« und der Begriff des Wollens der »rationalen Finalität«, deren Richtung unbewußt aus der »personalen Finalität« – dem unbewußten Lebensplan – gesteuert wird. Damit ist deutlich, daß individuelle und gesellschaftliche Dynamik i. S. Adlers teleologisch ausgerichtet sind, wobei das telos immer der Sicherung und Fortentwicklung der Existenz im individuellen und supraindividuellen Bereich dient.

Hierzu noch einmal eine Aussage des Vaters der Individualpsychologie:

»Ein Mensch wüßte nichts mit sich anzufangen, solange er nicht nach seinem Ziel gerichtet ist... Wir sind nicht in der Lage, zu denken, zu fühlen, zu wollen, zu handeln, ohne daß uns ein Ziel vorschwebt. Denn alle Kausalitäten genügen dem lebenden Organismus nicht, das Chaos des Zukünftigen zu bewältigen und die Planlosigkeit, deren Opfer wir wären, aufzuheben... Nur Lebloses gehorcht einer erkennbaren Kausalität... Jede seelische Erscheinung kann, wenn sie uns das Verständnis einer Person ergeben soll, nur als Vorbereitung für ein Ziel erfaßt und verstanden werden.«[56]

2.5.2 Folgerungen für eine systematische Fragestellung

Im folgenden werde ich nun versuchen, Sollen, Wollen und Können des Menschen als Hüter seines Bruders noch näher zu betrachten. Dabei werde ich zunächst nach Bedeutung und Autorität des Sollens fragen, die uns durch die gesamte Menschheitsgeschichte hindurch begegnen, wegweisend oder knechtend, immer aber fordernd und bindend auf ein Ziel hin.

Die Reihenfolge der Fragen wird also lauten:

2.5.2.1 Wie und unter welchen Bedingungen entwickelt sich menschliches Sollen in der Geschichte?

2.5.2.2 Wie begründet sich die Zentrierung des Sollens in dieser Arbeit auf die Frage: Soll ich meines Bruders Hüter sein?

2.5.2.3 Weshalb sollte ich wollen, meines Bruders Hüter zu sein?

2.5.2.4 Welche Schwierigkeiten begegnen dem Können des Hüters?

2.5.2.1 *Wie und unter welchen Bedingungen entwickelt sich menschliches Sollen?*

Aus der Besonderheit des Menschen im Vergleich zu allen ihm bekannten lebenden Wesen, sich selbst nicht als selbstverständlich da-seiend zu begreifen, nicht unreflektiert zu existieren, sondern über sich und seinesgleichen fragend denken zu können, sind fundamentale Antriebskräfte menschlicher Kultur und Zivilisation hervorgegangen. Der Widerspruch zwischen der aktuellen materiellen Existenz und der Vorstellung von einer anderen Form materieller Existenz, dieser nur der Gattung Mensch eigene Widerspruch war und ist Grundbedingung aller Entwicklung von Individuum und Gesellschaft. Er führte zur Erfahrung der überwältigenden Fülle menschlicher Seinsmöglichkeiten[57], zu denen immer auch der Zustand des Elends[58] gehörte.

In seiner gattungseigenen Besonderheit, das Mögliche dem Wirklichen gegenüberstellen zu können, erfährt der Mensch auch dieses: Wie die »schwarzen Löcher« im Universum, die offenbar ganze Galaxien zu verschlingen drohen, lauern die schwarzen Löcher der Sinnlosigkeit hinter der menschlichen Existenz – insbesondere in Perioden historischer Umbrüche wie in unserer Gegenwart – und drohen, sie mit eisigen Tentakeln hinabzuziehen in einen Abgrund von Einsamkeit und »Geworfenheit« (Heidegger). In dieser not-vollen Betroffenheit – die *auch* immer wieder hinter dem Suchen und Fragen in Theologie und Philosophie gestanden hat – wird nach meinem Verständnis das existentielle menschliche Unvermögen sichtbar, am geistig-seelischen Abgrund der Sinnlosigkeit bleibend zu siedeln.

Das ist in bezug auf individuelle und gemeinschaftliche Existenz vertiefend zu begründen.

Die grundlegenden Beobachtungen von René A. Spitz an Säuglingen während des ersten Lebensjahres und seine daran anknüpfende Schrift über »Die Entstehung der ersten Objektbeziehungen« gehen von einer relativen Passivität des Säuglings in den ersten drei Lebensmonaten aus, in der er nach Freud

»nicht die Fähigkeit besitzt, die spezifische Handlung der

Umwelt (auszulösen) die für den Abfuhrvorgang erforderlich wäre, der als Reaktion auf die vom Inneren ausgehenden Reize notwendig wird. Die Handlung der Umwelt wird durch diffuse unspezifische Abfuhrphänomene provoziert, etwa Zappeln, Schreien, Weinen usw., also durch die typischen Kundgebungen des Säuglings.«[59]

Spitz sah durch seine Erfahrungen und Beobachtungen an Säuglingen Freuds These bestätigt, daß »diese Abfuhrbahn (–) so die höchst wichtige Sekundärfunktion der Verständigung (gewinnt) und die anfängliche Hilflosigkeit des Menschen (–) die Urquelle aller moralischen Motive (ist)«.[60]

Ich will an dieser Stelle nicht das deutliche finale Element in dieser wichtigen Freudschen Aussage untersuchen, sondern nur darauf hinweisen, wie nahe diese ›wichtige Sekundärfunktion der Verständigung‹ dem individualpsychologischen Begriff der »biologischen Finalität« ist. Spitz beschreibt im folgenden die Wechselwirkungen zwischen der Ganzheit »Säugling« und den formenden Kräften der Umwelt, bei ihm der Mutter, deren Gegenwart allein, selbst ihre unscheinbarsten Handlungen, auch wenn sie nichts mit dem Säugling zu tun haben, bei diesem als Reize wirken, die seine Handlungen und Reaktionen provozieren. Im Rahmen des Aufbaues der Objektbeziehungen hält Spitz jene Tätigkeiten der Mutter, die Handlungen des Säuglings bewirken, nur für die gröbsten und am deutlichsten bemerkbaren Formen des Reizaustausches innerhalb der Dyade. Nach ihm wird die Entwicklung der verschiedenen Persönlichkeitsbereiche des Kindes dadurch möglich, daß es Befriedigung erfährt über die Handlungen, in die es seine Triebe umsetzt. »Handlungen, die ihm gelingen, bereiten ihm Vergnügen. Es wiederholt sie, und lernt, sie zu beherrschen. Handlungen dagegen, die regelmäßig erfolglos verlaufen, werden wieder aufgegeben.«[61]

Lerntheoretisch stellt der Säugling auf der Basis von »trial and error« also bald eine »assoziative Verknüpfung« in der Weise her, daß Lust (Sicherheit) mit der Anwesenheit, Unlust (Unsicherheit) mit der Abwesenheit einer zuwendenden Person (Mutter) verbunden sind. In dieser existentiellen Zuwendungsbedürftigkeit nach Geborgenheit und Sicherheit bei einem Mitmenschen, die nach Freud »die Urquelle aller moralischen Motive« ist, liegen für Adler die Wurzeln des »Gemeinschaftsgefühles« und seiner zentralen Bedeutung. Dessen Entfaltung basiert allerdings auch auf einer ebenfalls vorzustellenden *potentiellen* Zuwendungs*fähigkeit* des Säuglings. Was zunächst nur Ausdruck der »biologischen Finalität« war (Weinen, Schreien), wird nun »umfinalisiert« (Künkel) zu Mitteln der ›personalen Finalität‹.[62] Die diffuse Provokation der ersten Monate wird zum immer gezielteren Signal, daß das Kind, wie Titze schreibt, sich unwohl fühlt und das Bedürfnis nach Zuwendung hat. In Übereinstimmung mit der Lehre von der causa finalis vermutet er hier dann auch die Wurzeln allen ›Machtstrebens‹. Den Unlustgefühlen hilflos ausgeliefert zu sein, bedeute ›Ohnmacht‹, hingegen fähig zu sein, eigenständig etwas zu machen, um Lustgefühle bzw. Sicherheit und Geborgenheit herbeizuführen, bedeute ›Macht‹. Das Gefühl der Unlust sei in diesem Sinne als das eigentliche subjektive Korrelat existentieller ›Verunsicherung‹ zu verstehen. Wenn die Lebensumstände den erwachsenen Menschen zwingen, sich nicht mehr an der sichernden ›Lebenslinie‹ seines Lebensplanes orientieren zu können, wird er sich so verhalten, ›als ob‹ das Leben leer und sinnlos sei oder er sich einfach ›unglücklich‹ oder ›deprimiert‹ fühle. Nur wenn der Mensch sich kontinuierlich entlang dieser Leitlinie bewegen könne, sei eine positive Lösung der Sinnfrage in der Existenz möglich.[63]

> Und mit den Worten Adlers ausgedrückt, muß »das Leitbild (des Menschen) so beschaffen sein, als ob es (ihm) größere Sicherheit, Orientierung bringen könnte, indem es die Richtung seines Wollens beeinflußt. Sicherheit aber kann (er) nur gewinnen, wenn (er) auf einen fixen Punkt hinarbeitet, an dem (er) sich größer, stärker, von den Mängeln früher Kindheit befreit sieht.«[64]

Auf der Basis des oben Dargestellten soll das von mir angesprochene »existentielle menschliche Unvermögen, am geistig-seelischen Abgrund der Sinnlosigkeit bleibend zu siedeln«, einleuchten. Zuwendungsbedürftigkeit und -fähigkeit sowie das Vorstellungsvermögen anderer Möglichkeit erscheinen dabei als gattungseigene Grundkonstrukte der auf Sicherung und Fortentwicklung ihrer biologischen, personalen und gemeinschaftlichen Basis zielenden menschlichen Existenz. Darin unterscheidet sich der hochzivilisierte Mensch unserer Tage nicht von den Menschen frühester uns bekannter Kulturen. Gewiß auch nicht darin, daß im aktiven Zuwenden immer auch ein Zu-Ordnen geschieht, aus dem sich die Strukturen personaler, sachlicher oder auch religiöser Bezüge entwickeln.

Was dagegen Inhalt und Ziel jener Möglichkeiten ist, die der Mensch gegenüber der bestehenden Realität entwirft – also das Wie und Wohin seiner Vorstellungen –, ist historisch-kulturspezifisch geformt, d.h. von den ihm jeweils vorgegebenen gesellschaftlichen Bedingungen entscheidend geprägt.

Hier liegt nun in meinem Verständnis die Geburtsstätte menschlichen Sollens in der Geschichte. Aus ihrer »Geworfenheit« in die materiellen, d.h. individuellen wie gemeinschaftlichen Vorgegebenheiten ihrer Existenz, begabt mit der Fähigkeit, diese ihre Wirklichkeit mit Hilfe vorausschauender Planung entwickeln und verändern zu können, gebunden an ihre Zuwendungs- und Zuordnungsbedürftigkeit – an ihren »Zwang zur Gemeinschaft« (Adler) – und ausgestattet mit dem Vermögen, Zuwendung und Zuordnung gegenüber Menschen, Aufgaben und Bedingungen zu praktizieren, aus dieser so gearteten und gemeinschaftlich zu bestehenden Existenz, entwickelte jede Kultur zu jeder Epoche eine verbindliche Vorstellung von Zielen und Aufgaben und den sich daraus ergebenden Ordnungsprinzipien für ein geregeltes Zusammenleben. Titze resümiert auf der Grundlage der kultur-soziologischen Untersuchungen von Durkheim / Mauss einerseits und Lévi-Strauss andererseits, daß kulturhistorisch derartige Ordnungsprinzipien ursprünglich ganz eindeutig und rigide gewesen seien, während eine fortschreitende Entwicklung des kulturellen Niveaus mit einer zunehmenden Differenzierung des gesellschaftlichen Gesetzeskodexes korrelierte, die sich insbesondere in der steigenden Quantität der zu befolgenden Vorschriften und Regeln äußerte. Im Zuge der kulturellen Entwicklung der gesellschaftlichen Systeme lösen religiöse und profane Ideologien die ursprünglichen Ordnungsprinzipien ab. Zwar handele es sich auch hier im Kern meist um einen Reglementierungskatalog – Beispiel: die ›Zehn Gebote‹ des Alten Testamentes – doch wurde große

Sorgfalt darauf verwendet, die betreffenden normativen Setzungen zu begründen, d.h. durch metaphysische, ethische und auch sozialphilosophische Lehrmeinungen in systematischer Weise zu untermauern. Bis in die jüngste Vergangenheit waren weltliche und kirchliche Obrigkeit auf der ganzen Welt eng miteinander verbunden, so daß sie auf dem Boden der gleichen Ideologie und des gleichen Ordnungsprinzips standen. So könne die bedeutsame Folgerung gezogen werden, daß fast in der gesamten bisherigen Menschheitsgeschichte den Nationen und gesellschaftlichen Systemen jeweils nur ein Ordnungsprinzip zugrunde lag, das seinerseits durch Ideologien religiösen bzw. magisch-metaphysischen Charakters geprägt war. Erst im Verlaufe dieses Jahrhunderts sei es dann insofern zu einer entscheidenden Wende gekommen, als sich die Tendenz zu einer ›Trennung von Kirche und Staat‹ durchgesetzt habe, in deren Folge den nichtreligiösen Ideologien zunehmende Bedeutung im gesellschaftlichen Zusammenleben zukomme.[65]

Das Ordnungsprinzip sog. primitiver Gesellschaften, das nach Durkheim »soziozentrisch« im Sinne gleicher normativer Setzungen für seine Mitglieder ist, gleicht dem Ordnungsprinzip totalitärer Systeme insofern, als die daraus resultierenden »öffentlichen Lebensstile« vereinheitlicht sind und bei Einhaltung dieser Einheitlichkeit den Individuen relativ hohe Sicherheit in der Gemeinschaft und damit in einer kosmischen bzw. historischen Ordnung gibt.

Deutlich muß sein, daß die Macht zur Aufstellung und Durchsetzung von Ordnungsprinzipien – in dieser Arbeit »Sollensvorstellungen« – in den historischen Gesellschaften von zwei Grundbedingungen abhängig war: einmal vom Stand des Wissens und Könnens, also der technischen Kompetenz in der Auseinandersetzung mit der Natur; zum anderen vom Grad der Instrumentalisierung anderer Menschengruppen (Geschlecht, Klasse) durch die Gruppe, die die Ziele und die zielsichernden Vorstellungen des Sollens entwirft (und politisch herrscht). Die Ausbeutung und Manipulation dieser Sollens-Vorstellungen für die Interessen und Zwecke der herrschenden Gruppen oder Einzelner in den historischen Gesellschaften gehören zu den meist auf Kosten von Blut und Tränen durchgesetzten fragwürdigen Errungenschaften patriarchalischer Kulturen. Dem jeweils dazugehörigen Menschenbild hatten sich die leibhaftigen Menschen anzupassen.

So wurde auch die den besonderen Interessen des Bürgertums entsprechende kapitalistische Produktionsweise in harten Kämpfen gegen die Interessen anderer Schichten und Klassen durchgesetzt. Dabei unterscheidet sich die westliche Kultur der Neuzeit von allen früheren Stadien und zugleich von allen anderen Weltkulturen durch ihre Fortschrittsdynamik.

> »›Fortschritt, Höherentwicklung, Entfaltung‹, das sind die Kennworte, an denen die Existenzweise und der Geist des Bürgertums im weitesten historischen Sinne festzumachen sind. – – – Humanismus und Aufklärung haben diese Begriffe als historischen Prozeß des Aufstiegs der Menschheit aus der Barbarei zur Kultur, aus den Fesseln des beschränkten zur Freiheit des unbeschränkten Denkens verstanden,«[66]

die aus Hunger, Seuchen, Sklaverei, Krieg, Willkür herausführen sollte. Allerdings verengt der Vorrang der Ökonomie vor anderen gesellschaftlichen Anliegen den ursprünglich humanistisch-aufklärerischen Ansatz und stellt damit die Weichen für eine Entwicklung, die, im Rahmen der ökonomisch-technischen Dynamik »die prometheische Machbarkeit der

> Verhältnisse von Mensch und Natur und von Mensch zu Menschen in geometrische Expansion vorantreiben«[67]

und zur Anonymität und Rechenhaftigkeit des modernen Industrialismus führt.

Der Hang unserer Gesellschaft zu abstrakter Systematisierung, zur Reduzierung aller Realität auf das Meßbare, aller Qualität auf Quantität fußt auf einer Entwicklung des neuzeitlichen Denkens, die bereits mit Kepler, Galilei, Descartes und Newton begann und im Laufe derer das Quantifizierbare und Mathematisierbare zum ›Realen‹ an sich erklärt und das organische Leben, der lebendige Mensch als Subjekt aus der Wissenschaft verbannt wurde. Die Kategorien, nach denen dieses Denken die Welt der Sachen ordnet, um sie zu beherrschen, werden auch auf den Menschen angewandt. Die Befreiung des Ichs in der Aufklärung wird damit zu seiner Verklavung an die Dingwelt radikalisiert. Aufklärung und Entmythologisierung werden von den dunklen Mächten eingeholt, gegen die sie so siegreich angetreten waren: »Der Animismus hatte die Sachen beseelt, der Industrialismus versachlicht die Seelen.«[68]

Die Menschen müssen apparategerecht funktionieren, als Arbeiter, Konsumenten, Dienstleistungsempfänger. Die Passivierung der Arbeit[69] als durchgängiges Merkmal des Industrialismus verstärkt die Unfähigkeit, sich selbst oder sich gegenseitig zu helfen, zu unterhalten und zu betreuen. In dem Maße, in dem der moderne Kapitalismus die alte Marxsche These der materiellen Verelendung des Proletariats augenfällig widerlegt hat, hat er den Menschen in neues Elend gestürzt, dessen Umfang auch an den oben erwähnten dramatischen Steigerungsraten bei psychosozialen und psychosomatischen Erkrankungen erkennbar wird.

Nunmehr wird deutlich, daß der Industrialismus nicht nur die Existenz der Gattung im biologischen Sinn gefährdet, er gefährdet vor allem die Substanz der Menschlichkeit, die Identität des Menschen, erzeugt einen Anpassungsdruck anderer Qualität als vorindustrielle Gesellschaften.[70]

Die Fragen nach der Wirkung auf den Menschen, nach ökologischen und sozialen Folgekosten werden nicht oder nur am Rande gestellt, oft mit vordergründiger Biedermannsphilosophie überspielt und mit Formeln verdeckt, können wohl auch nur schwer in einer Gesellschaft gestellt werden, die das Gemeinwohl kurzerhand mit optimaler wirtschaftlicher Effizienz, d.h. ständiger Steigerung der Produktivität und Steigerung des Bruttosozialproduktes gleichsetzt. Dies gilt sowohl für die Industriekulturen des Westens wie auch für die des Ostens. Das Beharren in diesen überkommenen Wertstrukturen und den entsprechenden Denk- und Lebensgewohnheiten als ›öffentlichem Lebensstil‹ hindert die Entwicklung neuer Vorstellungen des Sollens. Denn Wertwandel ist ein Prozeß, der eng mit dem Wandel menschlicher Lebensformen verbunden ist, d.h. mit dem Wandel von Produktionsverhältnissen und Produktivkräften. Er kann nicht abgehoben von den materiellen und organisatorischen, den technischen, sozialen und ökonomischen Zusammenhängen stattfinden. Wenn bisherige Wertbegriffe wie ›Wachstum, Leistung, Effizienz, Gehorsam, Karriere, Macht, Größe‹ etc. gleichwohl in Frage gestellt werden, dann gehen Impulse von kleinen, in ihren Interessen homogenen Pioniergruppen (Bürgerinitiativen, Friedensbewegung, Frauenbewegung, Selbsthilfegruppen) aus, die von dem Bewußtsein des oben beschriebenen Mangels als einer allgemeinen Entsicherung ihrer Existenz getragen werden.

Diese Gruppen suchen die Wende von einer dem Meß- und Zählbaren verfallenen Kultur quantitativen Habens sowie von einem exzessiv leistungs-, erfolgs- und konkurrenzorientierten Sozialisationsprogramm hin zum »Lernziel Solidarität« (Richter).

So gewiß in diesem Zusammenhang der liberalistische Pluralismus der westlichen Demokratien die Existenz solcher Gruppen – im Gegensatz zum kommunistischen »Einheitssystem« – überhaupt erst ermöglicht, so gewiß soll diese Arbeit auch ein kritisch engagierter Beitrag zu der zunehmenden politischen Handlungs*un*fähigkeit der modernen Industrienationen und des sich verengenden Handlungs-spielraumes der in ihnen lebenden Individuen sein. So halte ich es auch für eine wissenschaftlich verkürzte und gegenüber unserem Leiden an der Bedrohung des Humanums in unserer Epoche lässige Einschätzung, wenn Titze schreibt,

> »daß der Preis, den der in einem individualisierten Gesellschaftssystem lebende Mensch zu zahlen hat, eine unbegrenzt hohe Anzahl möglicher Entscheidungskonflikte ist. Während der Mensch, der in einem totalitären Gesellschaftssystem sein Leben verbringt, den ›Sinn seines Lebens‹ darin sieht (bzw. zu sehen hat), die traditionell im Einklang mit der vorherrschenden Ideologie stehenden vorgegebenen Aufgaben und Pflichten zu erfüllen bzw. die entsprechenden Rollen zu übernehmen, muß der Mensch, der etwa in einer modernen Industriegesellschaft Westeuropas lebt, den spezifischen Sinn seines eigenen Lebens selbst suchen und dann auch erfüllen. Viktor Frankl, einer der bedeutendsten Psychotherapeuten der Gegenwart, geht deshalb davon aus, daß der moderne Mensch zunehmend weniger in der Lage ist, seinem Leben einen Sinn zu geben, so daß er in jenen Zustand von Leere und Desorientiertheit gerät, in dem Angst und Depressionen die letzten Lebensinhalte sind und den Frankl als die ›noogene Neurose‹ (–) bezeichnet.«[71]

Hier gerinnt vom Ansatz her finalistisch orientiertes Suchen wiederum nur zu kausalistischer Fest-stellung. Ausgegrenzt bleibt jenes heute ebenso unerläßliche wie leidvolle Wahrnehmen jener Seinsmöglichkeiten, in denen neue Vorstellungen des Sollens im Aufnehmen schwerer Rollenkonflikte durch die Praxis neuer Lebensformen und durch das Infragestellen bisheriger gesellschaftlicher Ordnungsvorstellungen[72] vor allem über weibliche Existenz realisiert werden.

Die verschärfte geschlechtliche Selbstspaltung ist nach Richter ein »entscheidendes psychisches Entwicklungsmerkmal des nachmittelalterlichen Menschen«. Er teilte dem Manne zu, was er werden wollte und delegierte, was er nicht mehr sein und als unerwünschten Teil unterdrücken wollte, an die Frau. Männer hätten die Zivilisation der Neuzeit, so meint er, nur dadurch mit ihrem experimentierenden Macht- und Größenwahnverhalten so gestalten können, weil ihnen Selbstzweifel, Kleinheitsbewußtsein und Leiden durch die Frauen abgenommen worden seien. Die »Eskapaden des männlichen Größenwahns« müßten mit dem allgemeinen Untergang enden, hätten nicht die Frauen emotional bestimmte Maßstäbe für die Stellung des Menschen in Welt und Leben sowie für die Grundlagen menschlichen Zusammenlebens bewahrt. Jetzt bestehe aber das Problem, daß eben der weibliche Teil der Gesellschaft sich immer noch in einer nur wenig gelockerten sozialen Unterdrückung befinde (und gerade nicht, wie Titze es generalisierend für alle ausdrückt, in der Entfaltungsfreiheit eines pluralistischen und liberalistischen Systems, Anm. d. Verf.), die strukturell mannigfaltig verankert ist. Ohne eine Änderung der konkreten sozialen Geschlechterverhältnisse sei eine kulturelle Durchsetzung der emotional bestimmten Werte der Menschlichkeit nicht denkbar.[73]

Die – auch mit Hilfe weiblichen Engagements – als einer »Macht von unten« sich entwickelnden neuen Vorstellungen von Sollen, die dem bedrohten Humanum auf dem Wege »biophiler Innovationen«[74] gegen nekrophile gesellschaftlich-männliche Tendenzen und Strukturen seine weitere Entfaltung zu sichern geeignet wären, sind empirisch noch kaum nachweisbar.[75]

Wir müssen sie – wo nötig – in der Dunkelziffer suchen.

2.5.2.2 *Wie begründet sich die Zentrierung des Sollens in dieser Arbeit auf die Frage: Soll ich meines Bruders Hüter sein?*

Aus dem bisher Gesagten gewinnt die ziel-sichernde Zentrierung des Sollens auf die Frage, ob ich der Hüter meines Bruders sein sollte, ihre Bedeutung.

Wenn Ziel als menschliches Ziel und Ziel für den Menschen zu denken ist, so muß Vorstellung und Entwurf von Ziel sich gleichermaßen am Menschen orientieren wie über ihn hinausweisen. Denn Ziel ist Zukunft, und die Zukunft von Sein (ich werde sein) kann nur jenseits des menschlichen Seins der Gegenwart (ich bin) und der Vergangenheit (ich war) existieren und doch auch nicht ohne diese, soll es die Zukunft menschlichen Seins beschreiben. Das In-dividuum, der Mensch als das unteilbare Ganze, ist weder aufteilbar in sich noch in seine Zeiten. Er ist der gleiche in Vergangenheit, Gegenwart und Zukunft und doch nicht nur derselbe, weil er der sich von seiner Vergangenheit über die Gegenwart zur Zukunft, zu einem Ziel hin prozeßhaft Entwickelnde und Verändernde ist.

Alfred Adler betrachtete die Wissenschaft der Individualpsychologie als den Versuch,

> »jene geheimnisvolle schöpferische Kraft des Lebens zu verstehen, die sich ausdrückt in dem Wunsch nach Entwicklung, nach Streben, nach Leistung und sogar nach Kompensation von Mängeln auf einem Gebiet, indem sie danach strebt, auf einem anderen Gebiet Erfolg zu haben. Die Macht ist teleologisch. Sie drückt sich in dem Streben nach einem Ziel aus, und jede körperliche oder seelische Regung ist gezwungen, an diesem Streben mitzuarbeiten. Es ist deshalb absurd, physische Regungen und geistige Verhältnisse losgelöst von dem individuellen Ganzen zu studieren...
>
> Es wäre gefehlt anzunehmen, daß nur der Neurotiker solche Leitlinien aufweist. Der Gesunde müßte ebenfalls auf die Orientierung in der Welt verzichten, wenn er nicht nach Fiktionen das Weltbild und sein Erleben einordnete. Daß er sie ebenfalls auf Grund alter Erfahrungen gewonnen hat, wurde bereits gezeigt. In Stunden

der Unsicherheit treten diese Fiktionen deutlicher hervor, werden zu den Imperativen des Glaubens, des Ideals, des freien Willens, sie wirken aber auch sonst im Geheimen, im Unbewußten, wie alle psychischen Mechanismen.«[76]

Die von Adler individual-historisch gemeinten ›Stunden der Unsicherheit‹ haben in unserer Zeit welthistorische Ausmaße angenommen. Psychotherapie, deren tägliche Praxis sich im Engagement gegenüber dem verstörten und leidenden Menschen zu bewähren hat, muß sich darüber hinaus im Dienst vom Pädagogik (und Politik) um wissenschaftlich präzisierbare »Imperative« im Sinne Adlers bemühen, die als Wertmaßstäbe und Zielsetzungen handlungsleitend werden können, wie immer kultur- und individualhistorisch beschränkt sie sein mögen.

So erweist sich im Leben des einzelnen wie der Gemeinschaft die fördernde wie beschützende Zuwendung zu allem Lebendigen, vornehmlich zum Menschen, als lebensfördernde Qualität, wenn sie sich paart mit kritischer Wachsamkeit gegenüber der Frage, was denn jeweils in der individuellen Existenz wie in der Gemeinschaft zu fördern und was zu beschützen sei. Wenn Vorstellung von Ziel als Ziel und Zukunft für den Menschen entworfen werden soll, dann müßte demnach das weiter vorne beschriebene zweifache A-priori in ihr »aufgehoben« sein: seine über sich selbst hinausweisende Vorstellungskraft mit der ihr eigenen Not und Kreativität sowie seine tiefe Zuwendungs- und Zuordnungsbedürftigkeit und -fähigkeit. Denkt man sich zwei Linien, die von diesem Doppelten her nach vorne zielsuchend in die Zukunft laufen, so ist der Ort, wo sie in meinem Verständnis zusammentreffen, der andere Mensch und seine / unsere Welt. Jede menschliche Zielsetzung, die am anderen vorbeiführt, müßte deshalb auch sich selbst verfehlen.[77]

Wenn ich ein so gewaltiges Bauwerk sehe wie den Kölner Dom, so ist meine erste Empfindung die der Bewunderung dafür, daß Menschen überhaupt so etwas über ihre eigene Existenz und das Leben Hinausweisendes schaffen können. Über diese Empfindung hinaus aber muß die Frage nach der Bedeutung eines solchen Bauwerkes gestellt werden. Als baulicher Ausdruck der städtisch-hochmittelalterlichen christlichen Kultur waren die hoch aufstrebenden Türme Symbol für die Zielrichtung christlich-abendländischen Suchens: »überm Sternenzelt« lag das eigentliche Ziel. Doch gleichzeitig drücken Pracht und Größe des Domes die Macht seiner Bauherren aus und sollen dies auch. Krippe und Kreuz, jene Wegweisung zur macht-losen, zur brüderlichen Existenz, wurde in seinen Mauern den »Schwachen« anempfohlen, den Frauen und Kindern, Kranken und Alten. Die scheinbar Starken zogen aus – ihr erklärtes Ziel war die Vergrößerung der Macht des Allmächtigen – und unterwarfen oder vernichteten ihre Brüder zur Ausweitung der eigenen Macht – im Namen des Allmächtigen. Eine tiefe Schizophrenie wird deutlich: während der Mensch den von ihm geglaubten Schöpfer des Menschen anbetet, überwältigt er dessen Geschöpfe, die seine Brüder sind.

Mein Bild ist ein Beispiel dafür, daß kein noch so gewaltiges Werk in Kultur und Geschichte uns den Blick auf die zutiefst inhumanen Verhältnisse verstellen darf, die menschliche Zielsetzung am Menschen vorbei bis heute produziert. Die menschenverachtende und menschenvernichtende Produktion immer perverserer Waffentechniken mit dem in Wirklichkeit einzigen Ziel der Überlegenheit des Menschen über den Menschen sowie die rücksichtslose Ausbeutung unserer natürlichen Ressourcen im Namen des Fortschritts scheinen uns nun an die absoluten Grenzen einer Zielsetzung am Menschen vorbei oder über ihn hinaus zu führen.

Von dieser globalen Grenzsituation der Gegenwart führt eine direkte Verbindungslinie zu der Situation der beiden »brüderlichen Urgestalten«. Ihr Ziel ging auch am Bruder vorbei, war nur ausgerichtet an der von ihnen geglaubten Determiniertheit durch die ›Macht über den Wolken‹. Deren hypnotischer Charakter ist vergleichbar der Knebelung durch die tatsächlichen oder vermeintlichen Zwänge in den industriellen Gesellschaften sowie den damit verbundenen inneren Be-fangenheiten und hat wie diese die Menschen einander entfremdende Auswirkungen. Leistungsdruck, Karrierestreben, die Jagd nach den Statussymbolen des Konsums – dies alles meint immer nur die Ziele des Homo oeconomicus, hinter dessen monströser Gestalt das Bild des Bruders im Nebel der Gleichgültigkeit verlorengeht. Zurück bleibt die schreiende Not seiner und meiner Einsamkeit, in ihrer individuellen Ausprägung als Identitätsverlust, gesellschaftlich als politische Ohnmacht identifizierbar.[78] Kains Revolte ebensowenig wie die Protestbewegungen der letzten Jahrzehnte haben die industriellen Gesellschaften wirklich betroffen gemacht. Und auch jetzt, wo sich uns allen der Tod mit höhnischem Grinsen unübersehbar von vorne in den Weg stellt – in Gestalt der uns alle bedrohenden ökologischen und atomaren Katastrophe – auch jetzt noch versucht Abel festzuhalten an seiner »schlecht entzauberten« Fortschrittsgläubigkeit.

Einzelne hatten es längst erkannt und formuliert. Martin Buber spricht es in seinem »Dialogischen Prinzip« u. a. aus:

> »Die Heizer häufen noch die Kohlen, aber die Führer regieren nur noch zum Schein die dahinrasenden Maschinen. Und in diesem Nu, während du redest, kannst du es wie ich hören, daß das Hebelwerk der Wirtschaft in einer ungewohnten Weise zu surren beginnt: die Werkmeister lächeln dich überlegen an, aber der Tod sitzt in ihren Herzen. Sie sagen dir, sie paßten den Apparat den Verhältnissen an; aber du merkst, sie können fortan nur noch sich dem Apparat anpassen, solang er es eben erlaubt. Ihre Sprecher belehren dich, daß die Wirtschaft das Erbe des Staates antrete; du weißt, daß es nichts anderes zu erben gibt als die Zwingherrschaft des wuchernden Es, unter der das Ich, der Bewältigung immer unmächtiger, immer noch träumt, es sei der Gebieter.«[79]

Das Bild vom »Hüter meines Bruders« stelle ich gegen dieses träumende Ich und seine Un-mächtigkeit gegenüber den weltpolitischen, gesellschaftlichen wie individuellen Zwingherrschaften. Weil Weiterträumen heute für uns alle lebensgefährlich ist, weil die Zwänge und Zwingherrschaften uns zu übermächtigen drohen, darum konzentrieren und beschränken sich meine Überlegungen auf die Hüterfunktion. Hüter sein bedeutet Auf-der-Hut-Sein, wach zu sein gegenüber sich selbst, dem Bruder und der Gesellschaft. Das setzt Zu-wendung voraus, in der sich Kain und Abel – in der wir uns – einander und der in ihre/unsere Verantwortung gegebene(n) Welt zu-ordnen, für deren Behaustheit und Bewohnbarkeit – die immer auch ihr/unser Behaust-sein bedeutet – ihr/unser solidarisches wie kontroverses Engagement not-wendend ist, ja unausweichlich.

Indem ich diese für mich ebenso selbst-verständlichen wie engagierten Sätze schreibe, bin ich mir der möglichen Hybris einerseits sowie einer möglichen Verdächtigung der Naivität angesichts unserer globalen Schwierigkeiten andererseits bewußt. Mit einem Zitat von Ernest Jouhy weise ich darum – ohne das vorher Gesagte einschränken zu wollen – auf mir leidvoll bewußte dialektische Zusammenhänge hin, deren Unentrinnbarkeit in allen Entwürfen zugunsten des bedrohten Humanums mitgedacht werden muß:

»Zwar nehme ich über das Bewußtsein am Prozeß der gesellschaftlichen Lebensbewältigung teil, wozu auch gehört, ihr Ziel und ihren Sinn zu interpretieren, doch bleibt die Vorstellung, die Menschen machen sich und ihre Existenz im Kosmos, eine ethnozentrisch begrenzte Illusion des europäischen Industriekapitalismus und seiner ›realsozialistischen‹ oder faschistischen Vollender.

Das Kind – wie die Menschheit in ihrer Kindheit und Reifung – lebt im Vertrauen auf eine nicht hinterfragte Sinnhaftigkeit seiner Bedürfnisse und deren Befriedigung. Leben erscheint als eine sich immer erweiternde, sinnvolle zielgerichtete Tätigkeit. Diese kann somatisch, psychisch und gesellschaftlich den individuellen wie kollektiven Lebensprozeß fördern, aber sie kann auch bewirken, daß ganze Völker ausgerottet werden. Bewußte Tätigkeit bewirkt die Zähmung von Hunger, Kindersterblichkeit, physischer Arbeitsqual, ebenso wie Hunger in den Monokulturen der 3. Welt, Zivilisationskrankheiten und psychische Verelendung am datenverarbeitenden Arbeitsplatz, ebenso Befreiung des weiblichen wie des männlichen Individuums von den traditionellen Fesseln wie sein psychisches Elend in der Bindungslosigkeit, ebenso die historischen Errungenschaften der Rechtssicherheit, der Demokratie wie den 2. Weltkrieg, Auschwitz, Kambodscha und die Massaker im Libanon.« [80]

Nicht erst an dieser Stelle – aber gerade auch hier – wird deutlich, welchen psychischen und rationalen Zumutungen die Arbeit an einem brüderlichen Menschenbild begegnet.

2.5.2.3 Weshalb sollte ich wollen, meines Bruders Hüter zu sein?

Ich sehe einen unerbittlichen Zwang, die Welt, in der wir miteinander leben wollen, in Richtung auf ein entschiedenes »Ja« zu der Frage, ob ich meines Bruders Hüter sein soll, zu verändern, wollen wir nicht »friedlich in die Katastrophe«[81] laufen. D. h. konkret, daß ich hier einen »Zugzwang« zum Wollen formulieren möchte, der sich von Tag zu Tag durch den fortschreitenden Gang der weltpolitischen und gesellschaftlichen Probleme radikalisiert. Bezogen auf alle Formen hegemonialer Machtansprüche – ausgehend von der weltpolitischen Situation – meint Jouhy, daß sich unter dem materiellen Druck gegenseitiger Abhängigkeit eine weltumspannende Vorstellung durchsetzen werde: »Fortdauer menschlicher Geschichte setzt voraus, daß Koexistenz und Solidarität gegenüber Herrschaftsansprüchen und politischem Ethnozentrismus die Oberhand gewinnen.«[82]

Diese historisch neue Idee der erzwungenen Solidarität antagonistischer Herrschaftssysteme, Klassengegensätze, revolutionärer und konterrevolutionärer Ethnien bzw. Gruppen werde zunehmend zur dominanten Wertskala des politischen Handelns.

Im Zusammenhang dieser Arbeit meint dieser Zwang zum Wollen der Hüterrolle auch und vor allem die wachsame Auseinandersetzung mit dem Anpassungsdruck der Industriegesellschaft auf den homo oeconomicus hin, jenen »rational

> handelnden Hedonisten, der das Netto aus positiver Lust und negativer Unlust zu maximieren sucht, wobei Erwerb und Konsum von Waren die Rolle der Lust, Arbeit die Rolle der Unlust spielt«.[83]

Wenn Marx sagt, daß die Weltgeschichte sich über ihre negative Seite entwickele, so sehen wir hoffnungsvolle Ansätze dazu in dem wachsenden »Widerstand gegen den zynischen

> Ökonomismus und die Verkürzung des Menschen auf einen arbeitenden und konsumierenden homunculus«,[84]

der gleichzeitig seine biologische Umwelt zerstört.

Das soziale Elend dieses homunculus deutlich zu machen, die psychischen und psychosomatischen Störungen in seiner

Existenz nicht nur als private Identitätskrise, sondern als gesellschaftlich produziertes Elend zu begreifen und damit einer Doppelstrategie der Angehensweise dieser Probleme den Weg zu eröffnen, muß heute in meinem Verständnis der Anspruch an Selbstverständnis und Arbeitsweise des Psychotherapeuten als Hüter seines Bruders sein. Diese Einschätzung soll im folgenden Kapitel näher beleuchtet werden.

Auf-der-Hut-Sein und Behüten in diesem Sinne erfordern nicht nur die Integrität solidarischer Zuwendung, sondern ebenso die mühevolle Kleinarbeit an der veränderten und somit verändernden Integration – oder Re-Integration – in die gemeinschaftliche Praxis gesellschaftlicher Bezüge. Hierzu bedarf es der pädagogischen und therapeutischen ebensosehr wie der politischen Ermutigung, sollen nicht alle Ansätze zu Widerstand und Veränderung an der Fülle unserer individuellen, gesellschaftlichen und weltpolitischen Probleme scheitern. Die Analyse von Psyche und Politik, Individuum und Gesellschaft kann dazu helfen, handlungsleitende Zielvorstellungen – um die sich auch der von mir vorgelegte Text bemüht – zu erarbeiten, die unsere Zwangslage in einer tödlich bedrohten Welt zentral zu berücksichtigen haben.[85]

Lebenwollen ohne und gegen den Bruder ist nicht mehr nur als Abels egoistisches Ziel, die Vernichtung des Bruders nicht mehr nur als Kains kriminelle Variante dieses Zieles zu qualifizieren. Lebenwollen ohne und gegen den Bruder ist als die Sackgasse zu sehen, aus der weder für die Individuen noch für die Gesellschaft ein Ausweg führt. Kain und Abel müssen also einer des anderen Hüter, d.h. Wächter und Beschützer sein wollen, soll nach ihnen und uns nicht Sintflut, sondern Zukunft sein.

2.5.2.4 *Welche Schwierigkeiten begegnen dem Können des Hüters?*

Aus der Unausweichlichkeit unserer geschichtlichen Situation ergeben sich auch die Schwierigkeiten, denen das Können des Hüters begegnet.

Wir haben davon auszugehen, daß die 200jährige Geschichte von Kapitalismus und Industrialismus das Bewußtsein der Menschen in Richtung auf den homo oeconomicus geprägt und ihre Existenz entsprechend verändert hat. Der hochtechnisierte Apparat der Industriegesellschaften erzwingt ein immer lückenloseres Funktionieren seiner Mitglieder und produziert dafür auch immer raffiniertere Mittel. Jede »alternative« Bewegung wirkt sich sofort als Störfaktor in diesem System aus und ruft entsprechende Reaktionen hervor. Vom Versuch ihrer Neutralisierung bis hin zur Diffamierung und Unterdrückung bleibt nichts unversucht.

Doch nun untergraben eben jene Verfechter eines ökonomistischen Menschenbildes selber das Fundament der von ihnen verteidigten Gesellschaftsordnung durch die Radikalisierung und Universalisierung ihres eigenen Entwurfes. Zwei Fraktionen bedrohen damit inzwischen die Fortsetzung des kapitalistisch-industralistischen Kurses: dies ist einmal die Fraktion des homo oeconomicus, der – indem er sich seiner vorindustriellen Normen entledigt hat – inzwischen skrupellos geworden ist, und auf der anderen Seite die Protestgeneration, die sich vom bürgerlichen Menschenbild losgesagt hat und nicht mehr bereit ist mitzuspielen.[86]

Als in der psychosozialen Arbeit Engagierte gehe ich auf die Seite derer, die nicht mehr mitspielen wollen, um von dort aus zu untersuchen, wo Schwierigkeiten für das Können des Hüters liegen könnten.

Im Sinne der hier entwickelten Gedankengänge ist der Mensch unserer Zivilisation gefangen in seiner Rolle als Kain oder Abel gegenüber den objektiv bedrohlichen gesellschaftlichen und weltpolitischen Mächtigkeiten. Und er ist durch diese Rolle weithin subjektiv be-fangen in der Wahrnehmung seiner/unserer Welt als einer feindlichen Wirklichkeit, in der die Mitmenschen nicht Brüder, sondern ihm gleichgültige oder konkurrierende Gegenspieler sind.

Der Aufbau von Urvertrauen, das in traditionellen, vorindustriellen Kulturen noch dem gesamten Orientierungssystem von Werten und Normen galt, das von Bezugspersonen und -gruppen verkörpert wurde, ist in der Industriegesellschaft – insbesondere in der deutschen – durch die Entwicklung der letzten 75 Jahre schwer erschüttert. Selbst in den Beziehungen zur Mutter kann es sich aufgrund der gesellschaftlich vermittelten psycho-sozialen Brüche in ihrer Existenz immer schwerer entfalten. So vermitteln weder Familie noch Beruf, weder Nation noch Klasse selbstverständlichen Verlaß, erlauben unreflektiertes Vertrauen, das Heimat und Sicherheit zu stiften vermag. Dieses Nicht-Beheimatetsein

»in einer Geschichte und damit einer weit ausgreifenden Perspektive« macht »individuelle wie kollektive Bedrohungen zur psychisch zerfressenden Lebensangst. Angst aber lähmt jede problemorientierte Tätigkeit und alles auf Zukunft gerichtete Handeln. Sie erzeugt individuell wie kollektiv die neurotische Flucht in schizoide Vorstellungen. Sie wirft politisch auf das Niveau der Angst- oder der Wunschträume zurück, die an die Stelle des rationalen Umgangs mit den bedrohenden Gewalten treten.«[87]

Die jeweilige Rollenzuweisung als Kain oder Abel in diesem »erschütternden« System wird dabei als zwangsläufig erlebt. Zwangsläufig sind dann auch die lebensstiltypischen Konsequenzen, die von daher die Existenz bestimmen. Wie können Kain und Abel, wie können wir lernen, den Bannkreis gesellschaftlich-politischer Zwangsläufigkeiten ebenso wie den der psychischen Zwänge als der Existenz aufgegebene Verantwortlichkeiten und nicht als schicksalhaft Bevorzugt- oder Geworfensein zu begreifen?

Im Zusammenhang mit dieser Frage ist noch einmal auf die besondere Bedeutung der Adlerschen Anthropologie hinzuweisen: In der zweiten Hälfte des 19. Jahrhunderts hatte die philosophisch-wissenschaftliche Auffassung vom Menschen diesen im wesentlichen als das Ergebnis der ihn determinierenden Faktoren betrachtet. Genau diese Sichtweise kennzeichnet auch das epochale Werk Sigmund Freuds, das die Unterordnung des Bewußtseins unter die Triebstrukturen und ihre Konfrontation mit der kulturellen Wirklichkeit zum grundlegenden Element seiner Sicht vom Menschen macht und ihn damit im wesentlichen der Interaktion zwischen Es und Über-Ich überläßt, die erst das Ich konstituieren.

Im Unterschied dazu entwickelt Alfred Adler eine Vorstellung vom Ich, in welcher dieses in den Prozeß der es determinierenden Faktoren bewußt und durch Entwurf von Gesellschaft und Selbst tätig und kreativ eingreift. Nie ist die Kausalität der determinierenden Faktoren das Ausschlaggebende, sondern die Mächtigkeit der im Individuum wie in der Gesellschaft angelegten bzw. sich bildenden Vorstellungen des Möglichen.

Diese Mächtigkeiten im Individuum erfahrbar und in der Gesellschaft anvisierbar, d.h. in beidem begreifbar zu machen, und damit Vertrauen zu begründen ohne Fiktionen zu nähren, läßt sich als Anspruch an Pädagogik und Psychotherapie nicht leichten Herzens formulieren, unterliegen doch alle in diesen schwierigen Berufen Arbeitenden den oben aufgezeigten Bedingungen. Dennoch wird es um dieses Be-greifen gehen, das eine Gleichzeitigkeit von erfahrener Einsicht und zielgerichtetem Handeln meint. Einsicht wäre demnach zu gewinnen in die durch menschliches Handeln bestimmte Geschichte von Psyche und Politik und die sich daraus ergebende Veränderbarkeit von beidem ebenfalls durch menschliches Handeln. Diese Einsicht kann nur durch Zuwendung zu ihrem Gegenstand – Individuum und Gesellschaft – erreicht werden.

Zuordnende Zuwendung führt zu befreienden und Vertrauen stiftenden Erfahrungen in der Psychotherapie und ist gleichzeitig die Lernform für die dem Hüter seines Bruders angemessene Existenzform des praktizierten Inter-esses, des tätigen Dabei- und Mitseins.

Die Formulierung »zuordnende« Zuwendung wie auch »praktiziertes« Interesse sollen – in kritischer Abgrenzung – auf ein Dilemma hinweisen:

Sowohl der Begriff der »Zuwendung« wie der des »Interesses« werden heute in zunehmendem Maße auf einen Lebensstil angewandt, dessen wesentlichste Qualität die Passivität ist. Wenn sich z.B. Millionen Menschen allabendlich über das Medium Fernsehen (und allmorgendlich über das Medium »Bildzeitung«) »interessiert« dem kleinen und großen Weltgeschehen »zuwenden«, so ist ihre Rolle dabei nur die eines Voyeurs: sie wollen sehen im Sinne von Zuschauen, aber nicht ergreifen oder ergriffen werden. Die Pseudo-Ergriffenheit, die durch den Bildschirm oder andere Medien hergestellt wird, ersetzt zunehmend die Qualität jener Zuwendung, die sich einem Subjekt oder Objekt zuordnet in tätigem und nicht voyeuristischem Dabei- und Mitsein. Nur im praktizierten Interesse bildet sich aber die schützende

Wachsamkeit des Hüters heraus, die nach Adler »mit den Augen des anderen zu sehen, mit den Ohren des anderen zu hören und mit dem Herzen des anderen zu fühlen« vermag.

Seine für praktiziertes Interesse ungenutzten Privilegien – worin immer sie bestehen mögen – wird Abel, werden wir heute verstehen lernen müssen als jene Unschuld, die schuldig macht. Dann könnte auch Kain lernen, blindwütige Agitation in zorniges Handeln zu verkehren, das nicht den Bruder zu vernichten trachtet, sondern seine Privilegien an-greift und seine Wertehierarchie handelnd in Frage stellt. Indem sie ihrer beider Situation als grundsätzlich für sie beide veränderungsbedürftig und veränderungsfähig und darin ihrem verantwortlichen Handeln anheimgegeben begreifen lernten, könnte sich der qualitative Sprung im Verhältnis zu Selbstgerechtigkeit und Mord zwischen den »brüderlichen Urgestalten« ereignen.

Die konjunktivische Formulierung der letzten Sätze greift die dialektische Spannung auf, die noch einmal deutlich gemacht werden muß, wenn es um die Frage nach dem Können des Hüters in unserer Zeit und Gesellschaft geht. Das Forschungsinteresse dieser Arbeit richtet sich auf die Person als Schnittpunkt gesellschaftlicher und individualhistorisch bedingter psychosozialer Störungen, um von daher die Frage nach Umorientierung und Befähigung – hier zum Hüter meines Bruders – angehen zu können. Eine besondere Schwierigkeit für Pädagogik und Psychotherapie liegt dabei in der mehrfach angesprochenen *grandiosen Unangemessenheit* unserer Gesamtsituation für menschliches Leben und Überleben. Gemessen daran erscheint jeder angemessene Lösungsansatz als zugleich unangemessen. Pädagogisches Engagement und psychotherapeutische Hilfe drohen zum berüchtigten Tropfen auf den heißen Stein zu werden.[88]

Die beiden folgenden Aspekte der grandiosen Unangemessenheit menschlicher Existenz heute sollen die Schwierigkeit der Hüterfunktion noch einmal und abschließend beispielhaft verdeutlichen: – Ich habe die Ohnmacht und Abhängigkeit gegenüber den politischen und gesellschaftlichen Mächten und Mächtigkeiten als Ge-fangenheiten der Existenz bezeichnet, z.B. als Gefangensein in der Angst vor der atomaren und ökologischen Katastrophe. Deutlich muß dabei sein, daß die in ihrer Angst Abhängigen keinen direkten Zugang besitzen zu den Mächtigen, deren Risikopolitik diese Angst erzeugt hat. Noch geringer als die Möglichkeiten des direkten Zugangs zwischen den Abhängigen und den Sachwaltern der Macht ist die Möglichkeit direkter Einflußnahme. In allen diesen Fällen beschränkt sich der Umgang der Menschen miteinander auf den Umgang über »sekundäre Systeme«.[89] Das bedeutet politische und nicht private Abhängigkeit und Ohnmacht. – Ein weiterer Aspekt grandioser Unangemessenheit für brüderliche Existenz in der industriellen Gesellschaft liegt darin, daß all jene, die über den Apparat der Macht verfügen oder für ihn tätig sind, obwohl sie selber als seine Gefangenen handeln, von einem bestimmten Punkt an für die anderen nicht mehr Kain oder Abel, also nicht mehr Brüder, sondern nur noch Funktionsträger sind. Der Umgang mit ihnen wird der Umgang mit dem System, das sie repräsentieren, und hinter dem die Existenz der Person verschwindet.

Wenn z. B. Menschen in einer alternativen Bewegung diffamiert (oder niedergeknüppelt) werden, dann werden die in diesem Prozeß Mächtigen nicht mehr als Menschen und damit als potentielle Brüder angesehen, sondern als menschenverachtendes System bekämpft. Das bedeutet auch leidvolle Diskrepanz für den Psychotherapeuten, der einerseits eingebunden ist in seine sozialpolitische Rolle als »Helfer« für Leben in der realen individuellen und gesellschaftlichen Existenz, dessen Realisierung dieser Rolle aber gerade über das praktizierte Mit-sein mit den konkret betroffenen leidenden Menschen läuft.

Die beiden Beispiele sollen die vorangegangenen Überlegungen zu den unbrüderlichen und schizoidisierenden Strukturen der modernen Industrienationen ergänzen, in denen Menschen funktionieren (müssen), aber anscheinend nicht mehr leben können, ohne die Zeichen einer tiefgreifenden Entfremdung des Menschen vom Menschen und von sich selbst in ihren Kommunikations- und Interaktionsformen ebenso wie an ihrer psycho-somatischen Existenz abzubilden.

An dieser Stelle möchte ich noch einmal den fruchtbaren Leontjewschen Grundansatz vom »historischen Herangehen an die Untersuchung der menschlichen Psyche« und die auf diesem Wege herausgearbeitete »aneignungsbedingte Gewordenheit« der Persönlichkeit aufgreifen: Ich sprach von der Notwendigkeit des Be-greifens, daß Psyche und Politik der Veränderbarkeit durch menschliches Handeln in ihrer Geschichte unterliegen. Die Realität in den industriekapitalistischen Ländern vermittelt durch die oben beschriebenen Strukturen aber scheinbar vor allem die Aneignung von Ohnmachts-(Kain) oder Allmachts-(Abel)-Gefühlen, soweit sie nicht bewußtlose Anpassung erzeugt und dies im Sinne der Herrschenden auch will.

Doch die »aneignungsbedingte Gewordenheit« des Menschen umgreift mehr und stärker als je zuvor sein Leiden an den gegebenen Bedingungen und seine bewußte Fähigkeit und Möglichkeit, sich diesem Leiden aktiv zu stellen. Gerade dieses – und nicht nur der Leidensdruck an sich – zeigt sich in meinem Verständnis auch an der wachsenden Bereitschaft vor allem von Frauen – aber zunehmend auch von Männern – psychosoziale und psychosomatische Störungen in ihrer Existenz nicht mehr als schicksal-haft oder krank-haft hinzunehmen, sondern zu bearbeiten. Und so wie die Annahme frühkindlichen Leides und die Einsicht in die damit gekoppelten individuellen fiktiven Bewältigungsentwürfe in der Psychotherapie Mut und Kraft für verändertes und veränderndes individuelles Handeln freisetzen können, so gewiß enthält das An-nehmen des gesellschaftlich erzeugten Leidens und die Einsicht in fiktive Bewältigungsversuche dieser bis tief in die frühkindliche Sozialisation hineinreichenden Ge-fangenheiten die für Veränderungen not-wendige Grundsubstanz an sachlicher Ungeduld und psychischer Ausdauer. Ein Beispiel: wenn bis vor kurzem in der Historie der industriellen Gesellschaften es zur »aneignungsbedingten Gewordenheit« alter Menschen gehörte, sich der Gnade eines Gottes oder der Ungnade von Menschen ausgeliefert zu fühlen, dann wird heute in zunehmendem Maße die Einstellung »angeeignet«, daß man als »graue Panther« einer rücksichtslosen Gesellschaft die Zähne zeigen kann, wenn man sich einander zuordnet. (Ein darüber hinaus bestehendes vertrauensvolles religiöses Glauben wird dadurch nicht ersetzt.) Alfred Adlers Individualpsychologie ist geprägt von dieser dialektischen

Sicht des Menschen als eines, der kausal Opfer und final Täter ist, Erleidender und Handelnder zugleich. Daß wir uns heute diese Tiefenpsychologie immer mehr »aneignen«, hat nicht nur mit ihrem Gegenstand – den gibt es schon seit sechzig Jahren –, sondern auch mit der historisch-gesellschaftlichen Entwicklung zu tun: Indem gesellschaftlich-individuelles Leiden nicht mehr nur verdrängt oder verschwiegen wird, indem es vielmehr »angeeignet« wird, sind wir auch zunehmend fähiger, eine Psychologie »anzueignen«, die uns nicht nur als strukturell ohnmächtig Leidende, sondern auch als zu zielgerichtetem Handeln Fähige ausweist, die uns damit gleichzeitig die Fähigkeit und Verantwortung für den notwendenden Fortgang unseres ungewissen Weges in Gegenwart und Zukunft zuspricht.

Für diesen Weg eine Modellvorstellung vom Menschen als Hüter seines Bruders zugrunde zu legen, bedeutet für mich zum einen, *daß ich die bruder-lose Existenz des Menschen materiell und psychisch als sein tiefstes Elend und seine absolute Sinn-losigkeit begreife* und zum anderen, daß mich die pars pro toto aufgezeigten Schwierigkeiten zu der unabdingbaren Einsicht bringen, *praktiziertes Interesse am Bruder und unserer Welt nicht nur als individuelle Aufgabe, sondern als notwendiges politisches Engagement zu definieren.*[90]

An einem solchen Verständnis vom Menschen als Hüter seines Bruders finden etwaige fiktive Heilungsvorstellungen der Psychotherapie ebenso ihre Grenzen wie irrationale Machbarkeitsphantasien der Politik.

Die Verknüpfung von Psyche und Politik, der angemessene Umgang mit unangemessenen Bedingungen verlangen den Einsatz *beherzter Vernunft*, von der im folgenden noch zu sprechen sein wird. Angemessenheit meint dabei die Kunst des Möglichen, das heute oft das Unmögliche zu sein scheint. Vernunft kann nicht nur das allgemein Begründbare betreffen, sondern muß sich im mutigen Experimentieren auch als das noch nicht Begründbare, aber zukünftig zu Begründende verstehen. Und »beherzt« meint mit den Worten des latein-amerikanischen »roten Bischofs« Helder Camara:

> »Das Äußerste geben, immer« – auch – »mit dem Herzen arbeiten und mit ganzem Herzen!«

In diesem Sinne ist der Mensch als Hüter seines Bruders

und unserer Gegenwart und Zukunft letztlich nur zu beschreiben als unsere *unmögliche* – im Sinne einer noch nicht möglichen – *Möglichkeit*. Es ist dies eine Dialektik, die sich spannt zwischen unserem Leiden und unserer potentiellen Fähigkeit, mit den Bedingungen, die Leid erzeugen, aktiv und – wo immer möglich – verändernd umzugehen. Der Mensch als Hüter seines Bruders könnte von daher auch der von Bloch als »Homo absconditus« bezeichnete, also der noch verborgene Mensch der Zukunft sein, der noch nicht zur Verwirklichung, zu seinem Sinn gekommene und dennoch mit seiner Tätigkeit daraufhin ausgerichtete und damit sinn-stiftende Mensch.

Mit einem Zitat aus seinem »Prinzip Hoffnung« möchte ich daher meine Überlegungen zu dem Menschenbild, das dieser Arbeit zugrunde liegt, abschließen:

»Der Mensch lebt noch überall in der Vorgeschichte, ja alles und jedes steht noch vor der Erschaffung der Welt, als einer rechten. Die wirkliche Genesis ist nicht am Anfang, sondern am Ende, und sie beginnt erst anzufangen, wenn Gesellschaft und Dasein radikal werden, das heißt, sich an der Wurzel fassen. Die Wurzel der Geschichte aber ist der arbeitende, schaffende, die Gegebenheiten umbildende und überholende Mensch. Hat er sich erfaßt und das Seine ohne Entäußerung und Entfremdung in realer Demokratie begründet, so entsteht in der Welt etwas, das allen in die Kindheit scheint und worin noch niemand war: Heimat.«[91]

3. Überlegungen, die sich aus der Hüterfunktion für Psychotherapie und Psychotherapeuten ergeben

3.1 Zur Problematik von normalem und abweichendem Verhalten

Den Menschen als soziales Wesen zu definieren, dem als angemessene Seinsform das Mit-sein eignet, ist in der abendländischen Kulturgeschichte keine Neuheit. Das entfaltete »Gemeinschaftsgefühl« in seiner Form als »schöpferische, tätig soziale Bezogenheit«[92] ist seit Alfred Adlers Begründung der »Individualpsychologie« in dieser tiefenpsychologischen Schule bis heute *die* Lebensform des psychisch »gesunden« und »normalen« Menschen, den Adler auch als »guten Mitspieler« beschreibt. Im Sinne der Individualpsychologie ziele diese soziale Bezogenheit – wie Antoch es differenziert ausführt – nicht auf Konfliktlosigkeit, Einklang, Anpassung, Verschmelzung mit den anderen in einer Gemeinschaft, sondern auf einen lebensstiltypischen, höchst individuellen, im Zweifelsfall auch mit Engagement verfochtenen eigenen Beitrag des einzelnen zur Weiterentwicklung der Gemeinschaft. Damit werde eine Öffnung der Gemeinschaft thematisiert, die Stärkung ihrer Lebensfähigkeit, die für den einzelnen wie für die Gemeinschaft in mehr Kontakt, mehr Offenheit, mehr Austausch liege. Die Haltung des Gemeinschaftsgefühles verpflichte uns nicht zum passiven Zustimmen, sondern zum aktiven Zuhören und nicht zum Schweigen, sondern zum Reden, zum offenen, kritischen, individuell-schöpferischen Beitrag.[93]

In diesem Sinne wie auch im Forschungsinteresse dieser Arbeit gehe ich davon aus, daß wir, den Wandlungen von Individuum und Gesellschaft auf der Spur bleibend, immer wieder neu zu interpretieren haben, was »normales« und was, gemessen daran, »abweichendes« Verhalten im Rahmen einer bestimmten Gesellschaftsordnung sei.

In den Sozialwissenschaften wird unter Norm jene Erwartung verstanden, die den Mitgliedern einer Gruppe gemeinsam ist und auch von ihnen geteilt wird, wie man sich in bestimmten Situationen zu verhalten und was man zu denken habe. Erwartungen dieser Art werden als von außen kommend erlebt und üben einen Zwang auf das Denken und Verhalten der Person aus.[94]

Die unter den Bedingungen der industriekapitalistischen Gesellschaft – auch in ihrer staatskapitalistischen Form – herausgebildeten Verkehrsformen, die nach Marx der Entwicklung ihrer Produktivkräfte entsprechen[95], bestimmen Ziel und Inhalt ihrer sozialen Normen. Normkonformes Verhalten in dieser Gesellschaft ist also das den Zielen ihrer dominanten Gruppierungen entsprechende.[96]

Wie im vorangegangenen Kapitel aufgezeigt, sind es die Ziele des homo oeconomicus, die in den Industrienationen weithin die Normen (wie auch status und Rollen)[97] bestimmen.

Im Leitbild der industriellen, der wissenschaftlich-technischen Kultur für das Verhältnis von Individuum und Gesellschaft gilt Ichstärke und Kritikfähigkeit gegenüber den herrschenden Meinungen und Werturteilen als wert- und normenkonform. Das Individuum wurde auf diese Weise durch die euro-amerikanische Demokratie und ihr Wertsystem davon befreit, sich weiterhin mit den traditionell eindeutigen Denk- und Verhaltensmustern identifizieren zu müssen. Zu Recht weist Jouhy in diesem Zusammenhang aber darauf hin, daß die gesellschaftlichen Erwartungen an den einzelnen, immer mehr »aus seinem Leben zu machen«, sein Selbstwertgefühl über Leistungen zu gewinnen, einen ebenso hohen ethnozentrischen Zwang für das Individuum darstellten wie alle traditionellen ethnozentrischen Systeme der Vergangenheit. Wertvoll sei von nun an, was sich im Rahmen der Spielregeln machtvoll durchsetze, wissenschaftlich, ökonomisch-sozial und politisch (patrigene Moral). So werde die Proklamation der Menschen- und Bürgerrechte in Theorie und Praxis zur Proklamation des uneingeschränkten Anspruchs aller konkurrierender Ethnien und Individuen auf Unterdrückung, Ausbeutung und Instrumentalisierung der jeweils Machtloseren. »Seit es keine dogmatische, traditionell ethnozentrische Orientierung in bezug auf Gültigkeit oder Unwert des Verhaltens gibt, wirkt sich der Zweckrationalismus in der Bewertung der Wertsysteme selbst als letztlicher Freibrief für den oppressivsten aller Ethnozentrismen aus, den der totalitären Systeme.«[98]

»Normal« im Sinne von »normkonform« gilt somit den dominanten Schichten und Gruppen der industriellen Gesellschaften der bruder-los – weil ichzentrierte – wie skrupel-los – weil machtorientierte – Mensch ebenso wie sein dialektisches Gegenstück, der entmachtete bzw. unterdrückte und damit ebenfalls bruder-lose Mensch. Für bestehende oder geplante Ent-machtung und Unterdrückung werden dabei oft irreführende Etiketten wie z. B. »die sanfte Macht der Familie« gesucht, mit denen nicht nur Verachtung ausgedrückt, sondern Demagogie versucht wird.[99] Als »abweichend« wird dann auch folgerichtig und unterschiedslos jenes Verhalten registriert, das vom normalen als dem im Sinne der gesellschaftlich dominanten Ziele normkonformen abweicht.

Wo immer in der Gesellschaft solch abweichendes und damit störendes Verhalten auftaucht, entsteht Verstörung und Angst sowohl im handelnden Individuum, also im Störer, wie auch bei der umgebenden gesellschaftlichen Gruppe, bei den Gestörten. Angst gehört in Pädagogik und Psychotherapie zu den behandlungs*bedürftigen* Phänomenen.

Nun erweist sich aber in der Geschichte von Individuum und Gesellschaft, daß Überlegungen oder Verstöße gegen die Gültigkeit von Normen nicht nur angsterzeugend, sondern gleichzeitig produktiv und kreativ waren. Das Handeln des Menschen Jesus Christus z. B. (bzw. das der Propheten vor ihm) verstieß zentral gegen die Normvorstellungen jüdischer Tradition und löste damit individuelle und politische Ängste in so hohem Maße aus, daß die damalige jüdische Gesellschaft und die römische Herrschaft sich seiner entledigten. Die Produktivität und Kreativität jener, die sich von der Aufforderung betreffen ließen: »Liebe deinen Nächsten, denn er ist wie du!« (mod. Übersetzung), wirkt bis heute, und ihre radikale Praxis macht bis heute Angst, wenn sie sich mit der Normalität gesellschaftlichen Handelns konfrontiert.

Ein modernes Beispiel abweichenden Verhaltens von gesellschaftlichen Normen ist der veränderte Umgang von zunehmend mehr Frauen mit Sexualität, Schwangerschaft und

Mutterschaft. Verweigerung gegenüber dem sexuellen Egoismus des Mannes bis hin zu lesbischen Beziehungen, die Einstellung: »mein Bauch gehört mir«, oder der Mut zur unehelichen Mutterschaft machen nicht nur den betroffenen Frauen Angst, sondern viel mehr noch einer in ihren Normvorstellungen verunsicherten Gesellschaft.

Wie gehen Pädagogen und Psychotherapeuten mit der Ungewißheit um, ob das von der Norm abweichende und damit störende und angstmachende Verhalten als korrekturbedürftige Anomalie oder als zutiefst notwendiger Konflikt gegenüber den Verkehrsformen einer Gesellschaft zu diagnostizieren ist, die »Sündenböcke« braucht, weil sie die eigenen materiellen und psychologischen Probleme nicht meistern kann?

Wie ist dabei jene Tendenz einzuschätzen, die schon allein in der Tatsache einen individuell wie gesellschaftlich positiven Wert sieht, daß ein Normenverstoß oder die Anfechtung gültiger Wertvorstellungen gewagt wird?

Was bedeuten schließlich die im vorangegangenen Kapitel beschriebenen grandiosen Unangemessenheiten, die die menschliche Existenz heute bedrohen, für die psychotherapeutische und pädagogische Arbeit?

Eine Kette von Verunsicherungen für Psychotherapie und Psychotherapeuten ist indiziert.

Versteht sich der Psychotherapeut nicht »nur« als Helfer gegenüber den *psychischen* Störungen und Konflikten, läßt er sich ein auf die *gesamtgesellschaftlichen* Entfremdungen und Bedrohungen in der Not seiner Klienten und in seiner eigenen Person, so müssen die angesprochenen Unsicherheiten so lange für ihn angstmachend sein, als er nicht Maßstäbe gewinnt für die Frage, was denn bezogen auf unsere gemeinsamen Probleme heil-sam und damit hilfreich sein könnte.

An dieser Stelle gewinnen die Ausführungen zum Menschenbild in dieser Arbeit ihre eigentliche Bedeutung. Denn eine Theorie von normalem und abweichendem Verhalten – die Basis jeder psychotherapeutischen Arbeit – wird getragen und geleitet, gewinnt ebenso Wärme wie Verbindlichkeit dadurch, daß Psychotherapeuten daran arbeiten, ihre im vorwissenschaftlichen Raum angesiedelte, grundlegende Anschauung der menschlichen Existenz nicht der Intuition zu überlassen, sondern sie wissenschaftlich, d.h. sachlich angemessen und intersubjektiv reflektierbar differenziert zu durchdenken und sprachlich zu entfalten.[100]

Das bedeutet auch, daß der Psychotherapeut klare Einsichten gewinnen muß in das für ihn Lebensstiltypische[101] an seinem Menschenbild wie auch in dessen historisch-gesellschaftliche Beschränktheit. Des einen bedarf er zur Reflexion seines Verhältnisses zum Klienten und damit seines Selbstbildes, des anderen zur kritischen Distanz gegenüber ideologischer Simplifizierung ihrer theoretischen Deutung. Es ist eine der großen wissenschaftlichen Leistungen der modernen Tiefenpsychologie, dieses Problem erkannt und – trotz unterschiedlicher Ausgangspunkte – im wesentlichen gleich analysiert zu haben. Um den hier skizzierten Gedankengang nicht im Text zu belasten, verweise ich auf ausführliche Zitate und eigene Interpretationen in den Anmerkungen.[102]

Das Lebensstiltypische am Bild vom »Hüter meines Bruders« in meiner eigenen Biografie ist mir deutlich und findet in dieser Arbeit seinen Niederschlag.

Wichtig aber ist mir darüber hinaus die Feststellung, daß gerade die Not und das Elend, die nach Marx immer wieder zur Fessel der Verkehrsformen werden – (in meiner Terminologie gehören dazu die *Gefangenheiten*) – historisch diese Modellvorstellung vom Menschen überhaupt erst herausgetrieben haben.

Mich verbindet mit Alfred Adler das unbedingte Ernstnehmen der menschlichen Fähigkeit zur Steuerung seines Lebensschiffes – trotz seiner ihm aufgegebenen »Gefangenheit«. Damit ist er fähig und zu befähigen, Verantwortung für sich und andere zu übernehmen. Dem liegt eine Modellvorstellung vom Menschen als dem potentiellen Steuermann seines persönlichen Lebensschiffes zugrunde. Weder hat der Steuermann sich selbst geschaffen, noch kann er die ethnisch-gesellschaftlichen Strömungen und Stürme des Meeres seinen Absichten und Zielen unterwerfen. Doch kann er sein Lebensschiff fahrtüchtig bauen bzw. seine Konstruktion korrigieren, und er kann die dem Meer und seinem Lebensschiff angemessene Navigation lernen und über seine seemännische Erfahrung korrigieren.

Hier setzt die von mir gemeinte produktive Qualität der »Wachsamkeit« im Bild vom Hüter meines Bruders kritisch an. Denn, wenn die Verkehrsformen unserer Gesellschaften im Westen wie im Osten der Industriekulturen – die Menschen massenweise psychisch elend und ohnmächtig und/oder physisch krank machen, dann muß sich der Psychotherapeut nicht mehr nur mit der individuellen Neurose oder Psychose, der privaten Logik und den Selbstverstümmelungstendenzen seiner Klienten konfrontieren, sondern ebenso mit den zu fremdgesteuerter Existenz verstümmelnden, schizophrenisierenden Mechanismen einer menschlichen Gemeinschaft, auf die hin er Hilfe zu befreiender »Sachlichkeit« und »Gemeinschaftlichkeit« geben soll.[103]

Was heißt z. B. der individualpsychologisch positiv bewertete Begriff der »Sachlichkeit« gegenüber der atomaren Bedrohung? Wenn ich zurückdenke an die mit Angst und Ohnmacht durchlebten Bombennächte meiner Kindheit, an die Schrecken der winterlichen Flucht aus dem Osten, dann bedarf es für mich keiner psychotherapeutischen Qualifikation, um zu diagnostizieren, daß Angst vor einem möglichen Inferno eine zutiefst angemessene, jeder Beschwichtigungsversuch aber eine zutiefst ver-rückte Reaktion bedeutet. Muß nicht Sachlichkeit gegenüber der Angst vor den Planspielen mit Erd- und Sternenkriegen im Pentagon und im Kreml bzw. deren rüstungstechnischem Korrelat, heißen, Menschen zu motivieren, sich einander als Brüder zuzuwenden und ihr gemeinsames Interesse an Leben und Überleben im Widerstand gegen diese Spiele zu praktizieren?

Die Normalität, die die Gesellschaft und die Mehrheit ihrer Repräsentanten erwarten, ist jene »vernünftige« Ruhe, die nur der Aufrechterhaltung des erworbenen Bestandes dient. Wessen wir bedürfen, ist die Qualität der beherzten Vernunft, die ich als die »Vernunft des Hüters« angesprochen habe. Sie sucht reale Ängste und psychische Leidensfolgen der Bedrohungen, denen die Person durch die zweckrationale Organisation der technisch-wirtschaftlichen Logik ausgesetzt ist, nicht nur verdrängend »in den Griff« zu bekommen. Ihr Anliegen ist es vielmehr, psychisch wie politisch diese Leiden zu artikulieren und offenlegen zu können, d.h. den Mut zu vermitteln, abweichendes Verhalten bei sich und anderen zu akzeptieren. Soweit normales Verhalten also nur ohnmächtiges und starres Funktionieren der eigenen Glücks- wie Leidensfähigkeit bedeutet, ist in der Psychotherapie ein Problemlösungsverhalten zu erarbeiten, das die Normenverletzung mutig einbezieht.

Gegenüber der Atomgefahr kann das bedeuten, Menschen dazu zu ermutigen, ihre Angst als eine uns allen gemeinsame berechtigte psychische Reaktion zu verstehen, sich gerade über sie zusammenzuschließen und ihre Vernunft zu gemeinsamer Problemlösung zu nutzen. (»Denn) tiefer gestört als

> diejenigen, die auf die Bedrohung mit Angst und Verzweiflung reagieren, sind die Verantwortlichen, die diese Risikopolitik betreiben und ihre eigenen Ängste verdrängen.«[104]

Selbstverständlich wird der Psychotherapeut sorgfältig zu unterscheiden haben zwischen den sachlich angemessenen Ängsten vor übermächtigen äußeren Bedrohungen und den von innen kommenden, in der fiktiven Finalität verankerten neurotischen Ängsten (z. B. auch einer »Atombombenphobie«). Aber: unterscheiden heißt nicht auseinanderreißen! Die »mikrosoziale« psychotherapeutische Hilfe inmitten der »makrosozialen« politisch-gesellschaftlichen Bedrohungen kann als Intervention der Psychotherapie einerseits nur ein Beitrag zur aktiven Bewältigung des individuellen Leides, nicht die »Heilung« der Gesellschaft von ihren geschichtlichen und anthropologischen Leiden sein. Doch dürfen wir andererseits vor eben diesen Leiden nicht ohnmächtig verstummen.

3.2 *Was bedeutet Psychotherapie?*

Wir wissen, daß neurotische, psychosomatische und psychotische Symptome und das damit verknüpfte Leid durch psychotherapeutische Hilfe zur Auflösung gebracht werden können. Doch muß die Psychotherapie – und nicht nur die Psychoanalyse, wie Lorenzer meint[105] – auch dieses zu Bewußtsein bringen und wahr-nehmbar machen:

> »... soziales Leid, das den Menschen angetan wurde und das sie selbst nicht mehr auszusprechen vermögen, weil die Verhältnisse sie sprachlos gemacht haben; weil sie ihr Unglück, ihr Elend, die gesellschaftlich hergestellt sind, nur noch erleiden, jedoch nicht mehr erkennen können.«[106]

Ganz sicher haben wir dabei

»nicht lediglich die Realität, in welcher der Patient lebt, ernst zu nehmen, sondern auch und gleichermaßen seine Phantasien (Adler spricht hier von ›Meinungen‹, Anm. d. Verf.) – jene Phantasien, in die der Einspruch gegen die Ordnung der Herrschaft sich zurückgezogen hat«.[107]

Doch die »Zerstückelung«[108] der alltäglichen Existenz, die Entfremdung des Menschen vom Menschen, die oben beschriebene allgegenwärtige Angst vor globalen atomaren oder ökologischen Katastrophen bedeuten eine derartig massive gesellschaftlich verankerte und ständige Heil-losigkeit, daß im therapeutischen Prozeß auch die Erklärung gesellschaftlicher Zusammenhänge der eigenen Leidensgeschichte anzustreben ist. Deutlich muß dabei sein, daß es eine Überforderung des Klienten bedeuten würde, sollte er gleichzeitig mit der Wahrnehmung der personalen Ursachen bzw. kausalen Finalitäten seines Leidens und seiner Einschränkungen auch schon die objektiven Bedingungen der gesamten Unterdrükkungssituation mit-begreifen. Erst wenn der Psychotherapeut selbst sich der Tatsachen bewußt ist, die die Ursache der »Beschränktheit« seines Klienten bilden, ist er fähig, an ihrer Aufhebung mitzuwirken. Kappeler/Holzkamp/Osterkamp[109] zeigen auf, daß Psychotherapie eigentlich »die begreifende Analyse der Verhältnisse (darstellt), die sich im Verhalten der Personen manifestieren«.

Die – wie sie es nennen – »orientierende Weltbegegnung« läßt sich zunächst auf die personalisierende, aggressive bzw. auto-aggressive Sichtweise des Klienten ein und steht dennoch, aufgrund des therapeutischen Bewußtseins der objektiven Zusammenhänge in Distanz zu ihr. Es ist die »ungesellschaftliche Umwelt«, die den Klienten zur Projektion seines Leidens auf Sündenböcke verursacht. Es wäre therapeutisch sinnlos, ihm diesen Zusammenhang rational erklären zu wollen. Eine bloße Information des Klienten über die gesellschaftlichen Hintergründe seiner Schwierigkeiten sei noch keine therapeutische Aktivität. Die Zuspitzung der Widersprüche in der eigenen Existenz des Klienten während des therapeutischen Prozesses müsse aus sich heraus Beiträge und Informationen des Therapeuten zu einer Erweiterung des Realitätsgehaltes der Erfahrungswelt des Klienten erfordern.

In diesem Zusammenhang weisen die o. g. Verfasser darauf

hin, daß die von ihnen im Rahmen ihres kritisch-psychologischen Ansatzes explizierte Konzeption des therapeutischen Bündnisses

> »der (überwiegenden, Anm. d. Verf.) psychoanalytischen Auffassung von der Beziehung zwischen Therapeut und Klient diametral entgegengesetzt ist: In der Psychoanalyse geht es nicht darum, dem Klienten durch das Bündnis mit dem Therapeuten die emotionalen Möglichkeiten zur Aufnahme der aktiven außertherapeutischen Umweltauseinandersetzung als Vorbedingung für jeden weiteren therapeutischen Fortschritt zu schaffen, sondern umgekehrt eher darum, die als ›uneigentlich‹ betrachteten, nach außen gerichteten Aggressionen des Klienten in die therapeutische Situation hereinzuholen, damit der Klient diese Aggressionen in der ›Übertragungs‹-Beziehung auf den Therapeuten richten und so der psychoanalytischen Bearbeitung zugänglich machen kann. Aggressivität gegen andere Personen und Protest gegen gesellschaftliche Lebensbedingungen werden, (–) in psychoanalytischer Sicht nicht als – möglicherweise noch blinder und ungerichteter – Ausdruck des legitimen Strebens nach realer Überwindung von Unterdrückung und nach selbstbestimmter Kontrolle über die eigenen Lebensbedingungen begriffen, sondern als neurotisches Nach-außen-Agieren ›eigentlich‹ lediglich innerpsychischer Konflikte mißdeutet.«[110]

Gleichzeitig machen die Verfasser deutlich, daß es zu den wichtigsten und schwierigsten Anforderungen an den Therapeuten gehört, das Behandlungsbündnis mit dem Klienten so zu definieren und zu praktizieren, daß dieser im Schutz der durch die hilfreiche Beziehung zum Therapeuten gewonnenen Hoffnung und Perspektive sich seine emotionalen Handlungsbereitschaften bewußt machen und in aktiver Umweltauseinandersetzung realisieren könne. Dabei dürfe der Klient keine Ansprüche an die ›private‹ Zuwendung und Verfügbarkeit des Therapeuten entwickeln und diesen nicht als permanenten ›Abladeplatz‹ folgenloser Emotionen mißdeuten. Falls der Therapeut durch fehlende Einsicht in seine Funktion oder in falsch verstandenem Mitgefühl mit dem Klienten dessen private Ansprüche nicht aufheben kann oder sogar zeitweise begünstige, müsse das zum einen den kooperativen Behandlungsfortschritt beeinträchtigen. Zum anderen käme es häufig zu so schweren Erlebnissen der Enttäuschung und des Zurückgestoßenseins – da der Therapeut das von ihm gegebene oder ihm unterstellte ›Versprechen‹ privater Verbundenheit und Verfügbarkeit niemals halten könne –, daß die Befindlichkeit des Klienten sich eher verschlechtere als verbessere.

Deutlich ist, daß der Therapeut den Klienten nur soweit begleiten kann, wie er selbst gekommen ist. Für den individualpsychologischen Psychotherapeuten bedeutet dies, daß er dem Klienten in der Erfahrung und Einsicht in das Warum und Wozu seines psychischen Bewegungsgesetzes = Lebensstiles und den damit verknüpften intra- und interpsychischen Konflikten vorangegangen sein muß. Doch weder Kausalität noch Finalität sind ohne die Dialektik zwischen Individuum und Gesellschaft umfassend zu verstehen, so wenig wie die uns belastenden Konflikte. Und alle Kräfte, die dem Individuum, das in der Psychotherapie zu sich selber findet, zuwachsen, begegnen dennoch den gleichen Außenweltstrukturen, die uns alle immer wieder ohnmächtig und rat-los machen. Dies nicht als privates Versagen, sondern als objektives Leiden verstehen zu lernen, ist zunächst Aufgabe des Psychotherapeuten selbst, will er zum Umgang mit diesem Leiden ermutigen.

3.3 *Fiktive Kompensationen und gangbare Wege – ein Beispiel: die Frauenbewegung*

Ich möchte die nun folgende Untersuchung des Heil-samen am Bild vom Hüter meines Bruders mit der Beschreibung einer Skizze von Marie Marcks auf der Titelseite eines ihrer Bücher[111] beginnen:

Da geht ein tief gebeugter Mann und trägt einsam und allein – wie Atlas – die ganze Last der Welt(-kugel) auf seinem vorgebeugten Kopf. Ihm in den Weg stellt sich ein kleines Weib – die Hände vor dem Bauch verschränkt – und sagt nur: »Roll' doch das Ding, Blödmann!«

Sie wirkt heiter-»relaxed«, er verbissen und verkrampft. Der Vorschlag, »das Ding« einfach abzuwerfen und zu rollen, anstatt es zu schleppen, erscheint im ersten Augenblick verblüffend einfach und einleuchtend. Beim längeren Hinsehen fällt mir dann auf, daß er sich *bewegt* und die Weltenlast nicht nur *trägt*, sondern *schleppt*. Sie dagegen *steht* und *schaut zu*. Ihr Kommentar muß für den Mann sinn-los bleiben, liegt doch der Sinn der Männer-Konkurrenzgesellschaft für normales Verhalten gerade im Einzelkämpfertum, in der Einsamkeit von Kompetenz und Macht. Nur im Festhalten dieser Macht, die zugleich seine einzige Perspektive ist, kann er auch seine phallokratische Überlegenheit der Frau gegenüber erhalten, um sie mit ihrer gesamten Lebenskraft weiterhin vereinnahmen zu können. Das lässige Danebenstehen und der naive Kommentar der Frau – die ihren Bauch »festhält« – erscheint fast als Verhöhnung aller bitteren Erkenntnisse des Öko-Feminismus [112] und seiner engagierten Stellungnahmen.

Carla Lonzi, eine prominente Vertreterin des radikalen italienischen Feminismus, stellt z. B. fest,

> »daß der Kult der männlichen Tugenden, die alle als Zentrum die Triebkraft einer fundamentalen Aggressivität haben, das männliche Unbewußte zu einem ›Reservoir von Blut und Angst‹ gemacht hat und der Frau die Rolle zufiel, ihn zu beruhigen und ihm die Angst zu nehmen: ›Verlassen wir den Mann, damit er bis auf den Grund seiner Einsamkeit sinkt!‹ schlägt sie vor.« [113]

Und Françoise d'Eaubonne formuliert – einen Slogan des Ökologie-Feminismus-Zentrums in Paris aufgreifend:

> »... der Planet muß dem Mann von heute entrissen werden, um ihn der Menschheit von morgen zu übergeben. Das ist die einzige Alternative, denn wenn die männliche Gesellschaft weiterbesteht, gibt es morgen keine Menschheit mehr.« [114]

So zutreffend wie erschütternd die feministischen Beschreibungen und Veröffentlichungen weiblichen Elends sind, so nahe-liegend ihre verzweifelten Schlußfolgerungen und so not-wendig ihre / unsere Wut gegenüber der Männerherrschaft sind, wir haben es andererseits nicht nur mit dem »Cinderella-Komplex« als der »heimlichen Angst der Frauen vor der Unabhängigkeit« [115] zu tun, nicht nur mit dem »seit altersher eingeschliffene(n) Zusammenspiel männlicher Angriffs- und Zerstörungslust und weiblicher Unterwerfungs-

und Opferungsfreude«[116]. In die männlich-hybride »Wille-zur-Macht-Perspektive«[117] sind zutiefst verwoben die Strukturen, in denen wir leben und arbeiten, die Verkehrsformen, die nicht nur zwingen und be-drücken, sondern auch tragen und erhalten, die wie immer pervertierten Formen der Verantwortung für unser organisiertes Leben und Über-Leben.

Der Kommentar der Frau in der oben beschriebenen Skizze spiegelt das männliche Machtproblem nur als Ausdruck privater Anmaßung und Zumutung, verkennt, daß es die zu gesellschaftlicher Kompetenz gewordene Macht ist, die die Last der Welt auch bei ihm festhalten. Er kann gar nicht einfach alles hinwerfen, will er nicht die Grundlagen ihrer gemeinsamen Existenz gefährden. Ebensowenig könnte sie – auf der Basis weltweit mangelnder Macht und Kompetenz der Frauen – ihm den Planeten einfach aus der Hand reißen, obwohl sie und wir erkennen müssen, daß der männliche Machtwahn uns an die Grenzen unserer Lebensmöglichkeiten gebracht hat.

Was aber kann die Frau – als Hüterin ihres Bruders – tun? Horst Eberhard Richter meint, die Frauen wollten und müßten den Männern nun das Machtmonopol streitig machen. Denn jede zur männlich-expansionistischen Ideologie entwickelte Gegenperspektive enthielte vorrangig solche Werte, die man bislang als ›weiblich‹ etikettiert und in den Hintergrund gedrängt habe. Diese in langer kultureller Tradition an die Frauen abgespaltenen Werte könnten nur durchgesetzt werden, wenn Frauen aktiv für Frieden und eine menschlichere Umwelt demonstrierten und kämpften. Die Männer ihrerseits müßten ihre Identität nach der sogenannten weiblichen Seite hin im Selbstverstandnis und im praktischen Sozialverhalten revidieren. Was sie bisher als schwach und minderwertig verdrängt hätten, wäre nun in ihrem Inneren zu rehabilitieren und gemeinsam mit den Frauen politisch umzusetzen.[118]

Richter fügt in diesem Zusammenhang die Einschränkung hinzu, daß es sich bei seinen Überlegungen noch überwiegend um »Wunschbilder« handele, denen vor allem auf der Seite der Männer »Zweifel und Beharrungstendenzen« entgegenwirken. Doch sein Appell an die Frauen ist unüberhörbar, den Männern das Machtmonopol streitig zu machen. Margarete Mitscherlich spitzt diesen Appell noch zu:

»... Da die ›Spitzenmänner‹ auf ihren politischen Hochseilen, mit ihrer offensichtlich eigengesetzlichen Argumentations- und Handlungsakrobatik, für jeden Appell an Vernunft und Menschenverstand unzugänglich sind, muß die Allgemeinheit, die Basis, tätig werden, um das drohende Verhängnis abzuwenden. Den Frauen fällt eine besonders wichtige Aufgabe zu: Sie, die immer Unterdrückten, scheinen zunehmend ein Gespür für alte und neue Formen der Unterdrückung zu haben, für die Unterdrükkung durch Technokraten und Spezialisten, für die Unterdrückung durch Hochtheoretiker und Wissenszauberkünstler, für all diese modernen verbalen Verschleierungsmanöver, hinter denen die Realität verschwindet.« [119]

Margarete Mitscherlich schließt ihr Buch, mit dem sie Frauen dazu veranlassen will, »sich auf ihre Kräfte und Fähigkeiten zu besinnen und diese auch zu benutzen«, [120] mit dem mehrfachen Hinweis »an der Frau liegt es« [121], mit dem sie die Verantwortlichkeit der Frau für die Veränderung der männerbestimmten Gesellschaft anruft.

Zwei entschiedene Stimmen mit klaren Herausforderungen. Wäre denn der Macht – ob angemaßt oder tradiert – auch anders zu begegnen? Habe ich selbst nicht in dieser Arbeit formuliert: Kain und Abel *müssen* Brüder werden, wenn wir nicht zugrunde gehen wollen?! Und ganz gewiß kann auch die Frau nur »entschieden« ihres Bruders Hüter werden.

Dennoch möchte ich mit Hilfe einer anderen weiblichen Stimme hier ein Stück Behutsamkeit einführen, das in meinem Verständnis Teil einer weiblichen »beherzten Vernunft« sein muß, wollen wir nicht unsererseits einer hybriden Selbstüberschätzung, die unsere bestehende »Verletzlichkeit« ausklammert, anheimfallen:

»Wir Frauen sind unterwegs, wir sind aufgebrochen ins Ungewisse, denn wir spüren, es ist Zeit dies zu tun. Mit nackten Füßen treten wir frische Spuren in den Sand und hüten uns, dem festen Tritt der Männer zu folgen. Das Ziel ist unbekannt. Die künftigen Orte sollen andere sein, offen auch für unsere Geschichte. Wenn sie unsere Geschichte sein soll, dann müssen wir sie durch die Rhythmen unseres Lebens, durch unseren Umgang mit der Zeit lebendig machen. Mit jedem Schritt teilen wir ihr unsere Trauer, unser

Glück, unseren Zorn mit. So wird sie unsere Zeit. Aber was ist das – unsere Zeit? Machen wir nicht immer mehr Schritte mit den Männern gemeinsam? Sind wir nicht gezwungen, ihrem gebietenden Schritt in der Menschheitsgeschichte zu folgen, den Spuren ihrer Bilder, ihrer Sprache? Ja, diesem Sog können wir nicht entgehen.

Unsere Zeit, gibt es sie überhaupt, und wo wird sie sichtbar? Frauen und Männer leben in einer Zeit heute, in der die Vermessenheit des Messens auf der Seite derer zunimmt, die die Macht haben. Uhren, Gesetze und Maschinen sind ihre Werkzeuge. – – –

Die herrschende Anmaßung, immer mehr Maße zu setzen, ist zweifellos ein Erbe der sich in der bürgerlichen Gesellschaft brüderlich zur Herrschaft emanzipierenden Männer. Es waren die Männer, die zum Aufbruch bliesen in die männlich-rationale Zeit. Doch vorschnell wollen einige nun das Weibliche zur Rettung zitieren: Frauen als Hüterinnen einer anderen Zeit, der Qualität, der Farbigkeit, der Besonderheit. Freilich, der Gedanke, daß wir das verdrängte Weibliche bloß zu heben hätten, um den Weg in eine ganz andere Zeit, unsere Zeit, zu weisen, ist verführerisch. Denn er wärmt. Allein er trägt nicht weit. Wir Frauen, wir kennen uns. Wer von uns wüßte das Andere schon sicher in sich? Keine. Wir sind unterwegs in einer unsicheren Zeit, und das ›gelobte Land‹ wurde uns nicht verheißen.

Anders formuliert: ›Unsere Zeit‹ muß noch gefunden werden. Wenn sie irgend aufblitzt, dann, so meine ich, im Konflikt. Persönliche Erfahrungen hat da jede. – – –

Für uns gibt es nicht die schnellen, geraden Wege, auf denen die Helden sich versuchen, Umwege sind zugelassen. Denn es gibt keine Rezepturen für das, was wir uns anzueignen, für das, was wir aufzugeben hätten. Der alltägliche Konflikt wird uns lehren, was wir bewahren, was wir erobern. Täglich neu.«[122]

Ich kehre zurück zu dem Bild des einsam und freudlos seine Weltenlast schleppenden Atlas und zu der ihm begegnenden Frau und meine, daß im Sinne des eben zitierten Textes genau dieses not-wendig ist: der Konflikt der Frau mit dem Mann und darauf aufbauend, mit der männlich deformierten wie verantworteten Welt. Konflikt meint Zusammenstoß, also Berührung auf der gleichen Ebene, nicht Abseitsstehen, nicht überlegene Kritik. Doch die Fähigkeit zum Konflikt wurde uns nicht in die Wiege gelegt und schon gar nicht ansozialisiert. Wir müssen sie mühsam nachlernen, und das bedarf in der Tat der Umwege, z. B. über Psychotherapie. Sie sind gezeichnet von Schmerz, Wut und Tränen, von inneren und äußeren Brüchen und von immer wieder erlebter Ohnmacht – »täglich neu«. Gleichzeitig – und auch »täglich neu« – entdecken wir dabei unsere Kräfte und Fähigkeiten, die wir für uns selbst und für den dringend notwendigen Konflikt mit dem einzelnen Mann und der Männergesellschaft brauchen.

3.4 Sein – So-sein – Mitsein

Ich habe als gattungseigene Grundkonstrukte bei der Bearbeitung des Menschenbildes eine tiefe Zuwendungs- und Zuordnungsbedürftigkeit und -fähigkeit sowie die menschliche Möglichkeit zu vorausschauender Planung beschrieben. Schützend und wachsam gegenüber der individuellen wie gesellschaftlichen Existenz zu sein, waren die hierzu korrelierenden Attribute praktizierten Interesses im Bild vom Hüter meines Bruders. Die Existenz des anderen zu schützen bedeutet zunächst, sie zu akzeptieren. Dies setzt die Akzeptation der eigenen Existenz voraus. Akzeptation von Sein – eigenem und fremdem – ist aber gebunden an den immer wieder notwendigen Konflikt mit dem So-sein – ebenfalls eigenem wie fremdem. Sein meint dabei die Existenz an sich, So-sein ihre individuellen und gesellschaftlichen Ausformungen. Die individuelle und gesellschaftliche Sozialisation befähigt weithin nur zur Anpassung an das So-sein, das als solches dann zur Normalität deklariert wird. Hier kann Psychotherapie zu korrigierender Erfahrung und zu der handlungsleitenden Einsicht helfen, daß die Akzeptationsfähigkeit gegenüber sich selbst und anderen die conditio sine qua non der Konfliktfähigkeit ist, daß also praktiziertes Interesse als das unsere gemeinsame Existenz schützende Mit-sein nur besteht und lebt in der Spannung zwischen Akzeptation und Konflikt. Das heißt: Ich wende und ordne mich dir zu, weil du bist, aber: Ich setze mich mit dir auseinander, wie du bist. Ich wende und ordne mich der Gesellschaft zu, weil sie die Gemeinschaft ist, in der ich lebe, aber – ich setze mich damit auseinander, wie sie ist.

Konfliktfähigkeit als spezielle Ausformung schützender Existenz ist also zum einen gebunden an die Fähigkeit, das *So-sein* der eigenen Existenz wie das der fremden anzunehmen. Zum anderen aber ist sie unabdingbar gebunden an das, was ich Wachsamkeit genannt habe, und was ich – ausformend – hier mit Belastbarkeit bezeichnen möchte. Gemeint ist die Belastbarkeit durch das So-sein, durch die Lasten also, die uns mit uns selbst, durch die anderen und über unsere politisch-gesellschaftlichen Bedingungen auferlegt sind. Diese Lasten so tragen und ertragen zu lernen, daß wir uns nicht mehr nur als Lastenträger empfinden, um uns spähend, wie wir das Joch wieder von uns werfen könnten, bedeutet in meinem Verständnis die Essenz beherzter Vernunft. Mit ihrer Hilfe erst kann die Frau in meinem Bild die notwendigen Bewältigungs- und Konfliktstrategien und -Verhaltensweisen entwickeln, um dem Mann seine alleinige Macht streitig zu machen, indem sie sie mit ihm teilt. Das bedeutet ein Zweifaches: Zum einen vermindert sie seine Macht und die damit verbundene Notwendigkeit zu Härte. Zum anderen geht sie an seine Seite und eröffnet ihm und sich damit die Erfahrung, daß die Welt nicht nur aus Belastung besteht. Denn indem sie sich gemeinsam den Belastungen stellen, in Zuordnung wie in Konflikt, entstehen Beziehungen, die schützen, wärmen und beglücken können. *Nur durch diese Beziehungserfahrung wird eine Belastbarkeit begründet, die nicht einsam macht oder krank.* Belastbarkeit ohne Zuwendungs- und Konfliktfähigkeit ist von Zielschwund, Zuwendungs- und Konfliktfähigkeit ohne Belastbarkeit von Ziellosigkeit bedroht. Beide Phänomene sind psychisch angstmachend und destabilisierend, sozial-politisch münden sie in die Verelendung.

Pierre Teilhard de Chardin, den Avantgardisten den bedeutendsten Theologen unseres Jahrhunderts nennen, hat Brüderlichkeit und Liebe als »das einzige Tor nach vorn«[123] bezeichnet. So wie Adler sein »Gemeinschaftsgefühl« verstand als ein Fühlen mit der Gesamtheit ›sub specie aeternitatis‹, ein Streben nach einer Gemeinschaftsform, die für ewig gedacht werden müsse, wie sie gedacht werden könne, wenn die Menschheit das Ziel der Vollkommenheit erreicht habe[124], so formuliert Chardin für die menschliche Evolution:

»Liebt euch, oder ihr geht zugrunde. Die realistischen Geister mögen ruhig über die Träumer lächeln, die von einer nicht mehr durch Gewalt, sondern durch Liebe verkitteten und geharnischten Menschheit sprechen. Sie mögen ruhig leugnen, daß ein Höchstmaß an physischer Kraft mit einem Höchstmaß an Sanftmut und Güte zusammenfallen könne.«

Aber weder Skepsis noch Kritik könnten die Einigkeit von Theorie und Erfahrung der geistigen Energie aufheben, nach der das einzige Tor nach vorne in der menschlichen Evolution in Richtung einer gemeinsamen Leidenschaft, einer ›Konspiration‹ liege. Wollten wir weiter unsere Hoffnung auf eine durch äußere Gewalt erzielte soziale Ordnung setzen, so käme das dem Aufgeben jeder Hoffnung gleich, »den Geist der Erde bis an seine Grenzen zu vollenden«.[125]

Der Deutsche Evangelische Kirchentag 1978 in Frankfurt am Main hatte die Losung: In Ängsten – und siehe wir leben.

Ich denke, daß Psychotherapie – in anderer Weise als Theologie und Glaube, mag sie sich auch aus gleichen Quellen speisen – hierzu Hilfe geben kann:

daß Menschen mit den Ängsten und Widersprüchen nicht nur innerhalb, sondern auch außerhalb ihrer privaten Existenz so umgehen lernen, wie die alten Schmiede mit der täglichen Glut und Hitze der Feuersnähe umgingen: sie nahmen sie auf sich, weil nur dort der Ort war, wo sie ihre Eisen schmieden konnten.

Wachsam im Sinne von belastbar werden in diesem Zusammenhang heißt dann, die gesellschaftlich vermittelten Widersprüche, Ängste und Einsamkeiten – ebenso wie die aus uns selbst kommenden individualhistorischen Störungen – als unser Feuer zu erkennen, uns als dessen Mitproduzenten zu begreifen und hier unsere Eisen, d.h. unsere Bedingungen schmieden zu lernen.[126] Dazu bedarf es auch der Überwindung von passiver Resignation oder Fluchtverhalten, indem wir uns und andere zum Engagement in gesellschaftlichen Handlungsfeldern ermutigen und aktivieren.[127]

Die Befähigung zum gemeinschaftlichen Handeln setzt

u. a. die Wahrnehmungskorrektur gegenüber dem zunehmend ozeanischen Einsamkeitsgefühl des Individuums in der Industriegesellschaft einerseits voraus – hier sehe ich eine der wichtigsten Aufgaben von Gruppentherapie – andererseits bewirkt erst das gemeinschaftliche Handeln in gesellschaftlichen Zusammenhängen auf Dauer das kontinuierliche Schrumpfen der ozeanischen Einsamkeiten zu jenen der menschlichen Existenz notwendigen »Inseln«. Diese aber müssen schwimmen auf einem »Meer der Bezogenheit«.[128]

Der Psychotherapeut, der dem Klienten hilft, sich als Rutengänger gegenüber den unentdeckten oder verschütteten Möglichkeiten in seiner Existenz zu engagieren, ihm also Gelegenheit gibt, das scheinbar Schicksalhafte seines historischen Gewordenseins aufzubrechen, neue oder uralte Quellen zu erschließen und Ziele verändern zu können, vermag ihn auch zu fördern im Rutengehen – d. h. im Quellensuchen – für die Gemeinschaft, in der er lebt. Denn psychische Befreiung aus der Befangenheit ohnmächtig machender subjektiver Wahrnehmungsmuster bewährt sich nicht als schlichtes Freiwerden *von* eben diesen privaten Ohnmächten, sondern erst als Freiwerden *zu* gemeinschaftlichem produktivem Konflikt mit und Belastbarkeit durch unsere gesellschaftlichen Gefangenheiten (z. B. in weiblicher Hilflosigkeit, in Rollen- und Sachzwängen, in atomarer und ökologischer Bedrohung).

Auf diesem Wege wird nach Jouhy auch das Gefühl von Heimat begründet. Nach ihm »existiert (Heimat) nicht im

privaten Glück. Heimat beginnt im gemeinsamen öffentlichen Engagement.«[129]

3.5 Ziel der Psychotherapie: Lebenskompetenz

Zuwendungs- und Konfliktfähigkeit sowie die mit beiden notwendig zu verknüpfende Belastbarkeit können – anstelle von »Heilung« – in meinem Verständnis als erreichbare Ziele von Psychotherapie benannt werden. Insgesamt eignet ihnen der Begriff der Lebenskompetenz, die ich vor allem deswegen eine konkrete Utopie – also das noch nicht Erreichte, aber Erreichbare – nennen möchte, weil den verschiedenen Formen gegenwärtig praktizierter Existenzbewältigung fast durchweg gerade die Fähigkeit zur Belastbarkeit mit individuellen Konflikten und gesellschaftlichen Widersprüchen mangelt.

Psychotherapie hat es zunächst mit den Konflikten des Individuums zu tun. Es ist dabei bedeutungsvoll, daß auch in der Psychoanalyse durch Einflüsse aus der Sozialpsychologie und der Entwicklung der Ichpsychologie die Analyse heute nicht mehr schwerpunktmäßig ›vertikal‹ verläuft, sondern die Interaktionen des Individuums mit anderen Personen in einer sozialen Situation miteinbezieht.[130]

Hier wird nicht nur eine Annäherung an die Individualpsychologie mit ihrem seit jeher zentralen Anliegen der Herausarbeitung des ›Gemeinschaftsgefühles‹ deutlich, hier bildet sich eben jenes »unentrinnbare dialektische Verhältnis von Individuum und Gemeinschaft«[131] ab, das im oben beschriebenen Verständnis gegenwartsbezogener Psychotherapie not-wendend in diese einbezogen werden muß.

Dies wird häufig einer nachzuholenden Kompetenzerweiterung des Psychotherapeuten bedürfen, mit der er sich aber als »Hüter seines Bruders« belasten muß, will er Belastbarkeit bewirken. Angesichts der Übermacht der sekundären Systeme ist z. B. die Einsicht in die Beschränktheit individuellen Handelns Ausdruck von Belastbarkeit und beherzter Vernunft beim Psychotherapeuten, deren er zur Unterscheidung gegenüber gesellschaftlich-politischer Resignation und kollektiver Depression dringend bedarf.

Auf das hierbei erforderliche »Wachstum« bei der Durchschau des unentrinnbaren dialektischen Verhältnisses von Individuum und Gemeinschaft trifft dabei das gleiche zu, was Boszormenyi-Nagy et al. für das persönliche Wachstum des Psychotherapeuten formulieren:

> »Es ist unsere Überzeugung, daß Wachstum in unserem persönlichen Leben nicht nur untrennbar mit dem Wachstum bei unseren beruflichen Erfahrungen verbunden ist, sondern daß es unser bedeutendstes technisches Handwerkszeug darstellt.«[132]

Zu diesem Wachstum als technischem Handwerkszeug, das gleichzeitig die psychotherapeutische Kompetenz ausmacht, gehört auch das, was Therapeuten und Klienten gemeinsam ist: die Schmerzen des Versagens und das Leiden am scheinbar nicht Veränderbaren. Gerade die Qualitäten von Schmerz und Leid gehören in der hochtechnisierten, auf reibungsloses Funktionieren angelegten Gesellschaft zu dem, was ›technisch‹ stört, Versagen zu ihren ›technischen Mängeln‹.

Dagegen sehe ich hier die Notwendigkeit einer Umorientierung für die Befähigung zu Belastbarkeit. Im Gegensatz zur gesellschaftlichen Realität eines oft gnadenlosen Konkurrenzdruckes, wo Versagen nur als antreibender nächtlicher Alptraum gestattet ist, und im Gegensatz zur korrespondierenden individuellen Fiktion persönlicher Vollkommenheit, in der sich neurotisches Überlegenheitsstreben ausdrückt, haben wir *das Versagen als eine – zutiefst menschliche – Möglichkeit zu akzeptieren und die Schmerzen daran als ein weitgehend gesellschaftlich und nicht nur individual-historisch produziertes Elend zu diagnostizieren.*

Ebenso ist das Leiden am status quo nicht einfach mit politischer Apathie oder psychischer Mutlosigkeit zu vergleichen. In dem Mut zur Unvollkommenheit ebenso wie im Leiden am scheinbar nicht Veränderbaren liegen zutiefst produktive Kräfte einer auf not-wendende Veränderungen abzielenden beherzten Vernunft.

Fehlende Ermutigung wie auch das Abschneiden von Versagen-dürfen (was mit keiner Form von ›Verwöhnung‹ zu verwechseln ist), verkrüppeln die Existenz im emotionalen Bereich und fördern die fiktive Finalität. Dem In-dividuum, dem unteilbaren Menschen, gehen dabei unversehens auch jene emotionalen Kräfte verloren, die heute schon Mangelware sind: die Fähigkeit zur Freude, zu Trauer und Zorn und zu dem, was wir Liebe nennen.

Psychotherapie kann dazu helfen, sich jene Kräfte wieder anzueignen und sie als nur in der Gemeinschaft erfahrbare Werte auch wieder gesellschaftlich einzubringen, sie als nur in Gegenseitigkeit realisierbare Werte – die dennoch keine Tauschwerte sind – zu verstehen, ohne deren Existenz jede noch so gut funktionierende Gemeinschaft ihren Sinn für die beteiligten Menschen verliert.

Damit hilft und ermutigt die Psychotherapie zu der oben beschriebenen Zuwendungs-, Konflikt- und Belastungsbereitschaft – zu beherzter Vernunft also – die den Menschen zum Hüter seines Bruders befähigt. Gleichzeitig erweisen sich Psychotherapeuten und Psychotherapie damit dem einzelnen und der Gesellschaft gegenüber in ihrer Hüterqualität als »allergetreueste Opposition«.

Ich möchte am Ende dieser Betrachtungen einige Gedanken von Christian Graf von Krockow referieren, die mir – von anderen thematischen Voraussetzungen ausgehend – als ein Beitrag erscheinen, in dem sich u. a. das, was ich »beherzte Vernunft« im Umgang mit Welt und Leben nenne, in ihren Möglichkeiten *und* Grenzen exemplarisch abbildet.

Die mich an dieser Stelle interessierenden Überlegungen von Krockows beschäftigen sich mit der Frage nach dem Bereich, aus dem Maßstäbe für politisches Handeln zu gewinnen wären. Er geht dabei von einem Zitat des Engländers Bernard Crick aus, in dem dieser zwei große Feinde der Politik besonders hervorhebt: ›Gleichgültigkeit gegenüber menschlichem Leid und Leidenschaft in Dingen, die wesentlich politisch sind.‹ Von der Gleichgültigkeit gegenüber menschlichem Leid sagt von Krockow, daß sie freie Regime unglaubwürdig mache, wenn sie nicht fähig oder nicht mutig genug wären, »die Möglichkeit und die Gewohnheit der Freiheit von den wenigen auf die vielen auszudehnen«. In der Leidenschaft für die Gewißheit drücke sich Verachtung wesentlicher politischer Qualitäten wie Vorsicht, Konzilianz, Kompromiß- und Anpassungsfähigkeit, Vielfalt und Lebhaftigkeit aus zugunsten einer pseudowissenschaftlichen Einschätzung von Regieren, einer absolut klingenden Ethik oder Ideologie, eines Weltbildes rassischer oder wirtschaftlicher Art. Und es sei eben diese Gewißheit, nach der selbst Menschen, die mit Würde den Wechselfällen des Lebens begegneten, »verrückt« seien, die das tödliche Ende von Politik und Freiheit bedeute. Eine freie Regierung trifft politische und nicht ideologische Entscheidungen.

Dennoch: von Krockow verkennt nicht das zutiefst Dialektische der menschlichen Existenzproblematik: von der Zukunft zu wissen, sie aber nicht zu kennen, verlangt immer wieder auch nach »gewissen«, nach sichernden Entwürfen, nach »Karte und Kompaß« auf dem Weg ins Unbekannte. Sie sind »kein Luxus, auf den man leichthin verzichten könnte, sondern notwendig wie die Luft zum Atmen«.

Von Krockow meint, daß sich eine Trennung von »Vorletztem und Letztem«, eine praktisch ungläubige Politik also, damit als eher »künstlich« denn »natürlich« erweise. Entstanden als ein Kunstwerk politischer »westlicher« Kultur, von innen wie von außen angefochten, stelle sie in der Geschichte die Ausnahme und nicht die Regel dar. Hier nur habe sich die liberale Demokratie halbwegs durchsetzen und festigen können.

Bei der Frage nach ihren Ursprungsbedingungen stößt man – neben vielem anderen – auf das Christentum und seine Botschaft, daß diese Welt nicht das Letzte ist, sondern das Vorletzte. »Die Botschaft redet von der Grenze: In dieser Welt kann aus menschlichem Vermögen das Heil, das Heilige nicht erreicht werden; alles Menschenwerk bleibt seinem Wesen nach unvollkommen, der Sünde verhaftet. Oder um es mit Kant nachchristlich auszudrücken: ›Aus so krummem Holze, als woraus der Mensch gemacht ist, kann nichts Gerades gezimmert werden.‹«

Die Säkularisation, die paradoxe Möglichkeit, einen Freiraum für den Unglauben zu schaffen, ist mit dieser Grenzsetzung schon angelegt. Doch ihr Gelingen hängt nach von Krockow davon ab, daß »ihre haltenden Gegenkräfte im Letzten wirksam bleiben; sie zehrt von ihrem Kapital. Ist es aufgebraucht, so entsteht sofort wieder eine ›Religiosität ins Diesseits‹. Und – Dialektik der Säkularisation: Die Gier nach dem nun innerweltlich gedeuteten Heil entwickelt sich nur um so mächtiger.«[133]

Nicht nur Politik kann zu einem solchen innerweltlich gedeuteten Heil »entgleisen«. Auch die Psychotherapie hat ihrem Ort mit beherzter Vernunft im Vorletzten zu bestimmen, selbst wenn die Kraft- und Energiequellen des therapeutisch Arbeitenden sich auch aus einem »Letzten« speisen mögen. Eine Formulierung Adolf Arndts, die von Krockow a. a. O. in diesem Zusammenhang aufgreift, sei hier abschließend – auch im Sinne meiner Ausführungen in diesem Kapitel – zitiert: »Die Unmenschlichkeit bricht aus, sobald im Vorletzten … eine letzte Wahrheit vom Menschen zum Maßstab für mitmenschliche Gemeinschaft erhoben wird.«

4. Der eigene theoretische Standort bei der Bearbeitung und Deutung des Fallbeispieles

Die im Kapitel 5 der Arbeit folgende Fallbesprechung ist ohne die Darlegung eines methodisch-theoretischen Hintergrundes nicht möglich. Statt einer Darstellung und kritischen Würdigung der heute gängigen Psychotherapien, die leicht ausufern könnte, möchte ich als roten Faden für diese methodisch-theoretische Grundlage meiner Arbeit eine kurze biografisch gehaltene Geschichte meiner Rezeption der psychotherapeutischen Konzepte geben, um damit auch kritisch-wissenschaftlich die Vorgehensweise zu begründen, die mich in Theorie und Praxis zunächst leitete.

Meine erste Begegnung mit therapeutischer Psychologie erfolgte während meines Zweitstudiums an der Frankfurter Universität. Es ist kein Zufall, daß diese erste Begegnung mit der von Sigmund Freud ausgehenden Theorie und Praxis, mit der Psychoanalyse, stattfand. Aus ihr lernte ich zunächst einmal kritisch, was ich auch weiterhin für die unerläßliche Grundlage aller Psychotherapie halte,

- daß die sich in Einstellung und Verhalten manifest äußernden Bedürfnisse, Vorstellungen, Bilder und Zielsetzungen nur die – gerade bei gestörtem Seelenleben – trügerischen Verformungen der wirklichen Antriebe der menschlichen Psyche darstellen;
- daß weiterhin diese Antriebe bzw. die kausale Begründung der manifesten Einstellungen und Verhaltensweisen ihren Ursprung in den Phasen der frühkindlichen, organisch vorprogrammierten Impulse und ihrer realen Begrenzung durch das gesellschaftlich bedingte Feld der Beziehungen zu Vater und Mutter haben;
- daß außerdem diese aufeinander folgenden Phasen das Gewebe der Beziehungen und ihren bewußten Niederschlag zutiefst widersprüchlich werden lassen.

Besonders beeindruckte mich in diesem Sinne das Freudsche Konzept der ödipalen Phase. Es besagt – unabhängig von der Hypothese einer libidinösen Bindung des Jungen an die

Mutter und des Mädchens an den Vater –, daß etwa in der Zeit vom zweiten bis zum vierten Lebensjahr das kindliche Seelenleben in seinem Bedürfnis nach Totalanspruch an die lebenspendende Mutter sich den Erwartungen gegenübersieht, die der Vater oder andere männliche Instanzen verkörpern, die herrschende Werte und Normen vertreten, und die für seine Existenz affektiv ebenso unerläßlich sind wie die Mutter.

Daraus ergibt sich in der Freudschen Theorie die Verdrängung des Anspruchs an die Mutter zugunsten einer Orientierung von Einstellung und Verhalten an den kulturspezifischen Normen, vertreten durch die männlichen Bezugspersonen. Folglich tritt – und dies hat Freud bereits mit seiner ersten eigentlich psychoanalytischen Arbeit über die Pferdephobie des kleinen Hans überzeugend nachgewiesen – eine seelische Spannung auf, die die ganze weitere Entwicklung der Persönlichkeit tief beeinflußt. Zwischen dem Ego, seinen Bedürfnissen und Wünschen und dem, was die jeweilige Kultur ihm als zu verinnerlichende Funktion und Rolle zuweist, entsteht ein Konflikt, der – nach Freud – ins Unbewußte verdrängt, – nach Sperber – zur Aufrechterhaltung der Verhaltensfunktionalität nicht gewußt werden darf.

In meinem Bemühen, diese Einsichten für das Verständnis meiner eigenen Beziehungen, insbesondere zu meinem Partner und zu meinen drei Söhnen, aber mindestens ebenso zu den in der wissenschaftlichen Literatur analysierten Einstellungen und Verhaltensweisen von Kindern, Jugendlichen und Erwachsenen fruchtbar zu machen, stieß ich u. a. über Ernest Jouhy und seine Seminare an der Frankfurter Universität auf das tiefenpsychologische Grundkonzept von Alfred Adler und derjenigen, die sich explizit oder implizit auf ihn beziehen. So lernte ich die Anstöße zu berücksichtigen, die von der soziologischen Betrachtungsweise der Entwicklung von Persönlichkeit bzw. individueller Identität ausgehen und vor allem auch die – noch dem Freudschen Grundkonzept verhaftete – Neopsychoanalyse.

Wenn ich nun im folgenden mein therapeutisches Konzept unterbreite, so muß ich darauf hinweisen, daß ich damit nur die *Momentaufnahme eines Lernprozesses* darstelle, in dem insbesondere individualpsychologische und auf Marxsche Quellen zurückgreifende Autoren wie Ernest Jouhy und Manès Sperber eine bedeutende Rolle spielen.

Marx sagt, das menschliche Wesen sei kein dem Individuum innewohnendes Abstraktum, sondern die Gesamtheit der gesellschaftlichen Verhältnisse. Diese Aussage beinhaltet die Grunderkenntnis – die durch keine der folgenden Überlegungen eingeschränkt wird – daß die menschliche Psyche die grundlegenden Widersprüche der gesellschaftlich-kulturellen Bewertungen und Normen verinnerlicht und damit individuell zu bewältigen hat, was an Konflikten im System der Einstellungen, Werte und Normen in einer konkreten Gesellschaft dominant bzw. was antagonistisch latent ist.

Die von der Psychoanalyse herkommenden Autoren haben aber mit Recht darauf hingewiesen, daß es in der anthropologisch bedingten Evolution der Person in den jeweils konkreten Kulturen organo-psychische Vorbedingungen gibt, die »das Wesen« des Menschen in gleichem Maße ausmachen wie die gesellschaftlichen Bedingungen. Zu diesen Konstituanten der gesellschaftlich-menschlichen Existenz und damit der Person gehören eine Reihe existentiell vorprogrammierter Voraussetzungen:

- sein Eingebundensein in Geburt, Reifung, organische Bedrohung und schließlich Tod;
- seine Zugehörigkeit zu einem Geschlecht und der daraus erwachsenden psycho-organisch-gesellschaftlichen Funktion;
- seine Angewiesenheit auf die Funktionsfähigkeit organisch vorprogrammierter psycho-organischer Vermögen, um über Sprache und Bewußtsein seine soziale Funktion und Rolle wahrnehmen zu können.

Von den gesellschaftlich bedingten Schwierigkeiten, dieser vorprogrammierten Bestimmung auch gesellschaftlich-kulturell gerecht zu werden, leiten die o. g. Autoren die Einstellungs- und Verhaltensschwierigkeiten der konkreten Personen in der konkreten Gesellschaft ab.

Für alle Schulen der Tiefenpsychologie wie auch der Verhaltenspsychologie sind die psychischen – wie auch die organischen – Funktionen als artspezifisches Instrumentarium der Lebensbewältigung zu verstehen. Bei Alfred Adler wirkt sich diese Grundidee im methodischen Herangehen so aus, daß er das Verständnis der psychischen Funktionen von ihrem Ziel und Zweck in den Lebenssituationen herleitet, in denen die Ganzheit der unteilbaren Person (In-dividuum) Inhalt und Form von Einstellung und Verhalten bewirkt. Diese methodische Betrachtungsweise, die er bereits bei Vaihinger vorfindet, gilt als die der Teleologie oder der finalen Kausalität. Die Fruchtbarkeit dieses methodischen Herangehens, d.h. der Frage nach dem bewußten oder nicht bewußten Ziel von Einstellung und Verhalten, erweist sich ebenso in der seit jeher geübten pädagogischen Praxis als auch in der wissenschaftlich orientierten Therapie psychischer Störungen. Diese praktische Wirksamkeit darf aber nicht den Blick dafür verstellen, daß eine Theorie, die vom Ziel statt vom Ursprung ausgeht, von Philosophie und Wissenschaftsgeschichte Europas her eine ganz besondere Herausforderung darstellt. Um dies zu verdeutlichen, will ich mich nicht in philosophie- und wissenschaftsgeschichtliche Exkursionen begeben, sondern ich werde dies in aller Kürze an methodischen Grundverschiedenheiten des theoretischen und auch des praktisch-therapeutischen Vorgehens von Adler – im Vergleich zu Freud – zu beschreiben versuchen.

Für Freud finden alle aktuellen Manifestationen des Seelenlebens ihre Erklärung in den zeitlich vorausgehenden Bedingungen ihrer Entstehung. Damit ist er der klassisch-naturwissenschaftlichen Tradition treu, aber auch ihrer methodischen Ausdehnung auf die Humanwissenschaften. Alfred Adler hat – auch in seiner eigenen wissenschaftlichen Entwicklung – nur sehr zögernd und ohne endgültige Klärung seiner von diesem Modell abweichenden Methode sich darum bemüht, die geschichtlich uralte Vorgehensweise aller Menschen – nämlich von ihrer Zielsetzung aus zu denken und zu handeln (Finalität) – mit der biographischen Kausalität zu begründen.

In meiner eigenen Geschichte meiner Erkenntnisse stellt sich die von Adler unternommene Synthese von Kausalität und Finalität in der folgenden Weise dar:

Die Finalität einer jeden lebendigen Kreatur – nicht nur der menschlichen, sondern aller Lebewesen – erhebt sich auf der Grundlage einer von den blinden Gesetzmäßigkeiten der materiellen statistischen Zufälle und Notwendigkeiten bestimmten physikalischen, chemischen und schließlich biologischen Struktur. Die im Hegelschen Sinne verstandene Höherentwicklung oder Evolution besteht darin, daß die Lebewesen die Varianten zu nutzen suchen, die sie von ihrer materiellen Determination relativ befreien, d. h. die Variationsbreite ihrer Reaktionen auf die determinierenden Faktoren erhöhen. Damit sind Reflex, Instinkt und Vernunft Etappen der kausal verursachten und kausal eingeschränkten Reaktion auf die blind zufällige Aktion der determinierenden Faktoren.

Die menschliche Psyche ist also – nach Adler – sehr wohl durch die organische Konstitution und die gesellschaftlichen Bedingungen kausal determiniert; sie ist darüber hinaus aber gerade dadurch gekennzeichnet, daß sich aus dieser Determination – wiederum kausal – das Bedürfnis entwickelt (Motivation, Antrieb, Verhaltenszwang etc.), diese Bedingungen zu beherrschen, statt ihnen zu unterliegen. Somit bedeutet Finalität in der Adlerschen Psychologie eine kausal bedingte Bewegungsrichtung, die der methodisch und inhaltlich aller Tiefenpsychologie gleichermaßen zugrunde liegenden Auffassung genügt, der Erhaltung der Art wie der ihres individuellen Teiles funktional zu dienen.

In der Analyse einer jeden Einstellung und eines jeden Verhaltens ist auszugehen von der Situation, in der die Person auf die Bedingungen antwortet, die diese Situation ausmachen. Man könnte – mit der strukturalistischen Schule – auch von der Antwort auf die »synchrone« Struktur sprechen. Diese Antwort wird aber nur verständlich, wenn man von der Geschichte der Vermögen und Unvermögen der Person ausgeht, also – um ebenfalls eine strukturalistische Terminologie zu bemühen – von seiner »diachronischen« Struktur.

Die in der Situation verfolgten Ziele – bewußte oder nicht bewußte – sind unverständlich ohne die Erkenntnis der diachronischen Struktur des Individuums.

Unter Berücksichtigung der fundamentalen Bedeutung der organischen und sozialen Grundbedingungen der Entwicklung des individuellen Selbstverständnisses ist es unzureichend, diese diachronische Struktur dem jeweiligen Klienten rational bewußt zu machen. So wichtig auch diese Bewußtseinsbildung für eine Veränderung seiner Zielvorstellung immer bleibt, die von Adler im Anfang seiner theoretischen und praktischen Tätigkeit herausgestellten Organminderwertigkeiten z. B. werden als materielle Determinanten durch ihre Bewußtwerdung zunächst nicht verändert.

Das Ziel einer Therapie – nämlich die Hilfe zur Veränderung der individuellen Zielsetzungen in der Weise, daß sie eine Bewältigung der nicht zu verändernden determinierenden Faktoren ermöglichen – ist nicht zu erreichen ohne die folgenden Voraussetzungen:

Das »Urvertrauen« (Erikson), das das neugeborene Lebewesen an seinen Bezugspersonen entwickelt, muß – als tragendes Vertrauen – in bezug auf den Therapeuten – aufgebaut werden; denn von Geburt an gibt es keine nur rational begründbare Veranlassung, anzunehmen, daß das Leben möglich und sinnvoll sei. Beides vermitteln nur Mutter und Vater bzw. die, die an ihre Stelle treten.

Mut oder Ermutigung über Einsicht, Erleben und Verstehen sind nur insoweit wirksam, als emotional-affektive Beziehungen des Vertrauens in die umgebenden Menschen über die Beziehungserfahrung mit dem Therapeuten hergestellt werden.

Das Vertrauen in den Therapeuten und damit in sich selbst muß über den rein dialogischen Prozeß hinauswachsen. Es erfordert das, was Adler das »Training« nennt. Training des Vertrauens in andere als Überwindung einer auf konkurrenziellem Machtanspruch beruhenden Lebensauffassung besteht seitens des Therapeuten – als »Hüter seines Bruders« – in der Hilfe zu konkreten Aufgabenstellungen für den Klienten, deren Lösung Ermutigung bringt. Dadurch wird die konkrete Erfahrung des Klienten bewirkt, daß er fähig ist, für andere etwas zu »bedeuten« und für Aufgaben sinnvoll tätig zu werden. Sein erschüttertes oder zerstörtes Selbstbewußtsein wird auf diese Weise – auch in seinem psychischen Haushalt – umgedeutet: Statt fiktiver stellt er sich erreichbare Ziele, statt des Schwankens zwischen Allmacht und Ohnmacht erlebt er die psychisch stabilisierende Wirkung eigener Handlungsfähigkeit, kann er die seinen Möglichkeiten entsprechende Bedeutung für seine Mitmenschen – Bruder-sein – erfahren.

Was Adler mit dem etwas verschwommenen Ausdruck

»Gemeinschaftsgefühl« bezeichnet, ist in dieser anzustrebenden seelischen Struktur des Gegenüber im therapeutischen Prozeß anvisiert.

Grundlegend für die Wirksamkeit einer solchen therapeutischen »Strategie« ist die beim Therapeuten bereits zu Anfang bestehende und beim Klienten sich erst entwickelnde Einsicht, daß es keine Vollkommenheit in diesem Prozeß gibt. Die Adlersche Unterscheidung von fiktiven und realistischen Finalitäten ist kein moralisch zu definierendes Abstraktum, sondern stellt den Umgang der jeweils konkreten lebendigen Person mit den sie determinierenden Bedingungen dar. Therapeut wie Klient sind nach Sperber notwendigerweise eingebunden in Diachronie und Synchronie ihrer Existenz, aber gemäß ihrer zu erreichenden psychischen »Gesundheit« sind sie grundsätzlich fähig, mit beiden Bedingungen – der diachronischen wie der synchronischen – nicht nur erleidend umzugehen, sondern sie sowohl im Sinne gesellschaftlicher als damit auch individueller Bedeutung und personaler Wertschöpfung in der eigenen Existenz zu bewältigen.

5. Ein psychotherapeutisches Fallbeispiel von Beziehungsstörungen

5.1 *Überlegungen bei der Auswahl des »Falles«*

Bei der Frage, welchen »Fall« ich für die Darstellung in dieser Arbeit auswählen sollte, ging ich zunächst von dem Gedanken aus, mehrere Fälle vorzustellen. Nachdem ich den nachfolgenden Bericht begonnen hatte, entschied ich mich konzeptionell sehr bald, mich darauf zu beschränken. Das bedeutete einerseits den Verzicht auf die Darstellung eindeutig abgeschlossener Therapieverläufe. Andererseits wird hier aber die Frage, was bezogen auf die Psychotherapie »Hüter meines Bruders«-sein heißen kann, in besonders anschaulicher Weise deutlich. Mich auf diese Falldarstellung zu beschränken hieß daher, bei der Sache zu bleiben, um die es in dieser Arbeit vor allem geht.

Im Nachzeichnen einer wichtigen Wegstrecke meiner Geschichte mit dem hier betroffenen Menschen hat sich – wo möglich – meine Solidarität mit dem Leid in seiner Existenz noch verstärkt, mein Wissen um seine Problematik mit Sicherheit vertieft, und die Erweiterung meiner tiefenpsychologischen Kompetenz wurde herausgefordert. Ich selbst verstehe diese Falldarstellung also ebenso als die Geschichte meines therapeutischen Vermögens wie meines Unvermögens.

Kennengelernt habe ich diesen »Fall« unter der Diagnose »Identitätskrise«, ausgestellt von der französischen Psychiatrie. Die Einschätzung zweier deutscher Psychiater, die ich wenige Monate später erfuhr, lautete: »Psychose aus dem schizophrenen Formenkreis.«[134]

Da meine Aufgabe nicht so sehr im Benennen als vielmehr im helfenden Verstehen und Verstehbarmachen liegt, habe ich das Benennen, wo immer es ging, vermieden. In dieser Arbeit war es dann wegen der wissenschaftlichen Vermittelbarkeit über eine allgemein gültige Sprachregelung nicht mehr zu vermeiden.

Die Auswahl der Texte, die ich zur Erklärung und zum

Verständnis des »Falles« herangezogen habe, entspringt durchaus unterschiedlichen psychotherapeutischen Konzepten. Ich habe vor allem jene Texte gewählt, die mir für das Verständnis der Störung oder meiner Arbeit selbst hilfreich waren und besonders anschaulich erschienen. Auch hier war Beschränkung notwendig und wird Beschränktheit offenkundig. Das bedeutet konkret, daß hier nur ein kleiner Ausschnitt aus dem inzwischen riesigen Repertoire von Forschungen über die schizophrene Störung referiert werden wird.

Ich möchte in diesem Zusammenhang auf das 1983 erschienene Buch »Schizophrenie« von Lilo Süllwold, Professorin für klinische Psychiatrie an der Frankfurter Universitätsklinik, hinweisen, mit dem sie beabsichtigt, bedeutsame Resultate aus der psychiatrischen Schizophrenieforschung darzustellen und psychologische Gesichtspunkte im Zusammenhang mit dem aktuellen Wissensstand zu behandeln.[135]

In diesem außerordentlich sachlichen und um Integration von Psychiatrie und Psychologie bemühten Buch stellt die Verfasserin im sechsten und letzten Kapitel zum »Stellenwert psychotherapeutischer Ansätze« fest, daß die Bemühungen um eine psychotherapeutische Beeinflussung schizophrener Psychosen überwiegend von Rückschlägen begleitet gewesen seien. Erst mit der Entwicklung der Neuroleptika-Therapie habe sich die Lage der Kranken entscheidend verändern lassen. Man habe durch kontrollierte Studien belegen können, daß eine Kombination von ambulanter Soziotherapie mit einer neuroleptischen Langzeittherapie die besten Behandlungsergebnisse bringe. Jede weitere Bemühung um anwendbare psychotherapeutische Methoden bei schizophren Erkrankten müsse daher auf eine solche Verbindung von medikamentöser Therapie und therapeutischen Maßnahmen ausgerichtet sein. Tatsachen, die für eine mögliche Alternative sprächen, gäbe es nicht.

Unbestritten sei die Nützlichkeit einer konkreten Hilfe zur sozialen Wiedereingliederung und eine berufsbezogene Rehabilitation. Dagegen würde durch sozio-emotionale Methoden die Eigenart der Schizophrenie zu wenig berücksichtigt. Zusammenfassend meint sie: »So ist aus unseren Einsichten über die besondere Vulnerabilität der schizophrenen Patienten der Schluß zu ziehen, daß alle psychotherapeutischen Verfahren, die durch intensive Gefühlskontakte, Übertragungsprozesse oder Gruppenspannungen gekennzeichnet sind, und die intensive emotionale Reaktionen bei den Kranken provozieren können, streng kontraindiziert sind.«[136]

Es ist nicht mein Anliegen, die Notwendigkeit pharmakotherapeutischer Interventionen grundsätzlich in Frage zu stellen. Dies werden auch entsprechende Hinweise in meinem Fallbericht zeigen. Ich verweise hier auch auf Forschungsbeiträge von Benedetti/Rauchfleisch.[137] Dennoch – mein eigener hier vorgetragener Versuch der psychotherapeutischen Intervention gegenüber einer schizophrenen Verstörung hat mich gerade die besondere Vulnerabilität eines solchen Menschen als einen Hinweis auf ein Humanum verstehen gelehrt: auf die sensible Reagibilität und Plastizität der psycho-somatischen Existenz des Menschen in bezug auf die ihn umgebende Gemeinschaft und Welt. Wenn aus dieser Wechselbeziehung des Individuums mit der Um- und Mitwelt jene besondere Verletzbarkeit herausgebildet wird, dann ergeben sich daraus nicht nur Fragen an eine wie immer fiktive Finalität beim Individuum, sondern die es umgebende Gemeinschaft und Welt muß sich durch die Frage beunruhigen lassen, wie inhuman und verletzend sie dem vulnerablen Menschen begegnet ist.

Ziel von tiefenpsychologisch orientierter Intervention gegenüber der schizophrenen Verletzlichkeit muß in meinem Verständnis die Integration eben dieser Vulnerabilität in seine psychosoziale Existenz und die Gemeinschaft der Mitwelt sein. Das bedeutet u. U. langen und mühevollen Einsatz für Helfende und Betroffene gleichermaßen. Bei den Betroffenen kann dadurch der Mut zum Leben in der Gemeinschaft entstehen. Bei den Helfern kann nicht nur das »Hüter-sein« in einmaliger Weise individuell herausgefordert und entfaltet, sondern auch die Chance erfahren werden, über das sozialpsychologische Verständnis der Verstörung einer Politisierung[138] den Zugang zu eröffnen.

All dieser not-wendigen Chancen berauben sich die Psychiater und Psychotherapeuten, soweit sie »nur« anvisieren, den Betroffenen zu sedieren und/oder funktionstüchtig zu machen. Hier kann individuelle Leiderfahrung, die fruchtbar gemacht werden könnte für Veränderung, umschlagen in sinn-entleertes psychosoziales Elend.

Das ebenfalls 1983 erschienene Buch des Psychiaters und Psychoanalytikers Gaetano Benedetti mit dem Titel »Todeslandschaften der Seele« sei hier für eine modifizierte psychiatrische Einstellung gegenüber der von Lilo Süllwold stellvertretend genannt (beide enthalten reiche bibliographische Hinweise): als ein Beispiel einer »das Unsrige« im Schizophrenen einbeziehenden Psychotherapie und damit Hoffnung machenden Psychiatrie.

> Das Buch »faßt meine mehr als dreißigjährigen Erfahrungen auf dem Gebiet der Psychotherapie der Schizophrenie zusammen. ... Ich weiß (–), daß mindestens drei Viertel der behandelten Kranken, darunter viele chronische, geheilt oder doch stark gebessert sind. ... Überall dort, wo der chronisch Kranke in der psychotherapeutischen Betreuung nicht gesundet, oder wo sich bei ihm nur eine langsame Besserung abzeichnet, überall dort, wo wir in unserer Gegenübertragung auch die Ohnmacht des Kranken erleiden und mit ihm teilen müssen, fühlen wir stets, daß ihm und uns eine Erfahrung des Menschlichen zuteil wird, die auch außerhalb aller klinischen Maßstäbe siedelt.«[139]

5.2 *Irenka – eine Grenzgängerin*

Sie kam – auf Drängen der Mutter – in den ersten Jahren meiner psychosozialen, tiefenpsychologischen Tätigkeit – und obwohl sie freiwillig ihre 21 Jahre zu mir schleppte, kam ihre Seele nicht an. Zutiefst beeinträchtigt und zugleich angewiesen auf die psychiatrisch verordneten Medikamente – Haldol, Orap, Tofranil, Akineton – saß sie in sich versunken vor mir und nahm kaum etwas wahr, blickte durch mich hindurch oder an mir vorbei, während sie sich mit zitternden Händen eine Zigarette nach der anderen drehte. Mein erstes Gefühl war eine Mischung aus tiefem Mitgefühl für dieses Leiden und gleichzeitiger Befangenheit gegenüber diesem schwierigen »Fall«. »Gönnen Sie ihr noch ein paar Jahre«, hatte ein leitender Klinik-Arzt zur Mutter gesagt; hatte er »Narrenfreiheit« gemeint?

Wenn die verängstigte Mutter in mich drang in den folgenden Monaten, ich solle ihr meine Diagnose für Irenka nennen, habe ich eine »Etikettierung« Irenkas immer mit der Begründung abgelehnt, daß ich sie und mich nicht durch einen psychiatriegeschichtlich belasteten Begriff festlegen wolle. Aus diesem Grunde werde ich ihr immer nur die Diagnose sagen, die Irenka sich selbst stelle.

Aus meiner mehrjährigen wechselvollen Geschichte mit Irenka werde ich nun zunächst die mir von der Familie – vor allem der Mutter – gegebenen Hinweise darstellen und mit meinen Deutungs- und Verstehensversuchen im Anschluß an Irenkas non-verbale Selbstdarstellung beginnen. Insgesamt werde ich hier den Versuch unternehmen, die wichtigsten Schritte und Stationen unseres gemeinsamen Weges während einer Arbeitsphase von 21 Monaten – etwa 130 Stunden – mit meinen Verstehens- und Erkenntnisschritten zu verbinden. Danach fand unsere gemeinsame Arbeit einen offiziellen Abschluß, den ich gleichzeitig als Begrenzung für die Darstellung in dieser Arbeit gewählt habe.

5.3 *Die Familie als Hintergrund der hier dargestellten Beziehungsstörungen*

Neben den regelmäßigen Sitzungen mit Irenka führte ich über Monate begleitende Gespräche mit der Mutter, einige wenige auch mit Vater und Bruder. Ich bekam dabei Einblicke in die von Anbeginn auf Machtkampf eingespielte Tragödie einer 30jährigen Ehe, in der das Alkoholproblem des Mannes bereits über 20 Jahre seine Schatten warf, erfuhr von der teils bewußten, teils unbewußten Bevorzugung des Erstgeborenen, der Rivalität zwischen den Geschwistern und – vor allem: die doppeldeutige Einstellung der Mutter zu Irenka wurde deutlich. Was mir Mutter, Vater und Bruder damals berichteten, fasse ich im folgenden kurz zusammen:

Die Mutter war ältestes von zwei Kindern. Der 2½ Jahre nach ihr geborene Bruder »entthronte« die Erstgeborene, die mit großer Eifersucht reagierte.[140] Sie erinnert sich, daß sie das Baby vor ihr »schützen« mußten, weil sie es z. B. die Toilette hinunterspülen oder mit einer Schere traktieren wollte.

Zudem wurde der Bruder ein »besonders liebes« Kind, das sich gut in häusliche Verrichtungen einordnen ließ und überall gerne gesehen wurde. Irenkas Mutter verlegte ihr Wertstreben in den Leistungsbereich. Sie wurde eine hervorragende Schülerin, machte ein sehr gutes Abitur auf dem Abendgymnasium, schaffte es aber zunächst nicht, ihren heimlichen Traum von einem Studium zu verwirklichen. Sie meint, das Studierenwollen habe sie »wie eine Macke« ständig im Hinterkopf gehabt. Dem entsprach ein tiefes Minderwertigkeitsgefühl gegenüber allen – vor allem Frauen –, die studiert hatten. Dieses Minderwertigkeitsgefühl wurde durch ihren Mann, den sie gleich nach dessen Studienabschluß geheiratet hatte, in der Weise verstärkt, daß er seine »höhere Bildung und Herkunft« ihr gegenüber immer wieder betonte. Obwohl die Ehe sieben Jahre kinderlos war, kam ein Studium nach dem damaligen Selbstverständnis beider Ehepartner von ihren jeweiligen Rollen in der Ehe für sie zunächst nicht in Frage. Die Mutter berichtete:

»Es ist sicher in mir drin gewesen, das Gefühl, irgendwann möchte ich noch mehr werden. Ich habe mich auch minderwertig gefühlt. Ich kann mich daran erinnern, daß wir in einer akademischen Union waren, mein Mann und ich, wo wir viel eingeladen waren, wo eben die Frauen, selbst wenn sie nur ein Semester studiert hatten, das eben einfließen ließen: Studium abgebrochen oder so – ich fühlte mich da immer sehr unwohl. Und dann habe ich mir gesagt, Mensch, du hast das Abitur unter solch schweren Bedingungen gemacht, halb verhungert und so, irgendwie muß das noch mal zum Tragen kommen. ... Ich hatte in der Ehe ja sehr schnell das Gefühl, daß ich untergebuttert werden sollte, also bestimmt nicht bewußt, das glaube ich nicht. Aber ich hatte eben das Gefühl. Und das Gefühl war sehr stark. Deswegen habe ich mit Zähnen und Klauen jede Position verteidigt, die ich sonst vielleicht spielerisch aufgegeben hätte. Aber jetzt hatte ich das Gefühl, da praktisch alles angenagt wurde – wie ich mich kleidete, was ich sagte, mit wem ich verkehrte und so, alles und jedes – da habe ich mich dann natürlich sehr gewehrt. Und darum ist es mir so wichtig gewesen, eben noch mehr zu werden.«

Der nach sieben Jahren Ehe erstgeborene Sohn war dann

ein Wunschkind. Sie habe sich »unheimlich auf ihn gestürzt«. Er wurde heißgeliebter Mittelpunkt für sie. In der Ehe ging es dagegen zunehmend schlechter. Der Vater Irenkas – neben seinem schichtenspezifischen Dünkel – hatte sich von seiner Frau nach seinen Worten viel mehr Zuwendung und Zärtlichkeit erhofft. In seiner Herkunftsfamilie habe er immer hinter dem behinderten älteren Bruder zurückstehen müssen. In der Ehe wollte er nun endlich einmal der Erste sein, nicht nur intellektuell, sondern auch emotional.

Doch Irenkas Mutter hatte das gleiche Ziel, und auch sie war das Kämpfen um den ersten Platz gewöhnt. Die Geburt des Sohnes verwies den Mann endgültig auf den zweiten Platz. In jene Zeit datiert der Beginn seines Alkoholismus, zu dem immer wieder auch Gewalttätigkeiten gegenüber seiner Frau hinzukamen. Der Sohn flüchtete mit 17 Jahren aus der überwältigenden Liebe der Mutter und der Konkurrenz des Vaters von der Familie in eine Wohngemeinschaft. Später heiratete er eine 12 Jahre ältere Frau.

Die amerikanischen Kommunikationsforscher Lidz / Fleck u. a. haben deutlich herausgearbeitet, daß es für die Struktur der Familie und die gesunde Entwicklung der Kinder in ihr unerläßlich ist, daß die Generationen sich der deutlichen Scheidung voneinander bewußt sind. Kinder brauchen für eine normale Entwicklung das klare Wissen, daß sie nicht den Platz eines Elternteiles beim anderen einnehmen könnten. Selbst wenn sie sich mit einem Elternteil identifizierten, könnten sie damit aber nicht zu einer ›elterlichen Figur‹ werden. Ein Vater bedrohe z. B. die notwendigen Grenzen zwischen den Generationen, wenn er zum Konkurrenten seines Kindes würde, nämlich zum ›Sohn‹ seiner Frau, oder wenn er ein passives Kind geblieben sei, das sich von dem eigenen Kind in bezug auf Liebe und Zärtlichkeit seiner Frau beiseite gedrängt fühlt bzw. versucht, ein Kind an die Stelle seiner Frau zu setzen.[141]

Ebenso durchbricht die Mutter die Grenzen zwischen den Generationen, wenn sie sich emotionale Unterstützung und gefühlsmäßige Erfüllung vor allem bei ihrem Sohn und nicht bei ihrem Mann sucht.

In diese von Grenzüberschreitungen, Kampf und Spaltung geprägte Situation, in der die Mutter immer öfter mit dem

Gedanken an eine Scheidung umging, fiel die nicht geplante Schwangerschaft mit Irenka. Der Vater entzog sich zunächst der Auseinandersetzung über das werdende Leben und überließ der Mutter die volle Verantwortung für die Entscheidung über einen Abbruch. Der schien aus drei Gründen, so berichtet sie, für sie notwendig.

Zum ersten fühlte sie sich durch ein zweites Kind materiell aufs neue an einen Mann gekettet, den sie »eigentlich« verlassen wollte. Zum anderen stand ein weiteres Kind ihren immer stärker werdenden Studienwünschen sowie ihrem unbewußten Autonomiestreben im Wege. Und, last but not least, fürchtete sie, der geliebte Sohn könne durch ein zweites Kind eingeschränkt werden, so wie sie sich einst durch den nachgeborenen Bruder eingeschränkt erlebt hatte. In der Not ihrer Zweifel konsultierte sie einen Psychotherapeuten, der die in ihrer Erinnerung wichtigste Frage, ob er die Schwierigkeiten in ihrer Ehe für überwindbar halte, zuversichtlich beantwortete. Sie meint heute, daraufhin habe sie riskiert, das Kind auszutragen. Als den schlimmsten »Schlag« in ihrer Situation bezeichnet sie die von ihrem Mann, der ein Haus besaß, im sechsten Schwangerschaftsmonat einseitig beantragte Gütertrennung, einen Tag bevor diese einseitige Möglichkeit durch den Gesetzgeber ausgeschlossen wurde. Sie erfuhr davon als einem Fait accompli während der Reise in den letzten gemeinsamen Urlaub vor der Geburt.

»Es ist mir insgesamt gut gegangen in dieser Schwangerschaft. Ich kann mich aber erinnern, daß ich dann auch wieder so Ablehnungsgefühle gegen dieses Baby hatte, und zwar aus dem Grunde, weil ich dachte, jetzt kommt das Baby und es nimmt deinem Sohn was weg. ... Da habe ich furchtbare Angst davor gehabt, daß er jetzt weniger kriegen würde durch das 2. Kind. So ungefähr: darum muß ich mich ja auch kümmern, und dann kommt er zu kurz. Von daher hatte ich auch vorgesorgt, weil ich nicht wollte, daß von ihm her Eifersucht entstand. Ich hatte lauter kleine Päckchen gepackt, als ich ins Krankenhaus ging. Und dann brachte mein Mann immer dem Sohn ein Päckchen mit, was dann von seiner Schwester war, damit er diese Schwester schon positiv annahm. Da habe ich mir furchtbar viele Gedanken drum gemacht...

Als man mir dann aber Irenka gab – sie haben sie mir auf den Bauch gelegt –, da habe ich gezittert und geflogen am ganzen Körper. Ich kann mich noch ganz genau daran erinnern. Da ist dann so eine Woge über mich gegangen – so ein Gefühl: Und *das* Kind wolltest du umbringen! Das war so furchtbar. Ich hatte das Gefühl, das ganze Bett hat mitgezittert. So schlimm war das. Und ich kann mich nicht daran erinnern, daß ich das dann noch jemals wieder gedacht habe, es war, als wenn das weg war aus meinem Kopf. Ich habe auch nie gedacht: O Gott, das arme Kind.«

Was immer – bewußt oder unbewußt – gegen das neue Leben gesprochen hatte, es durfte von jetzt an keinesfalls mehr »gewußt« werden, damit sie Funktion und Rolle der liebenden Mutter ausfüllen konnte. Das hat sie nach bestem Wissen und Gewissen getan.

Das gleiche ist über die Wahrnehmung der Vaterrolle von Irenkas Vater zu sagen, was durch die Aussagen von beiden Eltern bestätigt wird. In Übereinstimmung mit Lidz/Fleck ist es mir bei dieser Darstellung wichtig,

»daß der Vater bzw. die Mutter nicht angeklagt werden, wie dies so häufig geschieht, wenn man die Geschichte aus der Sicht des Patienten erfährt.

Es zeigt sich immer sehr rasch, daß diese Eltern sich mit ihren eigenen Problemen und Abwehrmechanismen herumschlagen müssen, sich aber im Rahmen ihrer Möglichkeiten bzw. der Grenzen, die ihnen durch die eigenen emotionalen Schwierigkeiten gesetzt sind, in aller Regel nach Kräften um ihre Kinder bemühen. ... Sie sind aber im gleichen Maße wie die Patienten selbst an ihre unbewußten Konflikte gebunden und können gar nicht anders sein, als sie nun einmal sind.«[142]

So konnten Irenkas Eltern auch nicht verhindern, daß der unterschwellige Kampf um Überlegenheit wie auch die gegenseitige Entwertung zäh und verbissen weiterging, während sie sich gleichzeitig bemühten, gute Eltern zu sein.[143]

So konnte vor allem die Mutter nicht verhindern, daß sie das Kind Irenka nicht nur liebte, sondern – in Wiederholung des alten ungelösten Konflikts mit dem Bruder – es un bewußt auch ablehnte als Bedrohung für die Vorrangstellung des Sohnes, ihres »heimlichen« Liebespartners, mit dessen bedrohter Vorrangstellung sie sich identifizierte. Sie projizierte also – ebenso wie der Vater – die eigenen ungelösten Konflikte auf ihre Kinder, die unterschiedliche Adressaten ihrer Konfliktanteile wurden: bewußt »liebte« sie beide Kinder, unbewußt vermittelte sie dem Sohn, daß er der emotionale Mittelpunkt ihrer Existenz sei und der Tochter gleichzeitig, daß sie das nicht stören dürfe, sie im Gegenteil von etwaigen Störungen durch ihre Existenz entlasten müsse.[144]

Irenka war dann auch ein »ganz friedliches Baby«. Die Mutter hatte damals viel Arbeit gehabt wegen größerer Umbauten im Haus und sich deswegen öfter mal eine halbe oder auch ganze Stunde beim Nähren verspätet (das damals noch sehr geregelt ablief). »Dann hat sie sich noch genauso gefreut, wenn ich kam und nie gebrüllt.« Sie habe das Baby auch nicht spazierengefahren wie den Jungen, sondern im Garten unter Bäume gestellt, damit sie da was zu gucken gehabt hätte. Und sie war »immer friedlich«.

Als sie etwas älter war, habe Irenka stundenlang im Kinderzimmer im oberen Stockwerk still für sich gespielt. »Ich konnte sie direkt vergessen, das habe ich damals immer wieder gesagt.« Es wäre »so gemütlich« mit ihr gewesen, daß sie sie auch gar nicht in den Kindergarten geben wollte. Der Kinderarzt hätte aber dringend dazu geraten, weil Irenka sich »autistisch zurückziehe«. Aber es wäre jeden Morgen ein Drama gewesen. Schließlich habe ihr Mann es übernommen, Irenka hinzubringen, weil sie es nicht mehr ertragen konnte. Als der Sohn in die Schule kam, war Irenka dann nicht mehr zu bewegen, allein in den Kindergarten zu gehen.

Schließlich berichtet die Mutter noch ein Beispiel über die außerordentlich heftige Eifersucht zwischen den Geschwistern. Sie habe auf den Autofahrten in den Urlaub immer hinten zwischen den Kindern gesessen. Diese hätten dann eine imaginäre Grenzlinie mitten durch sie hindurchgezogen und seien vor allem damit beschäftigt gewesen, Grenzverletzungen des anderen abzuwehren. Irenka hätte es aber immer wieder geschafft, sich im Schlaf mit dem Kopf auf ihren Schoß in das Gebiet des Bruders hinein auszudehnen.[144a]

Der Vater Irenkas beschäftigte sich in unseren wenigen Gesprächen vor allem mit Schuldzuweisungen. Er erklärte auch seine seit 20 Jahren bestehenden Alkoholprobleme damit, daß er von seiner Frau nicht die Zärtlichkeit bekommen habe, die er von ihr erwartet hätte. Er meinte, daß seine Frau es hätte schätzen müssen, daß sie durch die Heirat mit ihm gesellschaftlich einen Sprung nach vorn gemacht hätte. Er blieb, nachdem er sich beklagt hatte, auch desinteressiert an weiteren Gesprächen.

Meine Gespräche mit dem Bruder bestätigten vor allem den seit jeher ungelösten Konflikt in der elterlichen Ehe, wobei der Bruder den Vater als unerwachsen und sich an seine Frau anklammernd beschrieb – »er hätte sie am liebsten immer hinter seinem rechten Ohr mitgenommen« – und die Mutter als einen Menschen, der außer in ihrem Beruf nirgendwo wüßte, was sie wollte. Vor allem trüge sie »den Konflikt mit meinem

> Vater nicht aus. Ihr Verhalten mir gegenüber ist schizophren. Auf der einen Seite will sie mich erwachsen, anders als meinen Vater, andererseits möchte sie mich als kleinen Jungen. Sie soll endlich sie selbst sein!«

Der Bruder, der von der Mutter immer eindeutig bejaht worden war, hatte – wie schon erwähnt – mit 17 Jahren die Kraft, sich aus dem Familienverband zu lösen. Es wurde in unseren Gesprächen aber deutlich, wie wenig er sich innerlich von der Mutter gelöst hatte, so daß er die unbewältigten Konflikte mit ihr auf seine Frauenbeziehungen übertrug.

5.4 Irenkas äußerer Werdegang

Von der Mutter bekam ich in den ersten Therapiemonaten auch die nun folgende Darstellung von Irenkas Werdegang:

> »Geburtsjahr
>
> Normale Entbindung. Irenka hatte aber die Nabelschnur um den Hals. Friedliches Baby, das zwar schlecht trank und aß, aber normal zunahm. Schon als Säugling durchlief gelegentlich ein Zittern[145] ihren Körper. Dieses Zittern manifestierte sich als Händezittern, das bei Aufregungen, aber auch ohne ersichtlichen Grund, gelegentlich auftrat.
>
> 1 Jahr
>
> Erste allergische Reaktionen, Auslöser unbekannt. Es zeigten sich Hautflecken und Pusteln, sowie Verformung

der Ohren und Anschwellen der Knie. Behandlung mit Cortison. Keine Impfungen. Kinderkrankheiten wie Masern und Windpocken traten entsprechend schwer auf. Medikamente, besonders Antibiotika, wurden, wo irgend möglich, vermieden.

2–5 Jahre
Aufgewecktes, eigenwilliges Kind, das immer etwas mit sich allein anzufangen wußte, sich aber am liebsten eng an den vergötterten Bruder anschloß. Starke Trotzperioden, wollte alles allein machen. Wir ließen sie gewähren, solange sie sich nicht ernsthaft gefährdete. Nach einer Blasen-Katheterisierung entwickelte sie beinahe panische Ängste vor dem Haareschneiden und vor dem Zahnarzt. Die Angst vor dem Zahnarzt ist geblieben. – Irenka wurde spät sauber, was für uns aber kein Problem war. Sie nukkelte gern auf dem Daumen und drehte sich dabei eine Locke. Sie nuckelte noch, bis sie in die Schule kam. – Sie ist Linkshänderin.

5–6 Jahre
Kurzer Besuch des Kindergartens mit dem Bruder zusammen. Irenka ging sehr ungern dort hin und ließ sich nicht vom Bruder trennen. Wir schickten sie, auch weil sie sehr klein und zierlich war, ein Jahr verspätet in die Schule, ließen sie aber einen der Schule angeschlossenen Schulkindergarten besuchen.

7–10 Jahre
Besuch der Grundschule. Irenka war der Star der Klasse und der Lehrerin, an der sie sehr hing. Mit den Kindern fand sie aber schwerer Kontakt. Sie konzentrierte sich nachmittags voll auf den Bruder und dessen Freunde, die nicht immer begeistert waren, sie mitzunehmen. Irenka kam besser mit Jungen zurecht und wäre für ihr Leben gern ein Junge geworden. Sie lief auch nur in Hosen herum. Sehr an Tieren interessiert.

9 Jahre
Beginn meines Studiums.

10 Jahre
Umzug ins Rhein-Main-Gebiet. Irenka kommt ein Vierteljahr zu früh aufs Gymnasium. Dort herrschten zu dieser Zeit chaotische Zustände wegen eines Schulstreiks. So geben wir den Bruder nach wenigen Tagen auf eine Privatschule und Irenka nach einem Vierteljahr auf ein Mädchengymnasium. Diese Entscheidung war für beide Kinder falsch.
Irenka war das erste Jahr gern auf dem Mädchengymnasium, d. h. bei ihrer ersten Klassenlehrerin. Sie hatte aber sofort Schwierigkeiten mit den Kindern. Mit dem Weggang der Klassenlehrerin wurden dann aber auch ihre Leistungen schlechter.

10–18 Jahre
Schuljahre im Mädchengymnasium. Irenka hatte zunehmend auch Schwierigkeiten mit den Lehrern und ihre Leistungen wurden geringer. Begann das Schuljahr mit großen Vorsätzen, ermattete aber schnell z. B. darin, ihre Hausaufgaben usw. sachgerecht auszuführen. Ängste wegen Turnstunden, da sie seit dem Weggang von Süddeutschland allmählich ein immer größeres Übergewicht bekommen hatte, das sie nicht geschickter machte. Sie war wegen des Übergewichtes und des Entwickelns üppiger Formen sehr bedrückt und begann, Geld zu sparen, um sich später einmal ihre Brust operieren zu lassen. Sie konnte sich absolut nicht mit ihrer Mädchenrolle abfinden. Anschluß an nur zwei Mädchen, mit denen sie heute noch befreundet ist. Gestörter Schlafrhythmus. Schlief, wenn ich nicht aufpaßte, nach der Schule Stunden, um dann wieder bis gegen Morgen zu lesen. In der Schule entsprechend müde. Äußerte *Selbstmordgedanken*. Vorgestellt bei Frau Dr. X. Diese sprach von *autistischen* Zügen und überwies zu Professor Y in M., der wegen Pubertät nicht eingreifen wollte, aber Ortswechsel vorschlug. Untersuchung wegen des Händezitterns in einer großen Klinik bei Professor Z. EEG und Röntgen-Aufnahmen des Kopfes o. B. Der Professor sah von einer Medikation ab, da er das Händezittern nicht für so schwerwiegend ansah, und Irenka sonst unter Medikamenten hätte bleiben müssen. Irenka war diese

Untersuchung sehr wichtig, da sie eigentlich Tier-Medizin studieren wollte. Sie hatte immer sehr viel gelesen und sich dabei ein umfangreiches Wissen über Tiere und biologische Zusammenhänge angeeignet. – Mit 18 Jahren müssen ihre Schwierigkeiten in der Schule überhandgenommen haben. Jahrelang hatte ich sie durch Gespräche mit den Lehrern auszubügeln versucht. Jetzt verunglückte unser Sohn schwer. Ich konnte mich nur wenig um Irenka kümmern. Sie meldete sich zum Schulende selbst im Gymnasium ab. Da wir sie mit den schlechten Zeugnissen im hiesigen Raum nicht unterbringen konnten, kam sie in ein Internat in der Schweiz.

18–20 Jahre
Internat Schweiz. Die Schulleistungen besserten sich zuerst erheblich, obgleich die Anforderungen dort höher waren. Die Zeit vor dem Abitur zeigte sich Irenka aber sehr schulmüde. Sie hatte zur Schule keine Lust mehr, zumal sie auch beschlossen hatte, Musik zu studieren. Sie wurde in den Schülerrat gewählt, kümmerte sich um Schülermitverwaltung, Schulzeitung etc. Verhaute im schriftlichen Abitur fast alle Arbeiten, brachte sich dann aber im Mündlichen noch auf eine Note von 2,8.

20 Jahre
Irenka hatte inzwischen eine Zusage von einer Musikakademie in Frankreich bekommen, um die sie sich allein bemüht hatte. Sie wanderte zunächst vier Wochen allein durch die Normandie und begab sich dann in eine Fachklinik im Odenwald, um abzunehmen. Dort nahm sie während eines Zeitraumes von sechs Wochen ca. 15 kg ab. Anschließend fuhr Irenka nach Frankreich. Wir besuchten sie im September und Oktober. Sie arbeitete sehr fleißig und erschien uns sehr motiviert für ihr Studium. Das gleiche empfanden wir, als wir sie im Weihnachtsurlaub erlebten. Am letzten Abend vor der Rückreise erzählte sie mir, daß sie Schwierigkeiten in der Akademie hätte, weil ihr Klavierspiel nicht ausgereicht hätte. Im Januar/Februar fand sie dann bei einem Vorspielen großen Anklang. Sie bewarb sich an der Universität in B. und erhielt dort für September einen Studienplatz.

Sie stand mit uns in Brief- und Telefonkontakt, wollte aber nicht in die Osterferien kommen. Verbat sich auch Besuche von mir. In diese Zeit fällt der Beginn ihrer Krankheit. So war sie auch nach der Einnahme von 13 Tabletten Valium über Ostern das erste Mal im Krankenhaus. Wir erfuhren davon nichts, sie war immer freundlich am Telefon, wollte aber keinen Besuch. Ich hielt mich daran, obgleich ich sehr beunruhigt war.
Am 28. Mai erhielten wir auf Umwegen die Nachricht, daß sie zusammengebrochen sei. Am 29. Mai flog ich nach Frankreich. Irenka sah sehr blaß und ungepflegt aus. Sie trug einen grünen Militärmantel, den sie als Schutz empfand. Sie war zum Teil freundlich, dann aber auch sehr ablehnend und wollte keine Hilfe von uns. Vor die Wahl gestellt, dort ins Krankenhaus zu gehen oder mit mir zurückzufliegen, begab sie sich freiwillig in ein psychiatrisches Krankenhaus. Die Ärzte dort bezeichneten ihren Zustand zunächst als »Identitätskrise«. Als sich ihr Zustand nicht besserte und sie auch auf die Medikamente nicht ansprach, muß eine Unsicherheit in der Diagnose entstanden sein. Eine große Rolle hat damals für Irenka das Buch ›Ich habe dir nie einen Rosengarten versprochen‹[146] gespielt, das sie gelesen hatte.
Irenka ging es nach einer Medikamentenumstellung besser, sie konnte die Klinik nach acht Wochen verlassen. Dort befürwortete man sehr ihr Studium in B.
Irenka setzte sich von sich aus wieder mit uns in Verbindung. Bis dahin hatten wir nur Kontakt über Arzt und Sozialhelfer.
Im August 1979 kam sie, um uns zu besuchen. Da ihre Medikamente nicht ausreichten, stellten wir sie hier in einem Krankenhaus vor. Es wurde ein EEG veranlaßt, das nicht gut ausfiel, und eine Tomometrie des Kopfes, die keinen Befund ergab. An der Medikation wurde nichts geändert, da Irenka nach Frankreich zurückgehen wollte. So ließen wir die Medikamente aus Frankreich schicken.
Ende September 1979 flog Irenka nach Frankreich zurück, um ihren Studienplatz anzutreten. Sie stellte sich noch einmal in der psychiatrischen Klinik vor und wurde von dort mit dem Rat entlassen, sich in B. einen Arzt zu suchen. Die

uns von der Klinik zugesagte weitere Betreuung erfolgte nicht mehr.

So war Irenka in B. auf sich allein gestellt. Sie rief jeden Abend an und wurde immer aufgeregter. Schließlich bat sie darum, nach Hause zurückkommen zu können. So holten wir Irenka zurück.

Der leitende Professor einer hiesigen Musikhochschule war von Irenka so beeindruckt, daß er ihr Hilfe versprach. Obgleich alle Fristen verstrichen waren, wurde eine Nachprüfung angesetzt und Irenka erhielt einen Studienplatz.«[147]

Hier endet die Darstellung der Mutter. In der Chronologie meiner Beziehung zu Irenka bekam ich diese Hinweise aus der Familie erst nach und nach. Zum besseren Verständnis von Irenkas »Darstellungen« in der Therapie habe ich sie aber an dieser Stelle vor- und zusammengezogen.

Irenka nahm 4 Wochen nach ihrer Heimkehr aus Frankreich die Therapie auf, deren weiteren Fortgang ich nun – auch in Relation zu Schwerpunkten in ihren Außenverbindungen und -erfahrungen – darzustellen versuchen werde.

5.5 Irenkas Selbstdarstellung

Mein erstes Anliegen in dieser Therapie ging dahin, daß ich der fundamentalen menschlichen Beziehungserfahrung in Irenkas früher Geschichte die Tür zu öffnen versuchte.

Um Irenka dabei dort abzuholen, wo sie sich in ihrer Not eingenistet hatte, in ihrem Schweigen, bot ich ihr zunächst ein non-verbales Ausdrucksmittel an, das aber direkt in ihre frühe Beziehungsgeschichte hineinführte: ich bat sie, mir ihre Familie in Tieren zu zeichnen. Dazu war sie bereit und auch geschickt.

Und so sah ihre Familie aus:

Der Vater (leitender Angestellter in einer großen Firma, 56 Jahre alt) – ein rost-roter Orang-Utan, vorzustellen 1,70 m groß.

Die Mutter (Dozentin und Hausfrau, 51 Jahre alt) – eine orange-dunkelrot gestreifte Tigerin, vorzustellen 1 m groß.

Der vier Jahre ältere Bruder (Student) – ein grauer Kater, vorzustellen 20 cm groß.

Irenka (21 Jahre alt, damals Musikstudentin) – ein schwarzes Meerschweinchen, vorzustellen 5 cm groß.

Im Vergleich zum Meerschweinchen war der Vater also 34mal, die Mutter 20mal und der Bruder 4mal größer.

Irenka hatte ihre Eigendiagnose gezeichnet: ein buchstäblich »über die Maßen« tiefes Minderwertigkeitsgefühl.

In den nächsten Sitzungen bat ich sie, ein Spiel mit mir zu machen: Eine Lehrerin unternehme mit einer Grundschulklasse einen Ausflug in ein Freigehege, um die dort lebenden Tiere kennenzulernen. Sie sei die Lehrerin, ich die Klasse, die sich besonders für die von ihr gezeichneten Tiere interessiert. Zunächst wird die Lehrerin nach den Eigenschaften der Tiere gefragt. Ihre Antwort:

Orang-Utan-Vater: »Gesellig, weiß aber nicht, was hinter seinem Rücken vorgeht, glaubt, er wäre der Boß in der Familie. Er kann sich sehr erregen, dann schreit er. Wenn er die Arme hochwirft, kann er auch bedrohlich sein. Er will es gern allen recht machen, kann aber auch sehr affig sein. Unter den Affen hat er einen höhergestellten Platz. Er verhält sich dort ziemlich autoritär.«

Tigerin-Mutter: »Raubkatze. Kann auf Außenstehende wild werden. Verteidigt ihre Brut. Sehr aktiv und agil.«

Kater-Bruder: »Geht nachts gern aus, ist ein bißchen arrogant, aber trotzdem gern in Gesellschaft.«

Meerschweinchen-Irenka: »Gutmütig, faul, ein bißchen blöd, schläft gerne, sehr gesellig.«

Dann fragt »die Klasse« nach den sozialen Beziehungen der Tiere untereinander. Irenka spielt weiter mit:

Wer läuft zu wem?

»Der Kater zur Tigerin, weil er auch gern Tiger wäre und sich groß vorkommen möchte. Das Meerschweinchen läuft auch zur Tigerin, weil es sich dort vor dem Kater geschützt meint. *Es glaubt, daß die Tigerin nicht so gefährlich ist wie der Kater – weil es ein bißchen blöd ist.*

Der Orang-Utan versucht, zu allen zu laufen und *kommt daher nirgendwo an.*«

Wer ist gefährlich für wen?

»Orang-Utan für das Meerschweinchen, wenn er damit *spielen* will, und für den Kater.

Die Tigerin für Kater und Meerschweinchen. *Sie sieht beide als ihr Futter an.*

Der Kater ist gefährlich für das Meerschweinchen.«

Wer spricht mit wem und worüber?

»Die Tigerin spricht mit dem Kater – der sich darüber freut – über Wetter, Politik, kurze Geschehnisse und Ereignisse.« Auf Nachfrage: »Sie sprechen nicht darüber, wie's in ihren Herzen aussieht.«

»Orang-Utan spricht mit Meerschweinchen und Kater übers Geschäft, nicht über die Herzen.

Die Tigerin spricht mit dem Meerschweinchen über das Wetter, sonst nichts.«

Unzufrieden mit den Gesprächen ist nur das Meerschweinchen. Ich frage nach drei Beispielen, worüber das Meerschweinchen sprechen möchte: »Über Meerschweinchen, über andere Tiere, über sich selbst überhaupt.«

Die Stärkehierarchie unter den Tieren gibt sie so an:

Tigerin – Kater – Orang-Utan – Meerschweinchen. Als ich sie frage, welchen Rat sie dem Meerschweinchen für das Zusammenleben geben würde: *»Einen Zaun zur Tigerin ziehen!«* Damit es nicht ganz allein ist, »einen halben Zaun zum Kater hin offen lassen. Es wäre aber auch gern mit anderen männlichen und weiblichen Meerschweinchen zusammen.«

Im Eingehen auf unser Spiel hatte Irenka – bewußt-unbewußt – ihre Eigendiagnose in einem für sie unendlich bedrohlichen Aspekt gezeigt. Es war dies das widersprüchliche Beziehungsgeflecht ihrer Familie.

Die Mutter (Tigerin) war *Schutz und Bedrohung in einer Person*, sie selbst mußte demnach Adressat von widersprüchlichen Mitteilungen gewesen sein.

Der Vater ist affig und autoritär-bedrohlich in einem, gleichzeitig wohl der ständig Beziehung-Suchende und trotzdem ewige Außenseiter. Der Bruder – für sie gleichermaßen attraktiv wie gefährlich – scheint der – wenn auch fremd gebliebene – Intimus der Mutter zu sein. Zwischen den Eltern ist keine positive Kommunikation erkennbar, außer, daß der Vater, der überall hinläuft und nirgendwo ankommt, wohl auch zur Mutter läuft, die in Irenkas Wahrnehmung psychisch dominant ist.

Irenka hatte blitzschnell begriffen, daß ich sie dazu »verführt« hatte, sich auf etwas einzulassen, das sie gerade zu verhindern trainiert haben mußte: den dialogischen Kontakt zu einem Mitmenschen, die Aufnahme einer kommunikativen Beziehung.[148] Ihr »Geheimnis« – die unverstandenen widersprüchlichen Beziehungen innerhalb des Familienverbandes – aus denen sie so viel Leid und Kränkung geschöpft wie offensichtlich Irrtümer entwickelt hatte, bekam plötzlich einen Mitwisser. Damit war ich nicht nur ein potentieller Verbündeter ihrer tiefen Not, sondern ein – wenn auch für sie nur undeutlich konturierter – potentieller »Gegner« ihres bisherigen »Arrangements«.

Ich glaube heute, daß sie danach monatelang darauf »gelauert« hat, von mir auch nur ein einziges »falsches« Wort über die Mutter zu hören. »Wenn sie dich angreift, breche ich sofort die Therapie ab«, soll sie zur Mutter gesagt haben. Und ich habe es auch der zeitweiligen mutigen Mitarbeit dieser Frau zu danken, daß die Gratwanderung mit Irenka damals nicht abbrach.

Was Irenka mir in unseren ersten Stunden im Zusammenhang mit der »Familie in Tieren« unfreiwillig-freiwillig gezeigt hatte, was sie in unseren weiteren Sitzungen – hin- und hergerissen zwischen Bitterkeit und Liebe – weniger sprachlich als mit ihrer ganzen leidenden Existenz ausdrückte, war mir durch die freimütigen Berichte der Mutter bestätigt worden.

5.6 Erster Deutungsversuch der vorliegenden Störung

Irenka befand sich – vor allem mit der Mutter – in einer »Doppelbindungs«-Situation, die einen verzweifelten Konkurrenzkampf mit dem Bruder mitbedingte. Die besondere »Widersprüchlichkeit« im Austausch von »Botschaften« als Merkmal »schizophrenogener« Kommunikationsabläufe ist erstmals von der Kommunikationstherapie herausgestellt worden. Sie hat herausgearbeitet, daß in derartigen Interaktionen die von einer Kommunikationsebene – z. B. der verbalen – ausgesandten Signale und Botschaften in vielen Fällen inkompatibel sind mit jenen, die von einer anderen Ebene – z. B. der nonverbalen – ausgesendet werden. Die damit erzeugte Paradoxie, daß Richtiges gleichzeitig falsch, Wahres gleichzeitig unwahr und Erlaubtes gleichzeitig verboten sein kann, erzeugt für die Kinder solcher ›schizophrenogener Familien‹ eine permanente ›Beziehungsfalle‹.

»Es sind hier die gesamten innerfamiliären Transaktionsweisen nicht eindeutig definiert durch die Regeln eines Bezugsrahmens (der in ›normalen‹ Familien an den ›common sense‹ angebunden ist), sondern zusätzlich eines weiteren, der aber prinzipiell nur ›aus dem Verborgenen wirkt‹... In jedem Fall entspricht dieser zweite Bezugsrahmen nicht den ›vernunftgeleiteten‹ Regeln und Vorschriften des ›common sense‹, sondern ist im Bereich einer mehr oder weniger ›privaten Logik‹ verankert. Die Angehörigen einer ›schizophrenogenen Familie‹ sind damit in kennzeichnender Weise ›doppelt angebunden‹, d. h. sie befinden sich in einer ›Doppelbindungs‹-Situation, die grundsätzlich eine paradoxe Wirkung hervorbringt.«[149] Die widersprüchlichen Transaktionen solcher Menschen nennen wir dann ›ver-rückt‹.

Ich gehe in dieser Arbeit davon aus, daß die Entstehungsgeschichte der psychiatrischerseits »schizophren« genannten Verstörung spätestens mit der Geburt beginnt. Mit »spätestens« soll angedeutet werden – was ich im Zusammenhang dieser Arbeit nicht näher verfolgen kann –, daß im Sinne der Forschungsergebnisse der Pränatalen Psychologie schon vor der Geburt durch den beginnenden Gefühlsaustausch zwischen Mutter und Kind »unbewußt erzieherisch wirkende Gefühlsprozesse« einsetzen. Erfahrungsfähigkeit und Lernfähigkeit des Kindes beginnen also schon in der vorgeburtlichen Zeit. Die Ablehnung der Schwangerschaft, die häufig unbewußt ist, kann schlimmstenfalls zur Fruchtausstoßung führen. In weniger schlimmen Fällen komme es zu seelischen beziehungsweise psychosomatischen Entwicklungsstörungen.

Im ganzheitlich psychosomatischen Sinne bedeute Erziehung nicht nur das bewußte Herantragen von Erziehungsinhalten an das erziehungsfähige Kind – wenngleich darauf in unseren historisch-kulturellen Zusammenhängen nicht verzichtet werden kann –, sondern sie umfaßt alles, was ein Mensch – auch vorgeburtlich – in seiner Entwicklung erlebt und erfährt. »Es handelt sich hier primär um rein unbewußte, vom Willen nicht steuerbare Mechanismen. Diese sind am Beginn der Entwicklung – also vorgeburtlich – rein gefühlsmäßiger Natur als Folge des Gefühlsaustausches zwischen Mutter und Kind.«[150]

5.7 *Abgrenzung gegenüber der klassischen Psychiatrie (Exkurs 1)*

Die im Rahmen des Werdegangs aufgezeichnete Darstellung der medizinisch damals nicht geklärten somatischen Sensationen des Säuglings Irenka scheinen – in Verbindung mit den von der Mutter berichteten dramatischen intra- und interpsychischen Konflikten während der Schwangerschaft – die Annahme der Pränatalen Psychologie in eindrucksvoller Weise zu bestätigen. Gleichzeitig aber bekräftigen sie mein eigenes therapeutisches Bemühen und meinen wissenschaftlichen Ansatz im Umgang mit Irenkas Leiden. Beides beinhaltet zunächst Abgrenzung gegenüber einem klassisch-psychiatrischen Erklärungs- und Behandlungsmodell der Schizophrenie als einer »endogenen Psychose«,[151] die allein auf einen körperlichen Defekt oder eine biochemische Dysfunktion mit unbekannter Ursache zurückzuführen ist, belastet mit allen Fragen hereditärer oder konstitutioneller Bedingtheit wie begünstigt durch das Schutzbedürfnis der behandelnden Psychiater:

> »So verführt die bewußte und hartnäckige Abwehr eines Menschen, mit dem man Kontakt sucht, zu bestimmten ›Schlüssen‹, Hypothesen über den ›organischen Ursprung‹ abnormen Verhaltens, wenn dieses Verhalten gewisse Proportionen überschreitet.
> Nochmals – ich halte es für wahrscheinlich, daß die ganze klinische (neo-kraepelinsche) Psychiatrie so etwas wie das verzweifelte Suchen nach Erklärung durch Benennung ist, zu dem Psychiater ihre Zuflucht nehmen, denen seitens ihrer Patienten jegliche Form von Kontakt verweigert wurde oder die durch Aussprüche in Verwirrung gerieten, die sie nicht verstehen konnten (oder wollten).«[152]

Es könnte hier – wenn ich als nichtärztliche Psychotherapeutin und damit Nicht-Psychiatrin ein polemisches Zitat gegen klinische Psychiater aufgreife – der Eindruck entstehen, als wolle ich mich auf allzu einfache Weise jener »Front« erwehren, die – sich selber schützend – die »Schizophrenie« immer noch als ihr »heiliges Symbol« (Szasz) vor sich herträgt, indem sie abweichendes oder unerwünschtes Verhalten mit Hilfe radikal-mechanistischer Erklärungen zur medizinischen Krankheit macht.

Zum einen zeigt die inzwischen vorgelegte Forschungsliteratur die hier in Gang gekommene Bewegung auch in der Psychiatrie.[153] Zum anderen ging eine »Front« in meiner Arbeit mit Irenka mitten durch mich hindurch: war ich mutig und stark, so stand ich fest zu jenem kontextualistischen Erklärungs- und Verstehensmodell menschlichen und damit sozialen Verhaltens, das sich in der finalistischen Tiefenpsychologie Alfred Adlers ebenso widerspiegelt wie in der Sozialpsychologie und den Theorien der menschlichen Kommunikation; war ich dagegen übermüdet oder irgendwie geschwächt, so konnten mich Irenkas autistisches Verhalten oder ihre destruktiven Manöver so angreifen, daß ich mir intensiv eine raschere (Er-)Lösung ihrer Probleme wünschte. Hospitalisierung und Medikation – von anderen Methoden ganz zu schweigen – sind in meinem Verständnis deshalb immer *auch* Versuche, die dem verstörten Psychiater und einer gestörten Gesellschaft zur Erlösung von Störern dienen, von denen sie sich beängstigt und manchmal sogar bedroht fühlen, die allein aber nicht der Lösung der Lebensprobleme dieser kulturell und kommunikativ desorientierten Menschen dienen.[154]

5.8 Verschiedene Antworten auf die Frage: Was ist Schizophrenie? (Exkurs 2)

In ihrem engagiert geschriebenen Buch mit dem Titel »Schizophrenie – Medizinische Diagnose oder moralisches Urteil?« analysieren die beiden amerikanischen Psychologen Sarbin und Mancuso systematisch die zeitgenössische Schizophrenie-Forschung. Sie zeigen nicht nur auf, »daß die Forschungsarbeit zu wünschen läßt, ...daß es sich bei der ›Schizophrenie‹ um einen Kaiser ohne Kleider handelt«,[155]

sie machen auch deutlich, daß inzwischen

»ein riesiges bürokratisches Netzwerk Erklärungen des abweichenden Verhaltens als ›psychische Krankheit‹ legitimiert und sogar autorisiert. ... Nach dem Bericht einer Bundesbehörde, die die Mittel für diesen Bereich vergibt, ›bleibt die Schizophrenie‹ trotz ihrer bisherigen immensen Bemühungen, ... ›... die verheerendste und am stärksten herausfordernde der großen psychiatrischen Krankheiten‹ (–). Das ›National Institut of Mental Health‹ hat ein Zentrum zur Erforschung der Schizophrenie ... geschaffen, das auch eine eigene Fachzeitschrift herausgibt. Es ist die Aufgabe des Zentrums, der Diagnose, Ätiologie, Prävention und Behandlung dieser ›schrecklichen Krankheit‹ besondere Aufmerksamkeit zu widmen.«[156]

Sarbin / Mancuso machen deutlich, daß nicht nur eine riesige Bürokratie, sondern auch die entsprechenden Industrieunternehmen vom Krankheitsmodell der Schizophrenie leben, und daß Forscher, die sich stark für die Verwendung nicht-medizinischer Konzepte aussprechen, in bezug auf finanzielle Förderung wie auch auf ihren wissenschaftlichen Ruf an der Universität sehr bald ins »Abseits« gelangen.

An ihrem Konzept der »sozialen Identität«, dessen Metapher durch Konzeptionen aus der modernen Rollentheorie begünstigt wurde, zeigen die beiden Forscher auf, daß es möglich ist,

»unerwünschtes Verhalten zu betrachten, ohne auf die Mystifikation medizinischer Diagnosen zurückzugreifen. Das Modell beinhaltet explizit, daß die positive oder negative Bewertung bestimmter Handlungen ein moralisches Unterfangen ist. In einer Demokratie ist dies Sache des Volkes und derjenigen, denen das Volk Verfügungsgewalt übertragen hat. Wenn man diese Aufgabe aber den Ärzten und ihren Stellvertretern überträgt, so heißt das, daß einer bestimmten Gruppe Macht übertragen wird, die keine spezielle Kompetenz bewiesen hat.

Schizophrenie ist ein moralisches Urteil, das als medizinische Diagnose verkleidet auftritt. Wir sind für eine Demaskierung. ... Daher brauchen wir möglichst schnell neue

Metaphern, um über unerwünschtes Verhalten zu sprechen. Hier wird eine solche Metapher vorgeschlagen: Das unerwünschte Verhalten, das als symptomatisch für Schizophrenie angesehen wird, entsteht aus Abwertung der sozialen Identität, einem sozialen Prozeß also, der von identifizierbaren Umweltbedingungen abhängig ist. ... Nur in manchen Situationen – und nicht in anderen – wird eine Handlung Werturteilen unterworfen. Diese können sich sofort oder später auf die Beantwortung der wichtigsten aller menschlichen Fragen auswirken: Wer bin ich?«[157]

Ich habe der Skizzierung dieser amerikanischen Studie deshalb einen so breiten Raum in meiner Arbeit gegeben, weil sie mein eigenes psychotherapeutisches Vorgehen angesichts einer auch in der BRD mächtigen Psychiatrie unterstützt, psychosoziale Störungen nicht in psychiatrische Krankheiten umzudeuten, sondern ihnen vor dem Hintergrund der Verknüpfung vorgegebener sozio-kultureller Bedingungen mit der individuellen Lebensgeschichte zu begegnen. Das hat für mich niemals ausgeschlossen, die Hilfe von mir verbundenen Psychiatern dort, wo sie z. B. in Form von Medikamenten als *vorübergehende Brücke über den Abgrund der Angst* notwendig und hilfreich für den Augenblick war, dankbar in Anspruch zu nehmen. Trotzdem bleibt es der immanente Anspruch von Psychotherapie, für ein Leben ohne diese »Krücken« zu befähigen.

Wichtig ist mir in diesem Zusammenhang auch die in der Studie angesprochene Frage der »speziellen moralischen Kompetenz« für den Umgang mit psychosozialen Störungen, die ich auf S. 78 dieser Arbeit als »psychotherapeutische Kompetenz« zu beschreiben versuchte, und die eine interessierte Lobby in der BRD – der leider auch ein so lebenskräftiger Verband wie der der DGIP unterlegen zu sein scheint – immer noch an den Status des Arztes – Psychiaters – bestenfalls noch an den Psychologen – zu binden bereit ist. Daß es dabei weniger um psychotherapeutische Kompetenzen zugunsten leidender Menschen, sondern vor allem um die Sicherung eines ohnehin mächtigen und finanzstarken Berufsstandes geht, ist wohl inzwischen offenes Geheimnis. Die Öffnung der Psychiatrie gegenüber psychogenen Erklärungs- und Behandlungsmodellen der Schizophrenie – aber auch der sog. endogenen

Depression oder des manisch-depressiven Irreseins – ist indessen längst in Gang gekommen. Pionierarbeit haben hier vor allem Vertreter der sog. Neo-Psychoanalyse geleistet, von denen ich aus dem deutschsprachigen Raum H. Schultz-Hencke[158] und aus dem angelsächsischen Sprachraum H. S. Sullivan[159] hervorheben möchte.

Der Psychiater und Psychoanalytiker Sullivan (geb. 1892, gest. 1949) erzielte bereits in den Jahren 1925 bis 1930 in den USA spektakuläre Behandlungserfolge in der Schizophrenentherapie,

»die weit über alles hinausging, was man sich gemäß der damals vorherrschenden pessimistischen Theorie der Geisteskrankheiten vorstellen konnte... (Sullivan) sah bald, daß man beim Schizophreniepatienten mit der ›klassischen Analyse‹ nichts ausrichten konnte. Er modifizierte die Behandlungstechnik, indem er die ›freie Assoziation‹ aufgab und mit dem Patienten Gespräche führte. Nachdem er in der Schizophrenie einen Zusammenbruch des Ichs, der höheren seelischen Funktionen erkannt hatte, war er prinzipiell von der Heilbarkeit der ›schizophrenen Lebensform‹ überzeugt: er sah in der Krankheit einen Selbstheilungsversuch eines Menschen, der im Leben alle Kontaktmöglichkeiten verloren hatte und dementsprechend auf einer autistischen (ichbezogenen) Ebene weiterlebte. Wenn es gelang, dem Patienten seine alptraumartigen Gedanken und Gefühle zu deuten[160], konnte man nach Sullivan einen Wiederaufbau des zerstörten Ichs anbahnen, die Re-Integration der Persönlichkeit zustande bringen. Die therapeutischen Erfolge bestätigten diesen Optimismus, der in der damaligen Fachwelt als phantastisch und irreal angesehen wurde.«[161]

Sullivan selber schreibt:

»Viele Leute, die einen Psychiater konsultieren, betrachten sich als Opfer einer Krankheit, eines vererbten Mangels, irgendeines undefinierbaren Übels oder eines Verhängnisses, das mit ihnen verknüpft ist oder in ihnen liegt. Sie halten ihre Schwierigkeiten, wie sie das nennen, nicht für wichtige Komponenten ihrer Gesamtleistung im Umgang mit ihren Mitmenschen in einer zivilisierten Welt. ...Das psychotherapeutische Gespräch ist aber in erster Linie dazu gedacht, nicht aufgeklärte Lebensschwierigkeiten aufzudecken, die der Patient nicht richtig versteht: mit anderen Worten, alle Bereiche, die der Patient aufgrund kultureller Einflüsse – des besonderen Erziehungsstils, der ihn aufs Leben vorbereiten sollte – nicht ganz durchschaut, sich selber in ungeheurem Maß irreführt oder andere irreführt. ... Die Schwierigkeiten eines Patienten und ihre besondere Art sind auf Erfahrungen zurückzuführen, die er in der Vergangenheit gemacht hat, und diese Schwierigkeiten durchdringen in verschiedener Weise alle Aspekte seiner gegenwärtigen zwischenmenschlichen Beziehungen.«[162]

Eine Gegenposition vertritt Thomas Szasz, amerikanischer Psychoanalytiker und Professor für Psychiatrie an der State University in Syracuse, Mitbegründer und Vorstandsmitglied der Amerikanischen Vereinigung zur Abschaffung der Zwangseinweisungen in Nervenheilanstalten und weltbekannter Psychiatriekritiker, der in einem geistreichen Vergleich die »gesellschaftlich vorgeschriebene Partnerschaft von Mann und Frau in der Ehe als neues Modell der Partnerschaft von Psychiater und Psychotiker in der Psychiatrie«[163] zur Diskussion stellt und von dort her auch die neuen Behandlungsmethoden von Harry Stack Sullivan, Frieda Fromm-Reichmann, Marguerite Sechehaye, John Rosen und Ronald Laing, dem prominentesten Vertreter der Anti-Psychiatrie, als »therapeutische Verführung« ablehnt. Er verweist in diesem Zusammenhang auf die in breiten Kreisen zunehmenden Zweifel an den Institutionen sowohl der Ehe wie auch der Psychiatrie, und dies unter Männern und Frauen ebenso wie unter Psychiatern und Patienten.

»Frauenrechtlerinnen haben uns aufs neue die uralte Unterdrückung der Frauen durch die Männer zu Bewußtsein gebracht, aber sie hatten auch den Mut, darüber hinauszugehen und anzuerkennen, daß Frauen ihre Positionen als Sklavinnen ausgenutzt haben und daß sie ihre Unterjochung nur durch ökonomische und persönliche Unabhängigkeit von den Männern überwinden können. Das bedeutet, daß Frauen nicht erwarten sollten, sich als Gattinnen von Männern aushalten zu lassen, sondern daß sie sich durch Arbeit, die auf dem Markt verkäuflich ist, selbst erhalten müssen. (Die gesamte Frage der Existenz von Kindern und ihrer leiblichen und seelischen Betreuung klammert Szasz allerdings bei seinem emanzipatorischen Konzept, das damit wieder ein typisch männliches ist, aus. Anm. d. Verf.) In ähnlicher Weise haben die Kämpfer für die Befreiung der psychiatrischen Patienten erneut die uralte Unterdrückung der in geschlossenen Anstalten ›verwahrten‹ Patienten durch die Anstaltspsychiater hervorgehoben, aber auch sie hatten den Mut, darüber hinauszugehen und anzuerkennen, daß die psychiatrischen Patienten ihre Position als Sklaven ausgenutzt haben und daß sie ihre Unterjochung einzig und allein durch ökonomische und persönliche Unabhängigkeit von den Psychiatern überwinden können. ... In dem Maße, in dem sich die Frauen und die ›Psychotiker‹ nicht selbst befreien können oder wollen, werden sie die Sklaven von Männern, die sie ›lieben‹, und von Psychiatern, die sie ›behandeln‹, bleiben.«[164]

Der Antipsychiatrie unter Ronald Laing erteilt Szasz eine besonders harte Abfuhr.

»Die Leute, die die Laingsche Anstalt leiten, bestehen darauf, daß ihr Unternehmen eine Herberge sei, daß sie die Fremdenführer und ihre Klienten Wanderer seien, die sich auf ihrer Reise durch den Wahnsinn verirrt hätten; ... Schizophrenie ist ebensowenig eine Reise durch den Wahnsinn wie eine Erkrankung des Gehirns. In beiden Aussagen werden Metaphern wörtlich genommen. Natürlich kann man sagen, daß Schizophrenie einer Reise oder einer Krankheit gleiche; aber sie gleicht auch vielen anderen Situationen oder Zuständen, die man als kindisch, ziellos, nutzlos oder heimatlos bezeichnen könnte oder als wütend, widerspenstig, eingebildet oder egoistisch. Was ich damit sagen will, ist, daß genauso wie in der Psychiatrie die wörtlich genommene Metapher von der Schizophrenie als Krankheit zu ihrer Behandlung durch Ärzte, Krankenhäuser und Medikamente führt und diese rechtfertigt, so führt die wörtlich genommene Metapher von der Schizophrenie als Reise zu deren Behandlung durch Fremdenführer, Herbergen und erste Hilfe bzw. rechtfertigt diese.«[165]

Bach/Goldberg, die sich in Forschung und therapeutischen Verfahren vor allem mit dem hinter psychischen Störungen verborgenen Aggressionspotential beschäftigen, nehmen ebenso wie Szasz kritisch Stellung zu jenem »neuen Mythos« der Antipsychiatrie, »der Wahnsinn sei eine Form der menschlichen Existenz, die wegen ihrer überragenden Authentizität geschützt werden müsse.«[166]

Sie stellen u. a. fest, daß »es (–) in den letzten Jahren geradezu zur Mode geworden (ist), psychopathische Tendenzen mit der Aura des ›Besonderen‹ zu umkleiden und ihnen eine höhere Bewußtseinsebene zuzuschreiben. Wir teilen durchaus die Ansicht der psychologischen Wissenschaftler wie etwa Ronald Laing und Alan Watts, daß im Wahnsinn wesentliche Realitätsebenen existieren, und wir wissen wohl, daß die selbstvernichtenden und bewußtseinsschädigenden Spiele in unserer Gesellschaft darauf abzielen, diese ›höheren‹ Ebenen zu erreichen; ... Ganz gleich, was für Empfindungen noch so exquisiter Art die verschiedenen schizophrenen Bewußtseinsstadien mit sich bringen mögen, so verurteilen wir aufs schärfste die irreführende und destruktive Vorstellung von dieser Form des emotionalen Terrors als einer Möglichkeit, sich zu einem höheren Wirklichkeitsbewußtsein und einer tieferen Wahrheitserkenntnis zu erheben.«[167]

Auf die Frage, was Schizophrenie denn nun »wirklich« sei, gibt Szasz die folgende Antwort:

»Lange Zeit hat sie als das Symbol einer heiligen Mission der Psychiatrie gedient; heute dient sie als das Symbol einer heiligen Mission der Antipsychiatrie. Sofern der Begriff ›Schizophrenie‹ ein ›Problem‹ bezeichnet, das ein angeblicher ›Patient‹ hat, bezieht er sich gewöhnlich auf die Tatsache, daß das Leben des ›Patienten‹ in Unordnung ist – daß es zumindest nach Einschätzung des ›Patienten‹ ziellos und nutzlos ist. Wenn dem so ist, kann die Sache weder durch Reisen noch durch Drogen ›kuriert‹ werden. Chaos, Leiden und Verwirrung können nur behoben werden, indem der Betreffende sein Leben in Ordnung bringt. Was auch immer dem Menschen hilft, dieses Ziel zu erreichen, kann als ›therapeutisch‹ bezeichnet werden.«[168]

Die in der Psychiatrie zu den sog. endogenen Psychosen gehörenden verschiedenen Formen der Schizophrenie werden bei Benedetti heute ähnlich ganzheitlich interpretiert wie in der Individualpsychologie Alfred Adlers:

»Endogen heißt, daß die Krankheit aus dem ›Endon‹ sich entwickelt, der gesamten somatischen und psychischen Natur des Menschen entspringt. Diese Natur, etwa im Goetheschen Sinne, ist mehr als das Soma der naturwissenschaftlichen Medizin, sie ist die ursprüngliche Selbigkeit des Menschen, seine Anlage und die Welt der frühesten Erfahrungen, die diese Anlage formten und Menschsein konstituierten. Wahrscheinlich deswegen ist es bis heute trotz großer Forschungen unmöglich gewesen, eine für die Schizophrenie spezifische, kausal begründete Störung der biochemischen Vorgänge, der morphologischen Strukturen zu finden, weil die Störung hier in der Gesamtgestalt des Menschen, in seiner Natur einschließlich der frühesten Entfaltungswelt begründet ist.«[169]

5.9 *Individualpsychologische Deutungsversuche (Exkurs 3)*

»Gehen wir vom holistischen Prinzip Adlers aus, so sind körperliche und seelische Erscheinungen nur zwei verschiedene Aspekte ein und derselben schöpferischen Integrationskraft des Ich, der psychosozialen Einheit der körperlich-seelisch-geistigen ›Individualität‹. Sowohl seelisches wie körperliches Erleben haben sich aus einer ursprünglich einheitlichen Substanz zu relativer Eigenständigkeit von Leib und Seele, aber in Wechselwirkung mit- und zueinander entwickelt. Aus dieser Wechselwirkung zwischen Leib und Seele aufgrund ihrer Wesenseinheit kann, wie auch bei anderen psychosomatischen Erkrankungen, die Dissoziation bzw. Störung des Zusammenspiels bestimmter biochemischer Vorgänge im Nervenstoffwechsel ebenso als körperliches Korrelat eines seelisch entwickelten bzw. aktualisierten Mangels an Gemeinschaftsgefühl und Integrationskraft aufgefaßt werden, wie bestimmte seelische Störungen mit Jaspers nur noch ›erklärt‹, nicht mehr seelisch verstanden werden können. Während beim Gesunden die Verschiedenartigkeit der seelischen und körperlichen Existenz der Individualität wirklich ›ungeteilt‹ in einem integrierten Zusammenspiel, in gesunder Wechselwirkung erlebt wird, ist diese Einheit der Persönlichkeit in der Psychose fundamental gestört. Während nach der Hypothese vieler Psychiater die Störung in der endogenen Psychose primär körperbedingt ist, ist es nach individualpsychologischer Auffassung mit den vorliegenden Befunden der Erbbiologie und der biologischen Psychiatrie durchaus in Einklang zu bringen, daß für die eigentliche Entwicklung der endogenen Psychose vor allem tiefenpsychologisch zu verstehende Störungen (fundamentaler Mangel an differenziertem Selbst- und Gemeinschaftsgefühl) ausschlaggebend sind.«[170]

In diesem Sinne ist der von Szasz vertretenen Hoffnung beizupflichten, daß die heutige Psychiatrie und die meisten psychiatrischen Praktiken allmählich verschwinden werden,

»oder sie werden dann als ethische bzw. politische Interventionen gelten. Diese an freiwilligen Klienten vollzogenen psychiatrischen Maßnahmen werden dann als das anerkannt werden, was sie meiner Meinung nach tatsächlich sind, nämlich als ›Theorien‹ und ›Techniken‹ oder, besser gesagt, als Rechtfertigungen und praktische Anwendungen verschiedener Systeme profaner Ethik«[171]

bzw. zielgerichteter Deutungen. Manès Sperber erklärt den Begriff der Deutung für die Individualpsychologie in folgender Weise:

»Deutung ist in jedem Falle Sinndeutung, der Deuter versucht, den Sinn einer Erscheinung und ihres Zusammenhangs offenbar zu machen. Alle Deutung setzt voraus, daß der von ihr gesuchte Sinn nicht offenbar, sondern aus irgendeinem Grunde verborgen ist. Dieser Grund wird von allen Schulen der deutenden Psychologie im Unbewußten mit all seinen Auswirkungen gesucht. Dem Deuter ist die Aufgabe gestellt, sowohl den Sinn des scheinbar Sinnlosen – der Fehlleistung, des verworrenen Traumes, psychotischer Äußerungen – wie auch des offenbar Sinnvollen zu bezeichnen. Ja, auch des Sinnvollen, da der sichtbare Sinn einer Erscheinung häufig nur der Paravent ist, hinter dem sich ein anderer, ihr wahrer Sinn verbirgt. ... Den Begriff Sinn kann man gemäß dem Sprachgebrauch

auch mit Zweck oder Ziel identifizieren. Dagegen ist nichts einzuwenden, sofern das Ziel nicht teleologisch aufgefaßt wird, also nicht im Sinne der Anschauung, daß das Ziel den Ursachen vorausgeht und sie verursacht.
Die Adlersche Finalanalyse erforscht die seelischen Haltungen zwar im Hinblick auf den Zweck, der mit ihnen verfolgt wird, doch geht sie von Ursachen aus: von Erlebnissen der ersten fünf Lebensjahre und von den organisch angeborenen Eigenheiten. Auch das Ziel kann nicht anders als im Zusammenhang mit einer Ursache erkannt werden; diese Frage nach dem Ziel ist sehr fruchtbar und eine bedeutende methodische Verbesserung der genetischen Betrachtungsweise in der Psychologie.«[172]

Im weiteren Verlauf meines »Werkstattberichtes« werde ich bei dem von Bleuler eingeführten Begriff der »Schizophrenie« (der den Kraepelinschen Begriff der Dementia praecox ablöste) wegen der wissenschaftlichen Verständigung bleiben, ihn jedoch nicht als Bezeichnung für eine Krankheit gebrauchen, sondern als hypothetische Bezeichnung für »eine

ganz besondere Kommunikationsweise, die nicht zu trennen ist von der Art der Kommunikation der gesamten natürlichen Gruppe, in der sie beobachtet werden kann.«[173]

Im individualpsychologischen Verständnis drückt die besondere Kommunikationsweise des schizophrenen Menschen seine individuelle Antwort auf eine »schlechte Vorbereitung« auf die Lebensprobleme in der Kindheit aus. Zu dieser tiefenpsychologischen Disposition zur Schizophrenie äußert sich Adler in folgender Weise:

»Manchmal empfindet ein Kind, das auf das Erwachsenenleben schlecht vorbereitet ist, eine panische Angst, wenn es sich den Problemen des Berufs, des gesellschaftlichen Lebens und der Gesellschaft, sowie auch denen der Liebe und Ehe nähert. Es verliert alle Hoffnung, ihnen begegnen zu können. Im Hinblick auf die Gesellschaft ist es schüchtern und zurückhaltend, es kapselt sich selbst ab und bleibt zu Hause. Im Hinblick auf den Beruf kann es keine Arbeit finden, die ihm attraktiv erscheint, und es ist davon überzeugt, daß es in jeder Hinsicht ein Versager ist. Im Hinblick auf Liebe und Ehe meidet es den Kontakt mit dem anderen Geschlecht und gibt sich verklemmt. Wenn es angesprochen wird, errötet es; es kann keine Worte der Erwiderung finden. Mit jedem Tag verzweifelt es mehr und mehr. Zuletzt steht es den Lebensproblemen völlig gehemmt gegenüber, und niemand kann es mehr verstehen. Es spricht nicht mit anderen, sieht sie nicht an und hört nicht auf sie. Es arbeitet oder lernt nicht. Es ist immer in Phantasien verstrickt.«[174]

Dieser Werkstattbericht ist zu verstehen als ein ausgewähltes Beispiel pädagogisch-therapeutisch stimulierter Auseinandersetzung mit einer »schlechten« Lebensvorbereitung, deren Ausdifferenzierung im gegenwärtigen Verhalten einer Psychotikerin von mir zunächst nicht so sehr qualitativ grundlegend als gradmäßig verschieden von anderen Störungen verstanden wurde, nämlich als im Sinne Adlers höchste Stufe der Sicherung des Selbstwertgefühles.[175] Die Angreifbarkeit, die dabei in der Ausschnitthaftigkeit meines Berichtes liegt, kann ich nur zu einem Teil mit dem kongruenten Heranziehen bereits vorliegender Forschungsergebnisse[176] zu den verschiedenen Formen der schlechten Vorbereitung auf das Leben – und der damit verbundenen Möglichkeiten der Verifizierung und Falsifizierung – beheben.

Ich füge nun ein zusammenfassendes Zitat zum Verständnis der verschiedenen Untersuchungen zur Schizophrenie im Lichte der individualpsychologischen Theorie der psychosozialen Entwicklungsproblematik von Selbst- und Gemeinschaftsgefühl der Individualität ein:

»Aufgrund eines extremen Minderwertigkeitsgefühls kann das Kind sich und andere nicht anerkennen und liebenswert finden. Es ›wähnt‹ sich in die sich selbst erfüllende Prophezeiung des Minderwertigkeitskomplexes hinein und entwickelt so einen Lebensstil, ein Ich, das sich bereits im Ansatz mit sich selbst zerfallen erlebt.

Ich-selbst-sein in Beziehung zu anderen wie zu sich selbst wird überwiegend in Ablehnung und Feindseligkeit mit existentiellen Angst-, Scham- und/oder Schuldgefühlen erlebt. Aus der Verbindung von derart defizientem Selbst(wert)- und Gemeinschaftsgefühl kann sich nur vordergründig ein sehr brüchiges Identitätsgefühl entwickeln, so daß später u. U. bereits harmlose, meist individuell spezifische Anforderungen oder auch natürliche Entwicklungen des Lebens, wie z. B. erotische oder berufliche Herausfor-

> *derungen, nicht selbstverständlich und als Entwicklungschance wahrgenommen werden können, sondern unverstanden und als Überforderung erlebt werden und zum Zusammenbruch der Persönlichkeit führen. Die Anlässe, die bei extrem schwachem Identitätsgefühl zum Ausbruch einer Schizophrenie führen, sind bisweilen äußerst geringfügig, bisweilen auch gar nicht aus der gegenwärtigen Situation, sondern nur als Projektion aus der Minderwertigkeitsproblematik des Patienten verständlich*, so daß Jaspers u. a. meinten, das Kriterium der Unverstehbarkeit und Uneinfühlbarkeit in den Kranken sei kennzeichnend für die Psychose[177] und zugleich beweisend für ihre ausschließliche Endogenität im Sinne körperlicher Bedingtheit der Erkrankung.«[178]

Mein Beitrag an dieser Stelle besteht vor allem in der offenen Darstellung der Schwerpunkte eines Prozesses mit einem Menschen, dem anstaltspsychiatrische Etikettierung und Hospitalisierung erspart, wie eine »Reise durch den Wahnsinn« verwehrt bleiben sollten, weil er trotz Angst und Schmerzen sich in das uns allen gemeinsame Risiko der Bewältigung seiner individuellen und gemeinschaftlichen Existenz immer wieder einließ. Im Unterschied zum familientherapeutischen Modell handelt es sich i. S. des obigen Zitats bei meinem Bericht um das Modell eines vorwiegend in Einzelarbeit verlaufenden Prozesses, wie er bei jungen Erwachsenen, die bereits aus dem Familienverband ausscheiden, u. U. notwendig wird. Es ging mir in der Praxis dabei neben der psychischen Begleitung der notwendigen Verstehensarbeit an der unbewußten Zielproblematik mit dem ihr zugrunde liegenden Trauer- und Wut/Haß-Potential sowohl um das gerade in der Schizophrenentherapie besonders notwendige »Stück ›Nacherziehung‹[179], die nicht selten im

> frühesten Kindesalter angefangen werden muß, dort wo der Patient erstmals das mitmenschliche Leben aus seinen Bestrebungen und Erwartungen auszuschalten begonnen hat...«[180]

als auch um mögliche Einbindung in eine therapeutische Gesprächsgruppe mit anderen Leidenden.

Neben aller Zustimmung zu dem engagierten Eintreten von Szasz u. a. gegen die Anstaltspsychiatrie und ihre knechtenden Bedingungen ist es mir wichtig zu betonen, daß es Formen der Verstörung gibt, die ohne eine gleichzeitige hilfreiche Lebens- und Notgemeinschaft nicht aufzufangen sind. Die Forderungen der Deutschen Gesellschaft für Soziale Psychiatrie könnten hier u. a. wegweisend sein, die auf die Auflösung der Großeinrichtungen dringen zugunsten eines vielfältigen Systems von Hilfen vor Ort: Abteilungen, Tageskliniken, ambulante Dienste, geschützte Wohn- und Arbeitsangebote. Auch für Irenka habe ich mir schützende Gemeinschaften gewünscht, wenn ich sie nach unseren Gesprächen wieder in das »unbrüderliche« Draußen entließ, dessen häufig ebenfalls schizophrenisierenden Strukturen sie dann wiederum ausgesetzt war.

5.10 *Zur Übertragungsproblematik in der vorliegenden Beziehung*

Irenka hatte sich im Zuge ihres Zusammenbruchs in Frankreich schwere Verbrennungen mit Zigaretten an den Handgelenken zugefügt. Darauf verzichtete sie jetzt, aber sie blockierte jedes Gespräch darüber. Als sie 4 Monate nach Therapiebeginn mit der Mutter in Osterurlaub fuhr, schlug ich ihr vor, mir darüber zu schreiben. Bereitwillig nahm sie diese Möglichkeit zu einem Briefkontakt auf und schrieb:

»Sie hatten mich ja bei unserem letzten Telefongespräch darum gebeten, darüber zu schreiben, wie es zu meinen Verbrennungen in Frankreich kam. Zuerst muß ich einmal sagen, daß ich nicht damit anfing, mich zu verbrennen, sondern mir die Adern aufzuschneiden, um soviel Blut zu verlieren, daß ich im Bett bleiben müßte und nicht in die Akademie zu gehen brauchte, und daß sich vielleicht endlich mal jemand um mich kümmern würde. Das war zwei Wochen, nachdem ich zum ersten Mal in der psychiatrischen Klinik war (wegen Valiumüberdosis, siehe Werdegang S. 103, Anm. d. Verf.). Weil das aber nicht vom Erfolg gekrönt war, habe ich es erst einmal nachgelassen. Eine Woche später an einem Dienstag blieb ich dann nach einer schlaflosen Nacht in meiner Ecke (ich schlief schon seit einiger Zeit nur noch auf dem Fußboden) sitzen und ging nicht mehr in die Akademie. In der darauffolgenden Nacht schnitt ich mir (wieder erfolglos) mehrere Adern auf. Dann bemerkte ich, daß ich anscheinend auch einige Nerven durchtrennt hatte. Wenn ich aber mit einer Zigarette an die tauben Stellen kam, fingen sie sich wieder an zu beleben. So hielt ich dann die Zigarette immer näher an die Haut, bis ich mich dann systematisch verbrannte, indem ich die Zigarette an die Haut hielt und daran zog. Vier Tage lang tat ich dann nichts bis zum Sonntag, wo ich mich in einer Kneipe fast beiläufig während eines Gespräches mit einem Freund so im Gesicht verbrannte, daß er es gar nicht mitkriegte. Dadurch hatte ich dann ein Versprechen gebrochen, das ich am Mittwoch einer Freundin gegeben hatte, mich nicht mehr zu verbrennen, so daß ich mir dann sagte, daß weitere Verbrennungen sowieso egal seien, worauf ich mich am Sonntagabend, als ich in eine unerklärliche Panik geriet, wieder verbrannte, worauf ich dann zügig bis Dienstag morgen weiterarbeiten konnte. Am Dienstag und Mittwoch verbrannte ich mich dann jeweils, wenn ich nervös wurde oder mit meiner Arbeit am Klavier nicht zurechtkam. In der psychiatrischen Klinik habe ich es dann noch einmal versucht, worauf ich von einem Mitpatienten eine Zeitung über den Kopf gezogen bekam. (Ich hatte nicht einmal gemerkt, daß ich schon wieder zündelte.) Und noch eine Woche vor meiner Entlassung habe ich es wieder getan, weil ich mich so deprimiert fühlte. Jetzt würde ich es öfters noch gerne tun, weil es sehr beruhigt, vor allen Dingen, wenn ich Angst bekomme und das Gefühl habe, daß die Dinge im Raum auf mich einstürzen, was in letzter Zeit wieder häufiger vorkam. Im Moment fühle ich mich einfach so, als wäre ich in eine Sackgasse geraten, daß ich auch für meine Eltern keinerlei Lösung weiß und aus der ganzen Sache irgendwie (und sei es auch nur für kurze Zeit) aussteigen und mich irgendwo verkriechen möchte, was ja leider nicht geht. Alles Gute. Irenka.«

Wie so manchmal während unserer Arbeit hatte ich nach diesem Brief Angst um Irenka. Wir wissen in der Psychotherapie, daß »eigene Affekte (–) den Therapeuten einerseits auf eine

> unerledigte Problematik bei sich selbst, andererseits auf geheime Tendenzen des Patienten, den unverstandenen Sinn seines Verhaltens bzw. Symptoms, aufmerksam machen können.«[181]

Eine – im Sinne der Individualpsychologie – leitende Fiktion in meiner Existenz ist die Wertschöpfung durch Übernahme von Verantwortung für andere. Die eigene Überfrachtung in diesem Bereich als tendenziell gemeinschaftsfeindlich und dem eigenen Überlegenheitsanspruch dienend wahrnehmen zu lernen, gehörte zu den schmerzlichsten Prozessen in meiner eigenen Analyse, weil sie nicht ohne eine Erschütterung meines gesamten Kommunikationssystems zu haben waren. Gleichzeitig wurde damit die härteste und heilsamste Herausforderung der Menschen, mit denen ich lebe oder eine Beziehung habe, eingeleitet und – last not least – meine psychotherapeutische Befähigung mit begründet.

Sullivan und Frieda Fromm-Reichmann, beide in der Schizophrenenbehandlung erfolgreiche Psychotherapeuten, weisen besonders auf die Wichtigkeit der Wahrnehmung der in den eigenen Affekten des Therapeuten sich spiegelnden Gegenübertragung als Hilfsmittel in der Psychotherapie hin. Als Hilfsmittel werden sie insofern verstanden, als die Gegenübertragungen des Therapeuten immer ein Hinweis auf die Übertragungstendenzen beim Klienten sind, dann aber auch wegen ihres Hinweischarakters in bezug auf die oben erwähnte »unerledigte Problematik«.

Im Sinne der Wachsamkeit im Bild vom »Hüter meines Bruders« halte ich das Erschrecken und die damit auch immer wieder verknüpfte Angst gegenüber den Phänomenen schizophrener Ver-Störung zwar für ein Problem, mit dem aktiv umzugehen ist, doch halte ich dieses Erschrecken und diese Angst gegenüber den ihnen zugrunde liegenden schizophrenen Erscheinungen gleichzeitig für eine von mir subjektiv gerade nicht zu erledigende Problematik. Das kann nicht nur damit begründet werden, daß nur wenige Menschen, auch nur wenige Therapeuten den Umgang mit Gespaltenem, Verzerrtem und Zerrissenem gelernt oder geübt haben,[182] auch nicht nur damit, daß es uns schwerfällt, die eigenen Zerrissenheiten zu zeigen oder Bedrohungen in uns selber zuzulassen, ohne in größtmögliche Spannungszustände zu geraten. Daß auch wir Widersprüche in uns nicht dulden und Nicht-Akzeptiertes in uns nach außen projizieren und dort bekämpfen oder uns beim Empfang von gleichwertigen Informationen handlungsunfähig fühlen.[183]

Diese sozialpsychiatrische Einschätzung wird noch deutlicher durch das folgende Zitat:

»Jeder kann schizophren werden, es ist eine allgemeinmenschliche Möglichkeit. Es gibt Menschen, die weniger anfällig sind, weniger Anlagen haben, andere wiederum sind von vornherein so brüchig (und das scheinen konstant 10 % zu sein), daß geringfügige innere oder äußere Anlässe genügen, um das Brüchige sichtbar werden zu lassen. Selbst wenn man versuchte, eine total harmonische Welt herzustellen, in der nur eindeutig kommuniziert wird, wo innere (auch biologische) und Umweltbedingungen in Balance zu halten sind (das nächste Erdbeben kommt bestimmt), wird es brüchige und zerbrochene Menschen geben. D. h., daß eine ›primäre Prävention‹ (die Verhinderung des Krankheitsausbruches) schwer möglich ist. Eins allerdings ist zum Thema primäre Prävention wichtig: Wenn wir lernen können, Gespaltenes, Brüchiges, Zerreißendes wahrzunehmen als in uns und in unserer Welt enthaltene Möglichkeit des Lebens, und es ›wahrzumachen‹, es zu tolerieren, da wo es so ist, so brauchen wir nicht mehr so zu tun, als sei das etwas uns Fremdes; wir brauchen nicht mehr nur von außen draufzugucken, sondern wir können näher rangehen, können zu verstehen versuchen.«[184]

Das engagierte und zutiefst menschliche Bemühen um die »Entmythologisierung« der Schizophrenie und des Schizophrenen wird in dieser sozialpsychiatrischen Einschätzung eindrucksvoll deutlich. Hand in Hand damit geht der Kampf um den »Freispruch der Familie«[185] des Schizophrenen in kritischer Distanz zu jenen psychologischen und sozialpsychologischen Forschungsberichten, die bei der beginnenden Reformdiskussion in der Psychiatrie eine wichtige Rolle spielten. Die Vielzahl dieser Untersuchungen und ihre zum Teil verkürzte populär-wissenschaftliche Verbreitung über die ätiologischen Faktoren in der Familiendynamik, -kommunikation und -interaktion haben nach sozialpsychiatrischer Einschätzung nicht nur erheblich »zu dem bei Laien und Experten verbreiteten Mißverständnis beigetragen, daß die Angehörigen ›schuld‹ an der psychischen Erkrankung ihres Familienmitgliedes sind«.[186] Es wird beklagt, daß man mit den Angehörigen eines psychisch Kranken erst arbeiten könne, nachdem die Situation entkrampft worden sei, da diese Menschen dem Psychiater voller eingestandener oder uneingestandener Schuldgefühle begegneten.[187]

Meine eigene – beschränkte – Einsicht in jenes »schreiende Unrecht«, das den Angehörigen psychiatrischer Patienten von seiten psychiatrisch Tätiger bis heute zugefügt wurde, sowie meine eigene menschliche und tiefenpsychologische Einschätzung des Leidens dieser Menschen, begegnet den sozialpsychiatrisch eingeleiteten sorgfältigen Bemühungen auf diesem Gebiet, die vor allem in der Initiierung von Angehörigen-Gruppen bestehen, mit Befriedigung und Interesse.

In der Arbeit mit Irenkas Mutter und im Umgang mit ihren Schuldgefühlen ging ich ganz sicher von dem Ziel der Entlastung von Schuld ebenso aus wie von meinem die Familie einbeziehenden kontextualistischen Erklärungsansatz.[188]

Ich sehe in dem Bemühen um Entschuldung der Familie wie auch in dem der Wiedereingliederung des Schizophrenen in die menschliche Gemeinschaft über das Hervorheben des in uns allen potentiell Gespaltenen, Brüchigen und Zerreißenden den Versuch, den menschlichen Wert aller am schizophrenen Prozeß Beteiligten, vor allem aber der Betroffenen selbst wiederherzustellen. Dem ist nichts entgegenzusetzen. Ich sehe jedoch in diesem engagierten Versuch der Gleichsetzung auch die Gefahr – mit der eben jene für mich nicht zu erledigende Problematik des Erschreckens über diese psychische Erkrankung wiederum nur mystifizierend gebannt wäre –, daß unter dem *Deckmantel der Gleichwertigkeit* – »irgendwo sind wir ja alle verrückt« – *auch eine Gleicheinschätzung* gegenüber einem Phänomen einhergeht, das nicht nur damit unterscheidend beschrieben werden kann, daß es Menschen gibt, »die weniger anfällig sind, weniger Anlagen

> haben, andere wiederum sind von vornherein so brüchig, daß geringfügige innere oder äußere Anlässe genügen, um das Brüchige sichtbar werden zu lassen«.[189]

Ich meine, wenn wir nicht mehr erschrecken vor jener äußersten Emigration aus der menschlichen Gemeinschaft (die nur noch durch den Suizid übertroffen wird), dann *pervertiert unser »Mut zur Unvollkommenheit« zu jenem spannungslosen Determinismus, der sich die schmerzliche Dialektik des Heute, die sich aus dem Eingespanntsein des Individu-*

ums in seinen sozialen Prozeß mit der Gemeinschaft zwischen Gestern und Morgen ergibt, ersparen möchte.

So gewiß die am schizophrenen Prozeß Beteiligten Menschen unter Menschen sind, so gewiß fehlen ihnen wesentliche Möglichkeiten menschlicher Entfaltung in die Gemeinschaft hinein. Und das ist eine für alle an dieser Gemeinschaft und ihren Strukturen Beteiligten – und ich meine damit nicht nur die engere Familiengemeinschaft, da sie auch Teil des größeren Ganzen ist – zunächst einmal *erschreckende Tatsache.* Das Erschrecken in der Existenz und die es begleitende Angst gehören – im Gegensatz zum lähmenden Entsetzen – zur Qualität der zuordnenden Zuwendung, die ich als eine Qualität des Hüters meines Bruders beschrieben habe. Sie ist vergleichbar dem, was unter höher organisierten Lebewesen etwa als Mutterinstinkt auftritt, als Sorge um das Junge und die Art. Sie wird im Bereich der menschlichen Kommunikation weitergeführt durch Konfliktfähigkeit und durch Belastbarkeit gerade mit Widersprüchen. Hier liegt auch immer wieder der Beginn des Weges, der aus Erschrecken und Angst herausführt. Doch bleiben beide für mich die zutiefst menschliche Reaktion auf zutiefst un-menschliche Phänomene, deren appellative Beunruhigung der Psychotherapeut nicht mit dem fiktiven Ziel einer fiktiven Distanz für sich entschärfen, aber auch nicht nur zum »unerledigten Problem« der »Ablehnung seiner eigenen Zerrissenheit« verkleinern sollte. Das bedeutet dann folgerichtig mehr, als das Zerrissene und Gespaltene im Schizophrenen (oder in uns selbst) zu »tolerieren«. Es bedeutet zutiefst auch konflikthafte Stellungnahme gegenüber dem psychotischen Lebenskonzept und einen langwierigen Prozeß der Ermutigung und Umerziehung, der den Klienten befähigen soll, »das Tor der Psychose verschließen«[190] zu können.

Und doch ist die Akzeptation dieses im individualpsychologischen Verständnis zutiefst entmutigten anderen als Basis einer Beziehungsaufnahme zu ihm schon schwer genug. Dazu bedarf es noch einmal der Erörterung der Angst als eines Phänomens der Gegenübertragung des Therapeuten und der Bedeutung dieses Affektes für das therapeutische Geschehen. Wir gehen davon aus, daß die Gegenübertragung als Antwort gedacht werden kann auf die unbewußten Übertragungstendenzen im Klienten, die »beziehungsanalytisch daraus zu erklären (sind), daß der *Neurotiker* unfähig ist, Beziehungen zu gestalten und stets bemüht ist, die Ausgangsbeziehung aufs neue herzustellen, da er alle neuen Beziehungen so wahrnimmt, als ob sie nichts anderes als eine Wiederholung sein könnten.«[191]

»Wir wissen aus Erfahrung, daß *schizophrene* Patienten eine unheimliche Fähigkeit besitzen, unbewußte Tendenzen in ihrem Therapeuten zu registrieren. Das Unbewußte des Therapeuten... spricht lauter zum Schizophrenen als seine Worte: Das bringt uns zu der Auffassung, daß schizophrene Patienten eine Fähigkeit zur unbewußten Kommunikation besitzen (während diese Fähigkeit bei normaler Entwicklung verkümmert), woran die langwierigen symbiotischen Beziehungen schuld sind, von denen ihre Entwicklung gekennzeichnet ist.«[192]

In der Tat hatte Irenka meine eigenen Tendenzen zur Übernahme von Verantwortung für andere erfaßt. Ihren Brief verstand ich deswegen auch als eine Aufforderung an mich, ihr die schwere Bürde ihres Lebens und Leidens durch Mobilisierung meiner Verantwortung abzunehmen. Meine Angst dabei war für mich ebenso – wie oben angeführt – ein Zeichen für ihre reale psychische Gefährdung wie meine eigene drohende Überfrachtung. In meinem heutigen Verständnis ihres unendlich mühe- und angstvollen Ablösungsprozesses aus der ebenso ersehnten wie verachteten Symbiose mit der Mutter wie auch aus dem übrigen Familiengeflecht war meine zeitweilige innere Überfrachtung angesichts des insgesamt mangelhaften übrigen Beziehungsnetzes aber unvermeidbar. Ihr Streben nach Verfügungsgewalt über einen hilfreichen anderen und ihr gleichzeitiger tiefer Zweifel an einem für sie vertrauenswürdigen »brüderlichen« Menschen entsprachen ja nicht nur einer aus tiefer Entmutigung geborenen fiktiven Einstellung, sondern ebenso ihrer realen Hilflosigkeit und Ichschwäche.

»In dieser tragischen Situation von Ichverlust – ein Patient sprach einmal vom ›Verlust aller Strukturen‹ – wird die Erfahrung der zwischenmenschlichen Nähe und der therapeutischen Zuwendung zum Gefahrsignal, der Widerspruch wird unüberbrückbar:

Das Gefühl, daß man den Therapeuten unbedingt braucht,

um weiterleben zu können, prallt frontal auf das entgegengesetzte Empfinden, daß die gewünschte Annäherung einem Attentat auf das eigene Leben gleichkommt.«[193]

So scheint mir für die Einzeltherapie der schizophrenen Psychosen (auch bei medikamentöser Sedierung) ein modifizierter Umgang mit der Übertragung gegenüber Sperbers klaren Forderungen notwendig zu sein, die besagen, daß die Therapie die Übertragung nicht nur nicht brauche, sondern daß ihre Verhinderung von vornherein eine der Voraussetzungen des angestrebten Erfolges sei.[194]

Antoch arbeitet in Abgrenzung zu Sperber m. E. zutreffend heraus, daß die unbezweifelbare Kooperationsunfähigkeit des Patienten und die Unbrauchbarkeit seines Beziehungsschemas ihm nahelege, in bezug zu anderen Menschen überhaupt und eben auch gegenüber dem Therapeuten ständig die Beziehungen zu Mutter, Vater, zu den Geschwistern oder anderen bedeutungsvollen Personen zu wiederholen. Dies alles könne nur in einem zeitlich erstreckten Prozeß verändert werden und nicht am Tag des Therapiebeginns. »Dieser Prozeß hat einen Anfang, zu dem der Therapeut nach Maßgabe der Störung des Patienten sich mehr auf bestimmte Ansprüche (nur nicht auf den, verwöhnt zu werden!) einlassen wird, und ein Ende, an dem beide sich dem Ziel einer partnerschaftlichen Beziehung mehr oder weniger vollkommen angenähert haben werden.«[195]

Das Paradoxe der menschlichen Kommunikation[196], in der jeder der Beteiligten gleichzeitig Produzent und Produkt ist, erlebt in der therapeutischen Situation mit dem Schizophrenen eine von diesem seinerseits widersinnig verzerrte Aufführung. Es ist dies die Gleichzeitigkeit seiner gesteigerten Ablehnung, ja Unfähigkeit, sich mit den Mitteln des common sense Wert und Geltung unter den Menschen zu schaffen, und dem verschärften Einsatz privatlogischer Mittel (z. B. Autismus, Negativismus und Halluzination) zur Aufrechterhaltung eines fiktiven Überlegenheitsideals. Bedürftigkeit auf andere hin darf hier nicht mehr gefühlt, und Anerkennung kann hier nicht mehr antizipiert werden. Der schizophren Verstörte erlebt sich – als Produzent – nur allmächtig und – als Produkt – nur passiv und damit objekthaft minderwertig.

Eine Kampfsituation von oben – unten umzuwandeln in die von verantwortlicher Teilhabe an der menschlichen Gemeinschaft bestimmte Kooperation mit anderen bedarf für jeden psychosozial Gestörten ganz gewiß der stringenten Erfahrung mit den Paradoxien der therapeutischen Situation.

»Jede Maßnahme, die darauf hinausliefe, dem Patienten auch nur eine Paradoxie zu ersparen, ihm nur bestätigend oder nur kritisierend zu begegnen, ihn nur als Freiwilligen oder nur als Gezwungenen zu betrachten, ihn nur schuldig oder nur unschuldig zu sprechen, ihm nur gut zuzureden oder ihn nur reden zu lassen – alle diese ›Vereindeutigungen‹ würden die Möglichkeit einer eigenständigen Verhaltensänderung durch Bestätigung des status quo oder durch Abbruch der Beziehungen beenden...
Und so wie der Therapeut seinem Patienten nur zu helfen vermag, wenn er sich einfühlend in dessen Rolle hineinversetzt und an seinen eigenen Reaktionen das Verhalten des Patienten verstehen kann, so kann der Patient nicht gesund werden, wenn er sein Problem nicht von der Warte des Therapeuten, also von einer Ebene außerhalb des Kampfes, erkennen und verändernd eingreifen kann. So böten Methode und Ziel der Kooperation auch und gerade unter den in der Therapie-Situation obwaltenden paradoxen Umständen die Chance, durchgreifende Einstellungs- und Verhaltensänderungen hervorzubringen. Denn wer sich über Paradoxien hinweg verständigen will, muß zu einem ständigen Wechsel der Betrachtungs- und Handlungsebenen (Produkt- und Produzentenebene, Anm. d. Verf.) bereit und in der Lage sein.«[197]

Die Schwierigkeit im Umgang mit den Übertragungstendenzen des Schizophrenen besteht m. E. aber zunächst nicht in dem flexiblen Umgang mit den verschiedenen Paradoxien der Therapiesituation.

Sperber meint für die Neurosentherapie, daß hier allgemein medizinisches Wissen ebensowenig ausreiche wie abstraktes psychologisches Wissen. Vielmehr sei hier die »wahrhafte Menschenkenntnis, die Gewissenhaftigkeit des Urteils, der Mut zur Erkenntnis eigener Fehler, die fortgesetzte Selbstkontrolle und das Vermögen, den anderen als Subjekt, als ein Ich mit eigenem Bezugssystem zu verstehen, hier sind alle Fähigkeiten auf eine Probe gestellt, in der sich sehr schwer schwindeln läßt.«[198]

Die beste Lehrmeisterin nach der eigenen Lehranalyse und sonstiger therapeutischer Weiterbildung war für mich die Therapiesituation selbst. An Irenkas Leid lernte ich selber leidvoll einen wesentlichen Unterschied zur Neurosentherapie: daß es nämlich in der Psychosentherapie nicht nur um die Korrektur der aus einem eindeutigen Bezugssystem entwikkelten eindeutigen »Irrtümer« – also irrtümlichen Stellungnahmen des Ich geht. Vielmehr geht es zunächst – entgegen der tiefen Widersprüchlichkeit in den allerfrühesten Erfahrungen der Betroffenen – *um die Grundlage aller Ich-Entwicklung, die Bildung von Urvertrauen.* Daß er daran einen existenziellen Mangel leidet – der mit dem Gefühl des Nichtseins verbunden ist – und gleichzeitig von einem Übermaß an Feindseligkeit erfüllt ist, die er »vergessen« mußte, machen die tiefe Angst und das verborgene Grauen des Schizophrenen in der Psychose aus.

Eine für das Übertragungsgeschehen in dieser Situation für mich *angemessene* und *zutreffende* Be-zeichnung fand ich nur bei Benedetti: »Abhängigkeitstendenzen des Patienten

> sind nicht eine Übertragung auf die reale Beziehung, sondern sie *stiften erst eine reale Beziehung. Gegenübertragung ist Tragung.*«[199]

(Im Unterschied zum Psychotiker verfügt dagegen der Neurotiker über ein – wie auch immer gestörtes – Ich.)

In der Aufnahme der hieraus resultierenden Hilflosigkeit des Schizophrenen, im geduldigen Aushalten des Mißtrauens, das seine »geliehene Existenz« in ihm als negatives Echo erzeugt, in der freiwillig-unfreiwilligen Nachholung des Beziehungsgeschehens der allerfrühesten Jahre zwischen erwachsenen Menschen liegt die Unterschiedlichkeit der Schizophrenentherapie im Vergleich zum Umgang mit Neurotikern. Dabei ist es nicht

> »das Diagnostizieren des Negativen (–), das Hoffnung schöpfen läßt, sondern die Neuauflage einer aus der Welt gefallenen Situation in der Beziehung zu zweit, die teils zwar das Negative widerspiegelt, es aber zum anderen auch anreichert und umformt.
>
> Nirgendwo stellt sich (dabei) das Problem der Nähe so

akut wie in der Situation des Autismus. Auf der einen Seite ist Kontaktverlust und unendliche Ferne des Kranken, also eine außerhalb jeder Beziehung liegende Seinsweise. Am entgegengesetzten Pol taucht aber die schizophrene Angst vor jedem auch nur diffusen Anzeichen von Kontakt auf. Diese doppelte Gefahr ist dem Januskopf vergleichbar, dessen Gesichter nach zwei Seiten gewendet sind. Die eine Richtung weist auf den Zusammenprall mit dem fremden Ich hin, das das Ich des Kranken wie zu Staub zermalmt. ... Das zweite Janusgesicht erblickt die Situation, in der der Kranke, in völliger Abwesenheit eines menschlichen Kontaktes, das Gefühl bekommt, zum entseelten Ding zu werden und sich danach sehnt, ein bißchen mit der fremden Identitätskarte leben zu dürfen.

Vielleicht liegt die Lösung des Widerspruchs in dessen Übernahme durch den Psychotherapeuten, in dessen Verwandlung in die therapeutische Sorge.

Die transzendierende Angst bzw. Sorge des Therapeuten ist eine der Grundvoraussetzungen in der Psychosentherapie. Ich kenne keinen wirklich begabten Therapeuten, der ihr nicht schon begegnet wäre, so wie es keinen Schizophrenen gibt, der seinen Therapeuten nicht schon unwillentlich zu dieser Rettungsaktion gezwungen hätte: Es ist die Dualisierung psychotischer Angst.«[200]

5.11 *Deutende Beschreibung von Irenkas Zusammenbruch*

Irenkas Brief wurde der Ausgangspunkt für die Gespräche der folgenden Monate, in denen sie das Geschriebene erweiterte und vertiefte.

Das letzte, was sie mit ihren Eltern vor dem Abflug nach Frankreich erlebte, war ein gemeinsamer Urlaub in Lanzarote, wo die Mutter eine Einzimmer-Eigentumswohnung besitzt. Die Mutter mußte den Vater »rausschmeißen, weil er soviel getrunken hat«. Irenka fand im übrigen nichts Besonderes daran, mit beiden Eltern in einem relativ kleinen Raum zusammen zu leben und zu schlafen.

Als sie während des ersten Semesters den Weihnachtsurlaub mit Eltern und Großmutter in Oberitalien verbrachte, habe sie der Mutter gesagt, daß sie nicht mehr den »Mittler spielen« wolle zwischen den Eltern. Die Mutter solle den Vater »anerkennen oder gehen«, in beidem würde sie sie unterstützen. Sie sei immer hin- und hergelaufen zwischen den Eltern und habe die »Botschaften übermittelt«.

Während der Bruder sich schon immer der Mutter zugeordnet wahrnahm und dadurch der Beziehung mit dem Vater ausweichen oder ihn bekämpfen konnte, wenn auch auf Kosten seiner männlichen Identitätsfindung, blieb Irenka diese Möglichkeit der eindeutigen Zuordnung wegen der tiefen Gespaltenheit der Mutter in bezug auf ihre Existenz verwehrt. Jedes Mehr an Spaltung konnte sie in meinem Verständnis nicht ertragen. Gleichzeitig mußte sie ihren Platz bei der Mutter sichern, indem sie sie schützte. So übernahm sie die Mittlerrolle, wo immer sich eine Spaltung oder ein unbewältigter Konflikt zeigte. Auch für den Bruder »vermittelte« sie zu den Eltern hin, »wenn er etwas ausgefressen hatte«.

Fritz Riemann beschreibt in seinen »Grundformen der Angst« die schizoidisierende Überforderung des Kindes in einem durch die schwierigen und unreifen Beziehungen der Erwachsenen bestimmten Familienmilieu. Hier müsse das Kind zu früh Stimmungen erspüren und Situationen verstehen, um die gespannte und zugleich labile Atmosphäre in der Familie nicht noch mit sich selbst zu belasten. Das bedeute, daß dieses Kind nicht selten die Elternrolle für sich selbst und die Eltern übernehmen müsse, weil es an ihnen keinen Halt finde, und diese auch in sich halt-los seien. Hierin liegt eine grenzenlose Überforderung für ein Kind. Bevor es sich selbst gefunden habe, werde es in die Elternrolle geschoben, müsse Verständnis für die Erwachsenen aufbringen, so daß es gar nicht mehr dazu komme, es selbst zu sein. Immer müsse es nach allen Seiten denken, vermitteln, verstehen und ausgleichen. Auf diese Weise müsse es das Leben der anderen mehr leben als es sein eigenes leben könne. »Damit wird es nicht nur um seine Kindheit betrogen, sondern es bleibt auch sein Wesenskern unentwickelt, die Sicherheit in sich selbst, und es wird ihm zum Lebensgrundgefühl, auf brüchigem Boden zu stehen.«[201]

Irenka kehrt aus dem Weihnachtsurlaub mit Schlafstörungen nach Frankreich zurück.[202] Dieses »Mittel« hatte sie schon in der Pubertät ge-braucht, um den Anforderungen des Lebens auszuweichen, mit denen der Tag sie konfrontierte. Jetzt stand sie vor der Prüfung, den Nachweis ihrer Befähigung für ein Musikstudium erbringen zu sollen. Wenn sie nicht schlafen konnte, spielte sie Klavier in ihrem Zimmer. Bald merkte sie, daß sie ab 2 Uhr früh »am besten spielen konnte«. Sie trank dann Tee und arbeitete weiter, bis sie kaum noch schlief. Sie ließ sich Valium verschreiben – »6 Valium pro Tag und abends eine starke Schlaftablette«. Ihr ohnehin mangelhafter Kontakt zu den Leuten ihres Semesters wurde immer schwächer, da sie am Tag »kaum noch auf den Beinen stehen konnte«. Ihr zentrales menschliches Interesse galt einem ihrer Tutoren und dessen Familie. Hier hatte sie gehofft und versucht, selber für sich eine andere Familie zu finden und »geschützten« Kontakt zu einem Mann zu bekommen.

Für ihr grenzenloses Bedürfnis bekam sie aber trotz der freundlichen Zuwendung dieses Mannes und seiner Familie zu wenig.

Während sie also in fast totaler Einsamkeit sich noch ihre Aufnahme an der Universität in B. »erspielte«, die ihr bewußt ersehntes wie unbewußt gefürchtetes Ziel gewesen war, bereitete sie konsequent den Zusammenbruch vor.[203] Ganz »zufällig«, weil sie »nicht mehr zählen konnte«, nahm sie an einem Tag 13 Valium und verabredete sich dann mit ihrem Tutor abends auf ein Bier. Dem Tutor fiel ihr Verhalten auf. Er folgte ihr auf dem Heimweg und rief den Notarzt.

Anschließend verwaltete der Tutor die Valiumtabletten. Sie mußte sich jeden Tag eine von ihm abholen, was sie als grenzenlose Demütigung erlebte. Statt angenommen zu werden, bekam sie Tabletten zugeteilt. Obwohl sie wußte, daß sie nicht zur Familie gehörte, fühlte sie sich abgelehnt. Sie forderte schließlich die Herausgabe der Tabletten, zeigte aber soviel Verstörung, daß der Tutor sie in seiner Sorge in eine psychiatrische Klinik brachte. Dort habe sie vor allem auf versprochene Anrufe von ihm und seiner Frau gewartet, die kaum erfolgten. Wieder fühlte sie sich im Stich gelassen.

Eine ärztliche Kontaktaufnahme erfolgte wegen des Osterfestes erst am 4. Tag. Bis dahin hatte sie schon eine zusätzliche Hölle hinter sich, weil ihr alle Medikamente sofort weggenommen worden waren. Mit Patienten und Pflegepersonal sei sie nicht zurechtgekommen. Am 9. Tag wurde sie mit einem Sedativum und der Bemerkung des leitenden Psychiaters entlassen, sie seien kein Sanatorium, sondern eine psychiatrische Anstalt.[204]

Nach Einnahme des Sedativums fühlte sie gar nichts mehr. Sie bekam Angst, ihre »Identität ganz zu verlieren«.[205] Da ihr Gefühl im Zustand der Müdigkeit wiederkehrte, begann sie wieder, sich künstlich wachzuhalten. Am Tag in der Akademie konnte sie dann nur herumliegen und nicht mitarbeiten. Schlaftabletten wollte sie nicht mehr nehmen, weil sie »davon Halluzinationen bekam«. Ein Mann lag dann »ganz selbstverständlich« in ihrem Bett, während sie in einer Ecke kauerte. Individualpsychologischem Verständnis gemäß halluzinierte sie also genau das – eine menschliche – speziell männliche – Nähe –, was sie sich in der Realität nicht zutraute. Dort unternahm sie nun folgerichtig den letzten verzweifelten »Erpressungsversuch«, sich Zuwendung zu holen, indem sie sich die Pulsadern aufzuschneiden versuchte.[206] Zum Glück gelang ihr dieser Versuch nicht, sie stieß dabei aber auf die völlige Empfindungslosigkeit ihrer Haut, meinte, sie habe sich die Nerven durchtrennt. Die brennende Zigarette belebte durch die Schmerzempfindung die tauben Stellen und bannte gleichzeitig Angst und Nervosität für ein paar Stunden.

Ich möchte an dieser Stelle versuchen, die physischen Sensationen, von denen Irenka hier berichtet, als typische Phänomene der sich auch psycho-physisch abbildenden Gespaltenheit des schizoiden oder schizophrenen Menschen zu beschreiben. Dabei werde ich mich vor allem auf Erkenntnis und Verstehen von Alexander Lowen, dem »Vater der Bioenergetik«, stützen. Ihm geht es in seiner langjährigen therapeutischen Praxis mit schizoiden und schizophrenen Menschen um die Korrektur des »Verrats« am eigenen Körper, der sich nach ihm in dem Verlust der Einheit von Körper und Psyche spiegelt.

Lowen geht – wie auch die Individualpsychologie – davon aus, daß alle körperlichen und psychischen Vorgänge nur verschiedene Ausdrucksformen eines ganzheitlichen Lebensprozesses sind. So findet er die Hemmnisse der Seele, die ihren fiktiven Einstellungen entspricht, in dem gleichermaßen verklemmten und verkrampften Körper wieder. Seine Therapie verbindet Körperarbeit mit der tiefenpsychologisch fundierten Aufarbeitung der persönlichen Problematik.

So wie Adler für die Individualpsychologie die Abstufung von »gesund – neurotisch – psychotisch« als einen Identitäts- und Formenwandel der leitenden Fiktion beschreibt und damit als drei Stufen der Sicherung des Selbstwertgefühls, die von der Fiktion über die Hypothese zum Dogma führen, so beschreibt auch Lowen die Beziehung zwischen Ich und Körper in solchen Abstufungen, die ebenfalls der Sicherung des Ich dienen.

Er zeigt, daß normalerweise Ich und Körper eine enge und gut funktionierende Partnerschaft eingehen. Auch diene beim gesunden Menschen das Ich nicht zuletzt dem Lustprinzip des Körpers. Ist jedoch der Mensch emotional gestört, so beherrscht das Ich den Körper und sorgt dafür, daß seine Werte mehr Geltung haben als die körperlichen. So werde die Einheit gespalten, und die Partnerschaft verwandele sich in einen offenen Konflikt.

»Der Konflikt zwischen dem Ich und dem Körper mag leicht oder schwer sein, stets läuft es darauf hinaus, daß das neurotische Ich den Körper beherrscht, das schizoide Ich ihn leugnet, das schizophrene Ich sich von ihm trennt. Das neurotische Ich, das sich vor der nichtrationalen Natur des Körpers fürchtet, versucht lediglich, ihn zu unterdrücken. Wenn die Angst vor dem Körper aber in Panik umschlägt, wird das Ich ihn im Interesse seines Überlebens leugnen. Und wenn die Angst vor dem Körper das Ausmaß des Grauens erreicht, trennt sich das Ich von ihm, wodurch es zur totalen Persönlichkeitsspaltung und zum schizophrenen Zustand kommt. Diese Abstufungen werden sehr gut durch die Art und Weise veranschaulicht, wie verschieden strukturierte Persönlichkeiten auf den Sexualtrieb reagieren. Für das gesunde Ich ist Sex ein Ausdruck der Liebe. Das neurotische Ich betrachtet Sex als Mittel zur Eroberung oder Ich-Verherrlichung. Für das schizoide Ich ist Sex eine Möglichkeit, die physische Nähe und Wärme zu erlangen, von der das Überleben abhängt. Das schizophrene, vom Körper getrennte Ich sieht dagegen überhaupt keinen Sinn im sexuellen Akt.«[207]

Gerade zum letzteren sei hier ergänzt, daß Irenka sich während des halben Jahres in Frankreich vor ihrem schizophrenen Zusammenbruch mit einem Mann angefreundet hatte, in dessen Nähe sie sich wohl geborgen gefühlt hat. Er löste die Beziehung, weil er nicht akzeptieren konnte, daß sie wohl bei, aber nicht mit ihm schlafen wollte, daß sie im Grunde Geborgenheit und Nähe, aber keinen Sex suchte.

Nach Lowen hat die unbewußte Ablehnung durch die Mutter in den ersten Jahren der Existenz eine tiefe Verunsicherung und Wut, deren »Verdrängung« oder »Vergessen« eine Aggressionshemmung zur Folge. Diese zeigt sich als die für den schizoiden Menschen typische emotionale Gehemmtheit und damit Beziehungsängstlichkeit. Wie kein anderer muß er kämpfen, kämpft er doch nicht um das Leben, sondern um sein Überleben. Die individualpsychologische Interpretation dieses Begriffes macht gleichzeitig die Finalität deutlich: er muß »über« die anderen hinweg bzw. fern von ihnen leben, weil sein im Ansatz schon gebrochenes Selbstwertgefühl ein mutiges Herangehen an Menschen und Aufgaben – ad-gredi – als lebensgefährlich deutet.

»Das Greifen nach der Welt ruft ein unbestimmtes Grauen hervor. Er hütet sich vor diesem Grauen, indem er seine Umwelt begrenzt und seine Aktivitäten einschränkt. ... Die Aggressionshemmung, die Einschränkung der Aktivität und die Notwendigkeit der Kontrolle bewirken eine körperliche Starrheit, die selbst bejahende Gesten weitgehend verhindert. ... Um angesichts des Grauens zu überleben, tötet er seinen Körper ab, indem er weniger atmet und sich weniger bewegt.

In Anbetracht dieser Situation ist die schizoide Loslösung und Nicht-Teilnahme leicht als Abwehrmechanismus gegen das Grauen zu verstehen. In dem Maße, in dem man sich von emotionalen Beziehungen fernzuhalten vermag, kann man sich auch von dem Grauen fernhalten, das dem Durchbruch verdrängter Impulse folgen könnte.

Die körperliche Starrheit dient demselben Zweck. Loslösung und Isolation reduzieren jedoch den Kontakt zur Wirklichkeit, schwächen das Ich und beeinträchtigen das

Identitätsgefühl. ... Die Starrheit schließlich führt zu einer inneren Leere, einem inneren Vakuum, aufgrund dessen die so störanfällige schizoide Struktur zusammenbrechen kann ...«[208]

Irenka stand in Frankreich vor der Aufgabe, eine eigenständige Existenz zu begründen. Das ersehnte Musikstudium lag ebenso zum »Greifen« nahe wie das Selbständigwerden gegenüber dem Elternhaus. Doch gerade das An-greifen hatte sie schlecht gelernt – die Bewegung aus sich heraus auf etwas zu – sie kannte vor allem »trotzdem« oder Rückzug –, in sich hinein, von allem weg – also machte sie sich »fühl-los« und nahm sich zurück auch in ihrem Körper. Das konnte sie auch nachts nicht unterbrechen, denn durch den bannenden Schlaf wäre sie nicht mehr Herr ihres Rückzugs in ihr scheinbares Arbeitsengagement gewesen.

Die körperliche Fühllosigkeit wiederum verstärkte ihre Angst vor Identitätsverlust, die sich in ihrer Panik ausdrückte, also verbrannte sie sich, um ihre Körperidentität wieder spüren zu können.

»Die beiden Manöver, mit denen der Schizoide sich verteidigen kann, lassen sich als (1) starre Barrikade und als (2) Rückzug (i. S. Lowens die Preisgabe des Muskeltonus, Anm. d. Verf.) vom Schauplatz der Ereignisse bezeichnen. ... Die schizoide Starre und der schizoide Rückzug haben eines gemeinsam: Die Bewahrung der psychischen Gesundheit hängt davon ab, ob die Ratio die Kraft besitzt, das Individuum in jeder Lage ›funktionieren‹ zu lassen. Bei der schizoiden Starre handelt der Geist durch den Willen, beim schizoiden Rückzug ist der Wille machtlos, aber der Geist verbündet sich mit dem Gegner, um die endgültige Niederlage zu verhindern. ... Der Schizoide, dessen Verteidigung auf Rückzug und Opfer beruht, hat (–) die Möglichkeit eingebüßt, eine Schutzwehr zu errichten. Da aber an einem bestimmten Punkt jeder weitere Rückzug unmöglich ist, könnte in einer entsprechend ausweglosen Lage die Schizophrenie ausbrechen ...«[209]

Irenka hat ihre Situation am Ende des ersten Frankreichhalbjahres als ausweglos für sich gedeutet. Tragende Beziehungen waren ihr nicht geglückt, dem Universitätsstudium fühlte sie sich nicht gewachsen. Vor allem aber das Gefühl des

Ausgeschlossenseins durch die Tutor-Familie habe die Krise heraufbeschworen, meint sie jetzt. So »organisierte« sie den Rückzug und Zusammenbruch vor allem mit Hilfe ihrer Schlaflosigkeit.

Paul Federn hat betont, daß Schlafmangel bei Menschen mit entsprechender Veranlagung ein Faktor sein kann, der einen psychotischen Schub auszulösen vermag. Selbst bei gesunden Menschen vermag – wie man heute weiß – Schlafentzug halluzinatorische Phänomene auszulösen, da Übermüdung die geistige Kontrolle über den Körper schwächt.

Da der schizophrene Zustand ein Leugnen der Realität ist, schwindet nach Lowen das »Grauen. Da das Grauen des Schizophrenen in der Angst vor der Vernichtung (individualpsychologisch seines Selbst(wert)gefühls, Anm. d. Verf.) besteht, ist sein Zustand ein Refugium (und darin auch eine absolute Überlegenheit i. S. der IP, Anm. d. Verf.). Er kann kaum vernichtet werden, wenn er nicht ›da‹ ist, das heißt, wenn er nicht in Zeit und Raum des jetzigen Augenblickes existiert.«[210]

Die lediglich pharmakologische Behandlung in der Klinik in Frankreich konnte Irenka nur oberflächlich stabilisieren. So kehrte sie zurück zu ihren Eltern, die ihre einzige Zuflucht, wie auch ihre einzigen »heimlichen Gegner« waren.

Am Ende dieses Briefes, der Ausgangspunkt für die vorangegangenen Überlegungen war, formuliert sie das Gefühl, sich in einer »Sackgasse« zu befinden, wo die Dinge im Raum auf sie einstürzen und sie keinerlei Lösung für ihre Eltern weiß. Ihr schwaches Ich konnte sich also weder gegen die Dinge noch gegen die Menschen abgrenzen. So bürdete sie sich wieder die Last der Verantwortung für die Eltern auf, um der Verantwortung für sich selbst, der sie sich nicht gewachsen fühlte, ausweichen zu können.

5.12 Beispiele von Zögern und Wachstum im therapeutischen Prozeß

In den nun folgenden Wochen gewährte mir Irenka vorsichtige Einblicke in ihre infantile Abhängigkeit von der Mutter, der sie sich nach ihren Worten zu entziehen wünschte. Wir verbrachten viel Zeit mit dem Aufspüren ihrer eigenen Passivität und mangelnden Verantwortungsbereitschaft für sich selbst im elterlichen Haushalt. Am liebsten flüchtete sie sich selbst in den Schlaf[211]. Wir planten gemeinsam verantwortliche Tätigkeiten, die sie übernehmen und auch der Mutter gegenüber durchsetzen sollte. Fast immer schien das zunächst undurchführbar. Ich spürte fast körperlich ihren durch tiefe Entmutigung bedingten Widerstand. Sie wollte von mir nur die Bejahung und Zuwendung der »gütigen Mutter«.

Der Klient braucht um so dringender jene Form von Unterstützung, die ihm in seiner frühen Kindheit versagt wurde, je ernsthafter seine Verstörung ist. John Rosen sagt zur Rolle des Therapeuten gegenüber dem schizophrenen Patienten: »Er muß die idealisierte Mutter sein, auf der nun die Verantwortung lastet, den Patienten noch einmal von vorn aufzuziehen.«[212]

Doch zu Recht weist Lowen darauf hin, daß dem schizoiden wie schizophrenen Dilemma nicht nur mit der Rolle der »gütigen Mutter« begegnet werden kann. Der Therapeut müsse die grundlegende Verwirrung auflösen, die im Schizoiden herrsche. Dafür brauche er Erfahrung, Wissen und Objektivität. Normalerweise werden diese Eigenschaften dem idealen Vater zugeschrieben, der klug und stark ist, dem Kind als Vorbild dient und ihm Ratschläge gibt. Als idealer Vater sei der Therapeut der Vertreter der äußeren Realität, der Realität der Welt. In dieser Eigenschaft müsse er dem Patienten die Welt interpretieren, wie es ein richtiger Vater für seine Kinder tut. Eine ideale Mutter sei dagegen die Vertreterin der inneren Realität, der Realität des Körpers und seiner Gefühle. Der Therapeut müsse, ob er nun ein Mann oder eine Frau sei, mit beiden Realitäten vertraut sein, um dem Patienten bei der Lösung seiner Konflikte zu helfen. Er müsse wissen, wann er zu helfen und wann er zu kritisieren habe. »In einem Vakuum kann der Patient keine Identität gewinnen.«[213]

Das Durcharbeiten des Tagesproblems und ihrer Verantwortlichkeit dabei war immer wieder mühevolles Sich-auseinandersetzen mit ihrer hartnäckigen Tendenz, sich ihre Unfähigkeit zu bestätigen oder bestätigen zu lassen.[214] Und sie rechnete immer und überall fest mit Ablehnung. Das hat sie mir selbst dadurch demonstriert, daß sie diese Ablehnung auch bei mir zu provozieren versuchte. Sie stellte dann nörgelnd die Notwendigkeit der Therapie in Frage, trotzte mit Schweigen oder setzte ihre hohe Intelligenz als Zynismus ein, der mich abwerten sollte. Das hat mich damals öfter verunsichert. Heute teile ich Lowens Einschätzung:

»In der therapeutischen Situation gibt es zwei Garanten für Wahrheit: die Fähigkeit des Patienten, seine negativen Gefühle über den Therapeuten auszudrücken und die Bereitschaft des Therapeuten, dem Patienten zuzuhören. Vollkommenheit ist der menschlichen Natur fremd. Der Therapeut muß jedoch ein Mensch aus Fleisch und Blut sein, der den Mut besitzt, der Verzweiflung der schizoiden Persönlichkeit entgegenzutreten, ... und der demütig genug ist, um einzusehen, daß die Fortschritte des Patienten das Ergebnis von dessen eigenen Bemühungen sind. Wenn ein Therapeut diese Eigenschaften besitzt, werden die Patienten ihn nachahmen, statt sich mit ihm zu identifizieren, dann werden sie durch die Erfahrungen, die sie in der therapeutischen Beziehung machen, ihre Identität gewinnen.«[215]

Ein halbes Jahr nach Therapiebeginn kam Irenka – im Spiegel ihrer Augen und ihrer Mitarbeit am deutlichsten erkennbar – immer öfter wirklich bei mir und bei unserer gemeinsamen Arbeit an. Eines Tages überraschte sie mich mit der Feststellung, daß sie sich jetzt nicht mehr als Meerschweinchen zeichnen würde. Sie sei nun ein Kamel. Verdutzt über dieses erhebliche Wachstum bat ich sie um Einfälle zu »Kamel«. »Dumm und gutmütig« – wie beim Meerschweinchen – meinte sie als erstes. Aber dann sagte sie mit ruhiger Selbstverständlichkeit: »Das Kamel frißt das Gras über dem Vergessenen ab.«

Ich war ergriffen von diesem verschlüsselten Signal ihrer Bereitschaft zum Mitgehen in dem schmerzlichen Prozeß des Verstehens und der Umdeutung ihrer Geschichte und der daraus entstandenen Ziele und Einstellungen. – Eine weitere Assozation gab sie zu den Höckern des Kamels. »Dicke Brüste«, fiel ihr dazu ein, eben jene weiblichen Attribute, von denen sie nun berichtete, daß sie über deren Wachstum in der Pubertät zutiefst unglücklich war. Sie hätte sie damals abschneiden, in den Kühlschrank legen und dann verspeisen wollen. Mir fiel aus den Erzählungen der Mutter über ihren Werdegang ein, daß sie damals auch sonst üppige Formen bekam, über ihre Weiblichkeit nur unglücklich war und Suizidabsichten äußerte. Auch hatte sie damals schon Schlafstörungen und Arbeitsstörungen. »Autistische Züge« wurden ärztlicherseits diagnostiziert, aber es wurde nicht erkannt, daß diese Symptome nur einen Sinn bekommen, wenn sie in den gesamten hier beschriebenen Prozeß eingefügt werden.

Irenka und ich sprachen nun darüber, daß an die Stelle der Inaktivität des Meerschweinchens, seines typisch ziellosen Hin- und Herlaufens, die zielgerichtete Aktivität des Grasabfressens beim Kamel und seine große Durchhaltefähigkeit in Wüstenstrecken kommen könne. Und sie durchwanderte ja eine Wüste.

Sie wollte immer ein Junge sein. »Jungen können sich durchsetzen«, hat sie am Bruder beobachtet.[216] Sich-behaupten-können war für sie ein attraktives Ziel, Unterwerfung ihre Realität. In seiner »Bande« lernte sie als einziges Mädchen dazuzugehören um den Preis des Ausgenutztwerdens für alle »niedrigen Geschäfte«. Sie wurde von den Jungen nicht für voll genommen, blieb aber trotz der Demütigungen dabei und suchte verzweifelt nach Anerkennung, vor allem durch den Bruder.[217] Doch der durch sie »entthronte« Erstgeborene nutzte in ihrer Erinnerung jede Gelegenheit, um ihr seine Überlegenheit und sein Desinteresse zu beweisen.

So blieb Irenka auch hier – wie bei den Eltern – eingesperrt in etwas, das sie nicht verstand – wie der Panther im Käfig in einem Gedicht von Rilke, das sie mir in dieser Zeit in ihren Tagebüchern zeigte, wo ich zwischen den Notizen aus Frankreich noch viele andere verschlüsselte und unverschlüsselte »Botschaften« ihrer verzweifelten Seele fand. Sie hatte von Rilkes Gedicht den ersten Vers notiert:

»Sein Blick ist vom Vorübergehn der Stäbe
so müd geworden, daß er nichts mehr hält.
Ihm ist, als ob es tausend Stäbe gäbe
und hinter tausend Stäben keine Welt.«

Wie würdest du das Gedicht heute schreiben? fragte ich sie nach der »Geburt« des Kameles provozierend. Sie ließ mich zunächst abblitzen. »Ich finde es sehr treffend so«, meinte sie. »Würdest du gar nichts verändern?« forschte ich weiter. »In jedem Fall würde ich heute einen Ausbruch hineinbringen, weil ich heute denke, ich werde schon irgendwie meinen Weg finden.«

Das Kamel blieb für die nächste Zeit Symbol für das Durchhalten bei unserer gemeinsamen Arbeit – gegen Irenkas Tendenzen, sich permanent im Bett zu verkriechen, gegen ihre Überzeugung, es ja doch nicht zu können, gegen ihr tiefes Mißtrauen und ihre allgemeine Lebensunlust. Ich kam mir oft vor wie ein Deich, gegen den in jeder Stunde wieder die schwere Dünung ihrer tiefen Selbstwertzweifel und ihrer Verzweiflung anbrandeten. Ihre grenzenlose Einsamkeit kam zu mir herüber und hat mich manchmal beklemmend hilflos gemacht. Ihr Vertrauen, das aus einer Wüste von Mißtrauen und Einsamkeit herauswachsen mußte, blieb noch auf lange Zeit eine verletzliche zarte Pflanze, die auch noch in der warmen Sonne den tödlichen Nachtfrost erwartete.

Und immer wieder hat sie Menschen und Situationen zu ihrem »Nachtfrost« zu machen versucht oder gemacht.

Dazu ein kleines Beispiel:

Ich holte Irenka um diese Zeit – gegen ihren anfänglichen Widerstand – in eine von mir geleitete Adlersche Gesprächsgruppe im Centrum. Wir gehen nach der therapeutischen Sitzung immer in eine gemütliche Kneipe, um Gelegenheit für persönliche Kontakte zu haben. Irenka saß dort öfter neben mir. Einmal bat sie um einen Schluck Wein aus meinem Glas. Ich freute mich über diese kleine Initiative von ihr, denn sie war dort noch sehr in sich zurückgezogen.

Am nachsten Morgen erschien Irenka mit abweisendem Gesicht und ihrem mir schon vertrauten trotzig vorgeschobenen Kinn in der Therapiesitzung. Gegen ihr anfängliches Sträuben bestand ich auf Klärung der Situation. Es kam heraus, daß sie meinte, von mir nun abgelehnt zu werden, weil sie von meinem Wein getrunken hatte. Hier konnte ich ihr zeigen, wie sie sich konsequent in ihre sich selbst erfüllende Prophezeiung hinein-wähnte, daß sie gerade dort, wo sie sich auf menschliche Beziehung einließ, Ablehnung zu erwarten habe.

Noch deutlicher ist ein weiteres Beispiel:

Irenka und ich hatten verabredet, daß ich sie einmal zu

Hause besuchen würde und wir eine kleine Wanderung machen wollten. Wir beschlossen, ein anderes Mädchen, mit dem ich arbeitete und die ein ähnliches Problem wie Irenka hatte, sowie eine Freundin von mir dazuzuholen, die Irenka auch mochte. Irenka war sehr erfreut über diesen Plan. Meine Hoffnung für die beiden Mädchen war, daß sie einander hilfreich werden könnten in ihrer unfreiwillig selbst gewählten leidvollen Einsamkeit. Ich hatte einige Zeit vorher in getrennten offenen Aussprachen mit beiden diese Hoffnung ausgedrückt und mit ihrem Einverständnis eine gemeinsame Sitzung arrangiert. Zu Beginn gab ich jeder von ihnen einen Zettel, auf den ich eine Parabel des persischen Psychotherapeuten Nosrath Peseschkian getippt hatte. Sie heißt »Der Kaufmann und der Papagei« – ich möchte sie hier wiedergeben:

»Ein orientalischer Kaufmann besaß einen Papagei. Eines Tages stieß der Vogel eine Ölflasche um. Der Kaufmann geriet in Zorn und schlug den Papagei mit einem Prügel auf den Hinterkopf. Seit dieser Zeit konnte der Papagei, der sich vorher intelligent gezeigt hatte, nicht mehr sprechen. Er verlor die Federn auf dem Schädel und wurde bald ein Kahlkopf. Eines Tages, als er auf dem Regal im Geschäft seines Herrn saß, betrat ein glatzköpfiger Kunde den Laden. Sein Anblick versetzte den Papagei in höchste Erregung. Flügelschlagend sprang er umher, krächzte und fand schließlich zur Überraschung aller seine Sprache wieder: ›Hast du auch die Ölflasche heruntergeworfen und einen Schlag auf den Hinterkopf bekommen, so daß du nun keine Haare mehr hast?‹«[218]

Das Wiedererkennen des eigenen Leidens im jeweiligen anderen, das Erkennen des Leidensgefährten also, das versprach ich mir von der Mitteilung dieser Geschichte an die beiden Mädchen.

Irenka zeigte nach dem ersten Gespräch durchaus Bereitschaft, den Kontakt zu der anderen zu vertiefen. So verabredeten wir also den gemeinsamen Ausflug.

An einem Samstagnachmittag standen wir drei vor der Tür von Irenkas Elternhaus und klingelten zur verabredeten Zeit. Niemand öffnete. Wir versuchten es immer wieder und klingelten schließlich Sturm. Irgendwann öffnete sich dann die Tür, und Irenka stand vor uns – noch völlig schlaftrunken, mit Augen, so fern wie in der ersten Zeit unseres Kennenlernens und völlig »zerknautscht von oben bis unten«. Ich überspielte mein eigenes Erschrecken mit ein paar flapsigen Bemerkungen, und bald waren wir gemeinsam unterwegs. Es wurde ein schöner Nachmittag, den wir mit einem gemütlichen Abendbrot auf dem Balkon abschlossen.

Irenka kam in die nächste Sitzung mit der Überzeugung, daß nun »sowieso alles kaputt« sei[219], weil sie verschlafen hatte. Daß ich es so schön fand, konnte sie kaum glauben. Warum mußte sie verschlafen? Sie könne sich einfach nicht vorstellen, daß Menschen sich auf sie freuten. Außerdem habe sie Angst gehabt, wir kämen mit Erwartungen, die sie nicht erfüllen könne. Als sie dann unsere erwartungsvollen Gesichter vor der Haustür gesehen hatte, habe sie gleich gedacht: »Jetzt enttäuschst du sie von Anfang an schon wieder!« Wieder hält sie es für sicher, daß sie gerade dort, wo sie selbst interessiert ist, über kurz oder lang abgelehnt wird. »Und also richtest du es auch planvoll ein, daß es so kommen muß!« konterte ich. Die Konfrontation mit dem »Selbstgestrickten« an ihrem Lebensmuster ist bitter für sie. Sie hat nun Angst davor, daß sie sich mit mir und mit der Therapie in einen Prozeß einläßt, der ihre eigene Aktivität erfordert.

Eines ihrer »Ausweichmanöver« gegenüber Beziehungsaufnahme im Hier und Jetzt bestand in dieser Zeit in einer intensiven gedanklichen Beschäftigung mit dem Tutor in Frankreich und seiner Familie. Sie überlegte, wie sie wieder Kontakt zu ihm bekommen, eine Freundschaft über Hunderte von Kilometern führen könnte. Mit diesen Phantasien versuchte sie aber auch, die von Angst bedrohten schlaflosen Nachtstunden zu füllen, die sie jetzt in einem gewissen Umfang bewältigen mußte, weil sie auf eigenen Wunsch mit der Dosis ihrer Schlaftabletten zurückging.

Pseudokontakte und Intellektualisierungen benutzt der schizoide Mensch nach Lowen, um den Kontakt zur Wirklichkeit aufrechtzuerhalten und ein Verhaltensmuster zu stützen, das ihm erlaubt, eine normen-ähnliche Rolle zu spielen. Über diese unbewußte Rolle gewinnt er Identität und Sinn für seine Aktivitäten. Die Gefahr der inneren Auflösung oder des Sturzes in das Grauen könne vermieden werden, solange er sie durchhalte. Doch das Fundament der Existenz bleibt durch dieses Rollenspiel eingeengt. Angesichts der Konfrontation mit dem Selbst könne eine angenommene Identität zerbröckeln. Deshalb fürchte sich der Schizoide oft davor, mit sich und seinen Gedanken allein zu sein. »Alle Aspekte seines Abwehrmechanismus (und seiner Ausweichmanöver) machen ihn also für eben diese Probleme besonders anfällig, die sie eigentlich abwenden sollen.«[220]

Im Schutz unserer Beziehung konnte Irenka akzeptieren, daß sie der französischen Familie gegenüber noch immer die Rolle des Kindes spielte, das eine heile Familie sucht. Sie knüpfte bald lockere Kontakte nach Frankreich und hat diesen Kontakt auch weiter zu erhalten versucht.

5.13 Individualpsychologische Traumarbeit und Betrachtung früher Kindheitserinnerungen

Im folgendem möchte ich nun einen Traum vorstellen, den Irenka mir ein halbes Jahr nach Therapiebeginn – kurz vor der »Geburt« des Kameles – erzählte. Sie war bis dahin sehr zurückhaltend im Preisgeben von Träumen gewesen. Nach der Aufzeichnung des Tonbandprotokolles, das ich von ihrem Traum gemacht habe, gebe ich unsere gemeinsame Verstehensarbeit wieder, zu der auch die Verknüpfung mit frühen Kindheitserinnerungen gehört, die sie ebenfalls überwiegend blockiert hatte. – Eingehen werden in meine Darstellung auch einige Hinweise, die ich damals aus der Kontrollbesprechung im »Centrum für psychoorganische und psychosoziale Hilfe, Frankfurt« unter der Supervision von Ernest Jouhy erhielt.

Vorab gebe ich eine kurze Zusammenfassung des individualpsychologischen Verständnisses von der Bedeutung der Früherinnerungen und der Träume. Alfred Adler sagt hierzu:

> »Die Erinnerungen eines Menschen zählen unter all den seelischen Ausdrucksformen zu denjenigen, die am meisten enthüllen. Seine Erinnerungen sind die Mahner, die er mit sich herumträgt. Sie zeigen ihm seine eigenen Grenzen auf und erklären ihm die Bedeutung der Umstände. Es gibt keine ›zufälligen Erinnerungen‹: aus einer nicht zu berech-

nenden Anzahl von Eindrücken, die auf den Menschen einwirken, wählt er für seine Erinnerung nur jene aus, von denen er, wenn auch dunkel, fühlt, daß sie eine Beziehung zu seiner Situation haben. So stellen seine Erinnerungen die ›Geschichte seines Lebens‹ dar; eine Geschichte, die er sich selbst immer wiederholt, damit er gewarnt oder ihm gut zugeredet wird, immer aber, damit er auf sein Ziel ausgerichtet bleibt. Er wird mit Hilfe vergangener Erlebnisse also so vorbereitet, daß er der Zukunft mit einem schon geprüften Handlungsstil gegenübertritt. – – –

Wir müssen bedenken, daß alte Erinnerungen keine Gründe sind – sie sind Hinweise. Sie deuten die Bewegung auf ein Ziel hin an und welche Hindernisse zu bewältigen waren. Sie zeigen, wie ein Mensch dazu kommt, sich mehr für die eine Seite des Lebens zu interessieren als für die andere...«[221]

Für die Bearbeitung der Kindheitserinnerungen stellt Adler »die skeptische Frage, ob wir in der Deutung von Erinnerungen und ihres Zusammenhangs mit dem Lebensstil angesichts der Vieldeutigkeit einzelner Ausdrucksformen nicht leicht fehlgehen können. Freilich wer die Individualpsychologie mit rechter Künstlerschaft betreibt, dem versagen sich die Nuancen nicht. Aber auch er wird trachten, Irrtümer aller Art auszuschalten. Der Möglichkeiten gibt es genug. Hat er in der Erinnerung eines Individuums das wirkliche Bewegungsgesetz desselben gefunden, dann muß er das gleiche Bewegungsgesetz in allen anderen Ausdrucksformen wieder finden. Soweit es sich um die Behandlungen von Fehlschlägen aller Art handelt, wird er sich viele Bestätigungen nachweisen müssen, bis auch der Patient von der Richtigkeit des Nachweises überzeugt ist.«[222]

Eine andere »Ausdrucksform« – neben dem Verhalten – des Individuums, das wie seine Erinnerung als sein ureigenes Erzeugnis verstanden werden kann, in dem sich sein Lebensstil spiegelt, ist der Traum. Auch für seine Be-Deutung gilt nach Adler: »Die einzig gültige Traumdeutung ist die, welche sich mit dem allgemeinen Verhalten des Individuums, mit ersten Erinnerungen und Problemen in Einklang bringen läßt.«[223]

Die Unterschiede zu Freud, den Adler im übrigen als den Begründer einer wissenschaftlichen Traumtheorie ehrte, gründen sich auf die Kritik der Libidotheorie. Ich verweise in diesem Zusammenhang auf das ausgezeichnete Buch »Träume und Tagträume« von Rainer Schmidt[224], dem derzeitigen Vorsitzenden der Deutschen Gesellschaft für Individualpsychologie, der dort u. a. präzise zusammenfaßt, was die IP in dieser Hinsicht ablehnt:

»1. Die Auffassung, daß ein unerlaubter Triebwunsch der Erreger des Traumes sei.
2. Die Annahme einer Traumzensur.
3. Die Festlegung von Traumsymbolen, die nicht aus dem Erfahrungshorizont des Träumers erklärt werden.
4. Die Annahme, daß der Traum einer Regression folgt.«[225]

Schmidt[226] stellt zehn Thesen einer individualpsychologischen Traumtheorie auf, deren erste und wichtigste in Adlers Einschätzung des Traumes als einer Ausdrucksform des Lebensstils besteht, der immer diktiert ist von dem Ziel, die Minussituation einer vom Individuum in den frühen Jahren wahrgenommenen Minderwertigkeit zu kompensieren. In diesem Sinne folgt jeder Traum einer Linie von Minus nach Plus. »Adler sagt, daß jede Kompensation einer wahrgenommenen Minderwertigkeit stets als Überkompensation angelegt wird.«[227]

Mit dem überideal angelegten Ziel geht es dem Menschen dann wie mit dem Jenseits als Ideal gegenüber der tristen Diesseitigkeit: es zwingt ihn zur Realitätsverleugnung und trennt ihn damit heraus aus den realen Aufgaben und Bezügen seiner sachlichen und persönlichen Lebenswirklichkeit, die damit zugleich entwertet wird. Im Sinne dieses Bewegungsgesetzes hat »der Traum (–) vor allem die Funktion, das Selbstwertgefühl des Träumers nicht sinken zu lassen«.[228]

Der eigens zur Therapiestunde produzierte Traum hat dabei die Besonderheit, daß »er (–) häufig ein Teil des Dialoges mit dem Therapeuten und eine verschlüsselte Botschaft an ihn«[229]

ist, die sich aber auch dem individuellen Bewegungsgesetz des Träumers einfügt. Dabei können wir beobachten, daß »ein häufiges Mittel zur Kompensation der im sozialen Vergleich wahrgenommenen Minderwertigkeit im Traum (–) das der Entwertung der andern«[230]

ist, da der Traum »Elemente der unteilbaren Ganzheit der Person des Träumenden und seines unauflösbaren Verflochtenseins in einen sozialen Kontext (verdichtet)«.[231]

Im Sinne dieser sich auch in den Träumen spiegelnden Einheitlichkeit des Lebensstiles ist dann auch »jedes Traumelement eine Spiegelung des Träumenden selbst«[232]

und »die im Traum auftretenden Symbole sind zwar Ausdrucksform des kulturellen Zusammenhangs, in dem der Träumende steht, sie sind aber nur zu verstehen auf dem Hintergrund seines individuellen Lebensstils«.[233]

In klarer Abgrenzung zu Freud formuliert Schmidt seine drei letzten Thesen zur individualpsychologischen Traumtheorie:

»Eine Traumzensur im Sinne einer Abwehr unerlaubter Triebanteile kommt nicht vor. Abgewehrt wird vielmehr eine drohende Beeinträchtigung des Selbstwertgefühles,«[234]

und in Präzisierung dieser Aussage: »Was Freud Widerstand nennt, ist in Wirklichkeit eine Entwertung jener das Selbstwertgefühl des Ich bedrohenden Traumgedanken.«[235]

Seine letzte These:

»Eine Verdrängung findet nicht statt. Auch der Traum unterliegt den Gesetzen der tendenziösen Apperzeption. Es wird zum Bewußtsein nicht zugelassen, was nicht in den ›Lebensstilkram‹ (Adler) paßt.«[236]

Unter Anleitung von Ernest Jouhy lernte ich gleichzeitig, das Traumgeschehen wie ein Bühnendrama anzusehen. Der Träumer ist auch hier als zielgerichtete Einheit zu verstehen. Er ist Schreiber, Regisseur, Bühnenausstatter ebenso wie er seinen Ausdruck findet in den handelnden Personen, dem dramatisierten Inhalt, der Zeit und dem Ort der Handlung. Oft hat der Traum – wie das Drama – mehrere Akte und Bilder, deren Handlungsablauf – dem roten Faden eines Schauspieles gleichend – in einem endlichen Ziel kumuliert, das – wie oben dargestellt – der Sicherung des Selbstwertgefühles dient.

In der nun folgenden Traumdarstellung handelt es sich um einen sehr langen Traum. Dazu einführend noch einmal eine Einschätzung Alfred Adlers:

»Träume, die sehr lang oder sehr kompliziert sind, werden von Patienten geträumt, die in ihrem Leben übertriebene Sicherheit mittels überlistender Umwege suchen, oder von Patienten, die für ihre Probleme verschiedene Lösungen ins Auge fassen. Solche Träume deuten im allgemeinen eine Verzögerung an und weisen darauf hin, daß der Patient den Wunsch hegt, sogar seine eigene, selbstbetrügerische Lösung – falls sie als nicht erfolgversprechend erscheint – zurückzustellen.«[237]

Protokoll von Irenkas Traum, den sie selbst in die folgenden Bilder einteilt:

1. Bild
Ich saß mit Freunden aus der Schweiz zusammen (Internat, wo sie Abitur gemacht hat), das waren drei Jungen und ein Mädchen. Wir sprachen über Bekleidung und was das Natürlichste wäre, das wäre also, nackt rumzulaufen, wenn es nicht zu kalt wäre.

2. Bild
Das nächste, an das ich mich erinnere, war dann, daß wir mit dem Flugzeug abgestürzt waren und vor einer Küste waren, die nur aus Schlamm bestand. Wo man also eingesackt wäre, wenn man an Land gegangen wäre. Und da sind wir dann dran entlang geschwommen, und da steckten so komische Pfähle im Wasser. Die haben wir nicht beachtet und sind weitergeschwommen, und zwar einen Tag und eine Nacht lang. Am nächsten Morgen haben wir gesehen, daß wir an eine bewohnte Küste kamen, wo man auch an Land gehen konnte.

Und während wir schwammen, sind wir immer noch untergetaucht. Da waren riesige Frösche und Spinnen, die einem über die Haut gingen. Vor allen Dingen so fette Spinnen in dieser Größe (sie zeigt eine handtellergroße Form) und mit 16 Beinen. Da haben wir uns so von Froschschenkeln ernährt. Auf meine Nachfrage: Gefühl gegenüber Spinnen? Ekel, gegenüber den Fröschen nicht. Sie waren so groß wie Karpfen, und die Beine konnte man ganz leicht herausmachen, indem man mit dem Finger dahintergriff.

3. Bild

An der Küste kamen uns Leute entgegen, die zwar Kleidung trugen, die aber nur als Schmuck benutzten. Wir waren nackt. Die Leute haben uns bunte Hemden gegeben und Fleisch angeboten, gebratenes, so irgendwas vom Rind, ganz fein geschnitten, hat gut geschmeckt. Sie waren unheimlich freundlich, haben uns da aufgenommen. Da haben wir denn auch einige Zeit gelebt – ich weiß zwar nicht, über welchen Zeitraum, bis dann – das Dorf hieß Akiura – ein Bilun kam, also ein böser Wind. Wir standen alle auf dem Deich und guckten, wie das Wasser immer höher schwappte, bis wir schließlich selber plötzlich im Wasser standen.

4. Bild

Dann haben wir versucht, die Kinder rauszuholen aus dem Wasser. Ich hab' eine Frau rausgeholt und zwei Kinder. Das eine war ein Baby, also ein Junge, und die Frau, die Mutter, hat sich immer wieder bei mir bedankt und hat gesagt: Tiny little baby-boy. Das andere Kind war ein Mädchen. Die Frau hat sich aber besonders bedankt, daß ich den kleinen Jungen gerettet habe.

5. Bild

Das nächste, woran ich mich erinnern kann, war, daß Wikinger kamen. Sie haben mit Gesang ihr Schiff auf den Strand gezogen. Es wirkte wie aus dem Bilderbuch, war fast schon lächerlich. Zuerst haben wir uns mit Pfeilen gegen die verteidigt, als die angriffen, und später mit Lanzen und Säbeln und was an Waffen so da war.

Ich war in einer Hütte drin und sah, wie eine Frau von einem Wikinger umgebracht wurde, an der mir sehr viel lag. Und daraufhin bin ich auf den Wikinger losgegangen, und der hat mich dann am Bein verwundet. Ich hab' ihm dann meinen Säbel in den Leib gestoßen, ich wollte ihn eigentlich gar nicht töten, aber er stieß weiter zu, und da mußte ich ihn irgendwie dran hindern. Als ich sicher war, daß er an der Wunde sterben würde und sich nicht mehr rühren konnte, da meinte er plötzlich: »Liebst du mich?« Und das hat mich unheimlich fertig gemacht, daß ich einen Menschen umgebracht hatte. Auf Frage: Da war nicht nur ein Gefühl der Trauer, da war auch

Zuneigung. Der Wikinger ist gestorben. Das nächste, woran ich mich erinnern kann, war, daß die Wikinger überhaupt nicht überlebt hatten, aber drei von den Dorfbewohnern und die Nelly, meine Freundin.

6. Bild
Die jagte mit denen im Norden der Insel. Und mit der habe ich auch eine Ballonfahrt unternommen über die Insel und später auch mal zu einer Stadt hin, die auf dem Festland lag. An dem Ballon war ein Anker dran. Als wir den noch an Bord hatten, war die Gondel so schwer, daß sie praktisch einen Meter über dem Wasser hing. Da haben wir den runtergelassen und haben die Schnur mit hochgenommen, so daß wir etwa 200 m Schnur hatten. Da konnte der Ballon dann aufsteigen. Frage: Bliebt ihr unten verankert während der Ballonfahrt? Nicht während der ganzen Fahrt. Der Anker ging irgendwie verloren oder war einfach nicht mehr da.

Die Stadt, über die wir geflogen sind, war so wie Los Angeles oder New York, mit Wolkenkratzern. Das hat mich eigentlich weniger interessiert. Wir hatten eine Karte mit, auf der haben wir das Dorf auf der Insel gesucht. Aber wir haben es nicht gefunden. Da waren andere Namen, so wie Obi und andere ähnliche exotische Namen. Aber Akiora war nirgends eingezeichnet.

7. Bild
Dann kamen wir an einen Boxring. Wir sind vom Ballon aus runtergestiegen, das war eigentlich ganz lustig, er war zur Hälfte unter Wasser zwischen Bäumen. Das Wasser war hüfthoch. Der eine Boxer war schon total kampfunfähig und lag im Wasser, der andere hatte ihm ein Seil um den Hals gelegt und zog immer mal kurz dran, damit der Luft holen konnte und nicht im Wasser ersoff. Es sah reichlich lächerlich aus, besonders weil er so fett war. Dann sind wir wieder weggeflogen. Wir haben gesehen, daß das Wetter sich verschlechterte und haben vorausgesehen, daß wieder ein Bilun kommen würde.

8. Bild
Dann haben wir den Ballon runtergelassen. Die Siedlung war inzwischen wieder belebt, da waren sehr viele Menschen da.

Da haben wir alles, was an Wertsachen da war, also Pflanzen und so, rausgerissen aus dem Dorf und haben das an eine höher gelegene Stelle gebracht den Abhang hinauf. Dann setzte der Bilun halt eben schon ein. Diesmal war er stärker und hat das gesamte Dorf weggerissen. Aber wir waren ja am Abhang oben und da ist uns nichts passiert. Ich kann mich erinnern, daß die höchste Welle nur bis zu unseren Füßen kam. Dann kann ich mich an nichts mehr erinnern.

Zurück blieb nur noch tagelang Geruch und Geschmack von Tang.

Sie erwacht mit einem guten Gefühl und dem Bedauern, daß der Traum zu Ende ist, »denn in Akiora ist es schön«, und sie fühlt Sehnsucht nach jenem Ort mit den freundlichen Menschen, der aber auf keiner Karte zu finden ist.

Ich habe dieses »gewaltige Opus« Irenkas als Traumbeispiel gewählt, weil ich meine, daß hier typische Elemente ihres Leidens als Ausdruck ihrer Finalität besonders deutlich zum Ausdruck kommen. Dabei ist nicht auszuschließen, daß es sich hier um eine Mischung aus Schlaf- und Wachtraum handelt, denn Irenka sagte, sie sei zwischendurch aufgewacht und habe dann gewünscht, weiter von der Insel und Akiora zu träumen. An welcher Stelle des Traumes sie aufgewacht sein könnte, wußte sie nicht. Da wir aber auch im individualpsychologischen Umgang mit Tagträumen davon ausgehen, daß sich hier Lebensstiltypisches des Träumers widerspiegelt, wird die Aussage dieses Traumes dadurch nicht verändert.

In der nun folgenden Betrachtung von Irenkas Traum werde ich versuchen, das Bewegungsgesetz des Traumes zu vermitteln, sowie den Versuch der Entschlüsselung seiner individuellen Dynamik in seinen einzelnen Teilen, um schließlich eine Gesamteinschätzung seiner Bedeutung zu geben. Dabei ist auf die Gefahr bei der Traumbetrachtung hinzuweisen, daß auch der Psychotherapeut seiner tendenziösen Wahrnehmung unterliegen oder seinen Vorurteilen anheimfallen kann. Zu Recht weist Schmidt darauf hin, daß die Annahme, unsere Theorien seien Wahrheiten, dazu verführen könne, den Traum den Theorien anzupassen und seinen Sinngehalt dabei zu zerschlagen. Gerade bei der Traumarbeit geht es ständig darum, die eigene Wahrnehmungsfähigkeit zu schärfen. »Alle Wahrheit über den Traum liegt im Traum selber und nicht in unserem Vorwissen. Deswegen tun wir gut daran, ihm zu begegnen etwa wie ein Literaturwissenschaftler, den Aufbau zu betrachten, die genaue Wirkung der Bilder, die Wahl der Worte, die innere Dynamik zu begreifen. Wir brauchen dabei Verstand und Phantasie.«[238]

Der wichtigste Schlüssel für das Verständnis des geträumten »Problemlösungsversuches« liegt in der Individualpsychologie – wie auch bei Freud – in den Assoziationen des Träumers. Nur von ihm können wir erfahren, was er als frühe Kränkung seines Selbst(wert)gefühles erfahren und in welcher Weise er schöpferisch-kompensatorisch versucht hat, darauf zu reagieren.

Das Problem des Traumes, die dem Träumer widerfahrene Kränkung und das damit verbundene Gefühl der Minderwertigkeit, ist – wie oben zitiert – sein Minus. Wie sein Lösungsentwurf, sein Plus, aussieht, in dem sich sein individuelles finales Bewegungsgesetz im Leben widerspiegelt, danach befragen wir seine Träume wie alle sonstigen Ausdrucksformen seiner Existenz.

Irenkas Gefühle im Traum sind eine ständige Bewegung von Minus nach Plus. Dem Ekelgefühl gegenüber den Spinnen folgen die guten Gefühle bei der Ankunft auf der Insel, dem Bedrohlichen des »Biluns« die guten Rettergefühle, der Angst vor dem Wikinger die Gefühle der Zuneigung und der Sieg über ihn, dem Widerlichen der Boxerszene begegnet sie mit Gefühlen der Lächerlichkeit, dem Drohenden des zweiten Biluns wiederum mit den guten Gefühlen des mitarbeitenden Retters und schließlich des Überlebens. Sie ist immerfort beschäftigt, Gefahren oder Bedrohliches abzuwehren oder zu überstehen.

Irenka versuchte sich ihrer Mitarbeit bei der Betrachtung der Träume, die in der Produktion von Einfällen zu den verschiedenen Bildern liegen sollte, immer wieder durch hartnäckiges Schweigen bzw. die Bemerkung, ihr fiele dazu nichts ein, zu entziehen. Sie mußte ein langes Training im Nicht-vermitteln ihrer innersten Nöte hinter sich haben. Der Umstand, daß sie andererseits keine Sitzung versäumte, zeigte mir ihre große Sehnsucht nach dem Interesse eines Mitmenschen. Ich werde ihre Einfälle hier durch solche eigenen

Ein-sichten ergänzen, mit denen sie sich zum damaligen Zeitpunkt noch nicht konfrontieren konnte.

Zum ersten Bild fällt ihr ein, daß sie Nackt-sein an sich gar nicht schätzt. Seit sie weibliche Formen entwickelte und übergewichtig wurde, lehnt sie ihren eigenen Körper ab. Trotzdem wird Nacktsein als »das Natürlichste« im Traum bezeichnet. Es könnte hier stehen für Anderssein, für Ablehnung der gängigen Formen des Zusammenlebens. Die hier zusammensitzen und darüber sprechen, waren alle fern von ihren Elternhäusern. Es mußten dramatische Erfahrungen – und gewiß nicht solche der Solidarität und Akzeptation – vorausgegangen sein, ehe es sie – wie Irenka – hierhin verschlug. Ihr fällt nun auch ein, daß sie schon Wochen zuvor mit ihnen Koffer gepackt hatte – nach einem Konflikt mit der Mutter – und zum Bruder in seine Wohngemeinschaft gezogen war. Danach ging sie ins Internat. Ihr wäre der Abschied leichtgefallen, den Eltern nach ihrer Wahrnehmung auch nicht schwer. (Und waren nicht auch die, die in der Schweiz zusammensaßen, ent-kleidet aller Wärme und Geborgenheit, die die Gruppe Familie zu geben vermag, die ihnen aber offensichtlich nicht oder nicht mehr zugute gekommen war?!)

Zum Flugzeugabsturz fällt ihr gar nichts ein. Ich denke mit ihr an ihren Zusammenbruch in Frankreich, mit dem ihre »Erkrankung« offenbar wurde, den sie sich zutiefst verübelt und als schweres Versagen ankreidet. Sie hatte gehofft, in einem »Höhenflug« ihr ganzes bisheriges Leben hinter sich lassen zu können, vor allem das nicht enden wollende Drama in der elterlichen Ehe und die Overprotection der Mutter. Noch jetzt kommen ihr Tränen der Scham, weil sie »wieder etwas nicht geschafft« hatte.

Sie stürzt in das Element der Spinnen und Frösche, der Zugang zum rettenden Festland – zur menschlichen Gemeinschaft – wird ihr durch die äußeren Bedingungen verwehrt. (Schlamm und Pfähle – sie will es noch nicht wissen, könnte es noch nicht ertragen – hat sie geschaffen, um die Rückkehr unmöglich zu machen dorthin, wo sie sich nicht mehr zu Hause fühlen konnte – unter den Menschen. Seit ihrem Zusammenbruch hatte sie sich immer mehr zurückgezogen in sich, schließlich den Suizid geplant.)

Jetzt schwamm sie zwischen Spinnen und Fröschen. Die

Spinnen hatten 16 Beine, die konnte sie unter Wasser zählen. Sie fand das selbstverständlich so wie ich befremdlich. Eine ist mit einer Schleimspur über ihr Gesicht gekrochen – eklig! Trotzdem: »Ich habe immer versucht, mit Spinnen auf einen Nenner zu kommen.« Seit der Pubertät habe sie sie über ihre Arme laufen lassen, um keine Angst mehr vor ihnen zu haben, und damit keiner sie mehr mit einer Spinne erschrecken könne. Sie selber habe einmal mit einer Klasse zusammen eine Lehrerin mit Spinnen und Kriechtieren, die sie ins Pult versteckt hatten, erschreckt.

Eine frühe Erinnerung fällt ihr jetzt auch ein: »Als ich noch ganz klein war, habe ich einmal eine Mücke aus einem Spinnennetz befreit. Es war sehr schwierig, die Schleimfäden von ihr abzumachen. Aber ich hatte Angst, daß sie von der Spinne gefressen wird.« Sie ist in ihrem Gefühl ganz nah bei der Mücke, sie ist jetzt selbst die kleine Mücke, so eingesperrt fühlt sie sich in sich. Und im Traum zieht ihr jetzt eine Spinne Schleimfäden übers Gesicht.

Mir fallen hierzu noch die Angaben der 12jährigen Irenka zum Thema »Angst« aus einem Schülerfragebogen ein, den sie in einer Schublade wiederentdeckt hat: »Ich habe Angst, daß ich zerquetscht, erdrückt und ersticken würde. Ich habe Angst um mein Meerschweinchen. Ich habe Angst um alle Lebewesen. Ich habe Angst vor Ungerechtigkeiten.«

Näher wollte sie nun nicht mehr heran an die Spinnen, »mit denen sie immer auf einen Nenner kommen wollte«. (Der »böse Anteil« der Mutter in der Spinne, der immer dem erstgeborenen Bruder den Vorteil in ihrer Wahrnehmung gegeben hatte und ihr die un-bewußte Ablehnung, war etwas, was sie noch nicht ertragen konnte. Soviel Angst und Scham, daß es ihr nicht gelungen war, mit ihr, der Mutter, »auf einen Nenner zu kommen« wie der Bruder, konnten nur stückchenweise zugelassen und bearbeitet werden, damit sie sich nicht wieder zurückzog.)

Neben den Spinnen gab es die Frösche, denen sie die Beine aus dem Leib holten. Irenka fiel als erstes ein, daß der Bruder vor kurzem in die Klinik gekommen war, wo ihm für sein verunglücktes ein künstliches Bein eingesetzt werden sollte. Sie äußerte Mitgefühl, meinte aber sehr sachlich, er müsse lernen, damit zu leben. Die ganze Aufregung der Mutter würde ihn nur noch mehr belasten. Hilfsmöglichkeiten von ihrer Seite sah sie nicht, da der Bruder ja »ein sehr liebes Mädchen als Freundin« habe.

Im übrigen seien ihr Frösche immer sympathisch gewesen. Ein friedliches Kindheitsbild steigt in ihr auf: Sie wandert mit der Großmutter durch die Heide vorbei an einem Tümpel, wo die Frösche quaken. Das war schön. Später hat sie sie gerne hüpfen gesehen auf Wegen oder an Teichen. Sie sind »schnell, agil, lebensbejahend«. Hier lacht sie ein bißchen: »Dabei fällt mir schon wieder mein Bruder ein.« Zu ihrem eigenen Eingriff in die »Integrität« der Frösche durch das Beinerausmachen sagt sie nur abweisend: »Wir mußten uns ja ernähren.« An das »Ernähren« hat sie allerdings keine Erinnerung. »Ich weiß nur, daß wir Beine rausgemacht haben. Die Frösche schwammen dann ganz ruhig weiter. Es waren sehr starke Tiere.« (Der Bruder war auch stark und groß. Immer wollte sie ihn einholen, wollte sein wie er. Er kränkte sie oft beim gemeinsamen Spiel. Jetzt schwächt sie ihn durch einen aggressiven Akt, den sie noch im Traum »rationalisiert« mit »ernähren«. Sie tut ihm im Traume das an, von dem sie aus der Realität wußte, daß es eine schwere Beeinträchtigung des starken Bruders und eine tiefe Kränkung der Mutter bedeutet: der Verlust des Beines.)

Mit den über-menschlichen Kräften, die sie sich im Traum gibt, kann sie dann auch 24 Stunden lang schwimmen. Sie findet nichts Außergewöhnliches daran. Ihre Augen blicken abweisend. Trotzdem können wir uns darüber einigen, daß wir beide dazu in der Realität nicht in der Lage wären.

Dann kommt sie nach »Akiora«. Ihr Traum begann mit dem Abstandnehmen von allgemeinen Konventionen des Zusammenlebens. Auf diese Deutung konnte sie sich einlassen. Als ich sie nach der Bedeutung des Wortes »Akiora« fragte, sagt sie, als sei dies die größte Selbstverständlichkeit: »Aokigahara.« Sie will und kann noch nicht verstehen, daß sie sich damit auch von der allgemeinen Umgangssprache distanziert,[239] was sie mit den Bezeichnungen »Bilun« für »bösen Wind« und »Obl« für einen anderen Ort auf der Insel fortsetzt. Statt ihre Wirklichkeit zu bewältigen, baute sie ihre innere Nebenwelt aus. In dieser Welt war sie willkommen, hier waren die Menschen freundlich, hier trotzte sie siegreich und überlegen allen Gefahren wie den Winden und den Wikingern. Es war alles in sich privat-logisch durchkonstruiert – abgetrennt von ihrer Wirklichkeit: mit dem Meerschweinchen und der Mücke, mit ihrem Scheitern und ihrer Scham, mit ihrem Gefühl des eigenen Unwertes und ihrem ohnmächtigen Schweigen.

Wir kamen nun zu dem vierten Bild, wo sie die beiden Kinder rettet. Ich bat um Einfälle zu der Szene, vor allem zu der Wichtigkeit von Baby-boy. Sie blockierte vollständig – und vermittelte mir nonverbal, daß sie nicht bereit sei, hier weiter zu verweilen.

(Ich füge meinen Einfall zu Baby-boy ein: Sie machte ihn im Traum kleiner als sich selbst – die beiden Kinder waren der Bruder und sie – beide dem Ertrinken nahe, nicht nur sie selbst. Nun kann sie der Mutter endlich ihren – größeren – Wert erweisen, indem sie sie selbst und die beiden Kinder rettet. Trotzdem bleibt die Mutter bei ihrer größeren Wertschätzung für den Bruder. Sie muß also »größeres« leisten.)

Wir kamen zum Angriff der Wikinger im 5. Bild.

(Das Klischeehafte dieses Symboles wie auch der Ankunftsszene zeigt, genau wie die Hollywoodeinstellung bei Irenkas Ankunft auf der Insel, den Mangel an Kreativität im Vergleich zu den Bildern »normal-neurotischer« Träume.)

Wikinger kennt Irenka von Zeichnungen, von ihrer Asterixlektüre und von einem »kitschigen Wikingerfilm«, den sie mal gesehen hat. Ihr erster Kommentar zu dem Verhalten der Wikinger: »Die hatten anscheinend nie gelernt, gewaltfrei zu kommunizieren. Obwohl sie Fremde auf der Insel waren und nicht wußten, wo sie sich befinden, griffen sie gleich an. Als ob sie im Feindesland wären.« Welche Erfahrungen von ihr gehen da ein? »Ich muß sofort an meinen Vater denken. Der hat auch nicht mit uns gesprochen.« Das wäre gewaltfreie Kommunikation für sie gewesen. Wie hat sie die väterliche Gewaltausübung erfahren? »Das Schlimmste war, daß er mich einfach lächerlich gemacht hat und hilf-los. Wenn ich ihn um Hilfe gebeten habe, hat er so lange drumrumgeredet, bis ich heulend abzog. Einmal hatte ich etwas in der Schule angestellt, aber ich fühlte mich im Recht. Er hat sich trotzdem voll auf die Seite der Lehrer gestellt. Und so hat er das immer gemacht.«

Als wir in einer nächsten Stunde zu der Kampfszene zwischen ihr und einem der Wikinger kommen, der vorher die Frau, an der ihr »sehr viel lag«, umgebracht hatte, geht sie sofort auf Kontrakurs: »Das soll ja nun nicht schon wieder etwas mit meinem Vater zu tun haben. So schlimm war der gar nicht.« Ich erwidere nur ruhig, daß *ihr* hier der Vater eingefallen wäre. Wir könnten z. B. überlegen, was im Zusammenhang mit ihm die Beinverletzung, die er ihr beibrachte, bedeuten könnte. (Das schien mir die »ungefährlichste« Stelle in der Szene zu sein.)

Mit Hilfe einiger Fragen von mir stellt sie eine Assoziationskette her: »Beine brauche ich zum Gehen. Gehen-können ist auch Selbständigwerden. Der Wikinger ist also einer, der versucht, mich unsicher zu machen. Ich fühlte, daß er mich noch mehr verletzen würde. Er stach ja auch weiter zu. Da habe ich auch zugestochen. Wie furchtbar es war, daß ich ihn umgebracht habe, wußte ich erst, als er fragte: ›Liebst du mich?‹ Vorher konnte ich vor Angst nicht denken. Ich hatte Haß auf ihn, weil er die Frau umgebracht hat. Nach meiner Erfahrung hören solche Leute nicht eher mit ihrer Gewalt auf, bis sie Gegengewalt bekommen.«

Was hat das mit ihrer Wirklichkeit zu tun? Sie fühle sich sehr schnell angegriffen und bedroht und wehre dann alles ab. Wir können offen darüber sprechen, wie das auch in ihrem Verhalten in der Therapie immer wieder deutlich wird, z. B. wenn sie durch Schweigen unsere Arbeit blockiert.

Zu der – hier tödlichen – Aggressivität des Wikingers gegen die Frau, hinter der sie von ihrem Gefühl her eindeutig die Mutter vermutet, fällt ihr ein frühes Bild ein:

Die Mutter sitzt mit den beiden Kindern in der verschlossenen Toilette, wohin sie sich vor dem tobenden betrunkenen Vater geflüchtet hatte, und drückt die beiden Kinder weinend an sich. Mir fällt ihr Anfangsbild vom Orang-Utan ein, in das auch das Bedrohliche, das sie im Vater erlebt hat, eingeht. Sie erzählt, wie oft die Mutter habe weggehen wollen, aber sie habe es nie geschafft. »Ihren Beruf schafft sie. Aber privat weiß sie nicht, was sie will«, ist der bittere Kommentar Irenkas.

Zum Tod der Frau (Mutter) in diesem Bild wollte Irenka sich nicht äußern. Wie oft mochte sie ihren Tod gewünscht haben angesichts der Bevorzugung des Bruders. Ihre tiefe Angst vor diesen aggressiven Gefühlen wird auch darin deutlich, daß sie die Mutter durch den Wikinger umbringen läßt. Dann kann sie selbst gegen diesen aggressiv werden. Erst der sterbende Wikinger begegnet ihr auch als der potentielle männliche Liebespartner. Das ersparte ihr jede Konfrontation und entsprach darin ihrer Wirklichkeit, die auch von den »heimlichen« Liebesangeboten des Vaters schizoidisiert worden war, wovon sie erst viel später offen sprechen konnte.

Übriggeblieben sind nur Irenka, drei Dorfbewohner und ihre Freundin Nelly. Die ist zu Beginn des sechsten Bildes zusammen mit den anderen für ihre Versorgung tätig. Sie jagt im Norden. In ihr stecken wohl alle kooperativen und fürsorgenden weiblichen Anteile, die Irenka je erfahren hat: die »gute Mutter«, die Großmutter, an der sie sehr hing, wenige Freundinnen. Zur Zeit bin damit ich gemeint, denn niemandem außer mir hat sie bisher ihre Welt gezeigt, die wir nun vom Ballon aus besichtigen. Der Anker ist zu schwer, wir werfen ihn hinaus und können aufsteigen. Irgendwann ist er nicht mehr da. Was fällt ihr zum Anker ein? »Anker ist eine gewisse Verbundenheit, nur zu wem oder was? Vielleicht zur Insel. Zu einem Ort, zu dem ich gehören möchte.« Die Beziehung zu den Eltern fällt ihr ein. Auch dort gibt es keinen Anker im Augenblick. Es gibt nur den freien Flug über ihrer fremden Welt, begleitet von einem einzigen Menschen. Obwohl mir wieder bange ist an dieser Stelle, bin ich mir des Vertrauens bewußt, das hier zum Ausdruck kommt und von dem aus ihr Vertrauen in Welt und Leben wachsen soll.

Vom Festland – der normalen Welt – strebt sie gleich wieder weg. »Wir« landen im siebenten Bild für die Boxerszene. Hier blockiert sie zunächst wieder völlig, läßt sich auf nichts ein, macht die morbide Szene lächerlich. Was sieht sie? Da ist einer k. o. geschlagen, droht zu versinken im hüfthohen Wasser. Der Sieger hat ihm einen Strick um den Hals gelegt und zieht ihn immer mal wieder zum Luftholen hoch. Der andere »hängt« buchstäblich von ihm ab. Sein Fett-sein macht für Irenka die Szene noch lächerlicher. Aber sie sieht jetzt auch das Demütigende im Umgang zwischen Sieger und Besiegtem. Und die drohende Enge der Schlinge um den Hals. Was fällt ihr ein? Als sie etwa vier Jahre alt war, verbrachte die Familie – wie meist im Sommer – die Ferien am Meer. Diesmal in Dänemark. Wie immer »hängte« sie sich an den Bruder, der ihr zusammen mit einer gleichaltrigen Cousine Fallen in den Dünen baute. »Einmal bin ich in eine Falle reingefallen. Da kam von allen Seiten der Sand gerutscht.« Als ich nach ihrem Gefühl fragte: »Es ist, als würd' ich mich zusammenziehen. Enge. Ein bißchen so wie Ersticken.« War sie nicht auch die »Besiegte« im Konkurrenzkampf mit dem Bruder, an dem sie so sehr »hing«? Wählte er nicht auch hier wieder einen anderen vor ihr, nämlich die Cousine, zum Verbündeten, um ihr dann Fallen zu stellen?!

Sie war nicht nur die Zweitgeborene und Letzte, sie *fühlte* sich vor allem ständig als Letzte, demütigend Abhängige.

Nach dieser schlimmen Szene »fühlt« sie im Traum, daß wieder ein »böser Wind«, ein Bilun kommt. Nun kann sie im achten Bild wieder »retten« und sich einsetzen. Mir fällt Adlers Begriff vom Nebenkriegsschauplatz ein. Hier – im Kampf gegen eine fiktive Gefahr in einer fiktiven Welt – ist sie erfolgreich. Aber gleichzeitig ist sie auch dort ständig bedroht. »Das ganze Dorf wurde weggerissen.« Trotzdem: Alle überleben – hoch oben!

Zum Tanggeruch, mit dem sie aufwacht und den sie noch »tagelang« in Mund und Nase fühlt, fallen ihr durch meine Fragen noch einmal Sommerferienerfahrungen an der Ostsee ein. Dort hat sie Tang zum ersten Mal gerochen, wenn er – vom Meer angespült – in der heißen Sonne am Strand lag. Bilder von Meer, Küste, Schlamm und vor allem von warmem Wasser steigen in ihr auf. Und wie sie alle zusammen gespielt haben am Strand, auch die Erwachsenen mit den Kindern. Sie fuhren immer zusammen mit einer befreundeten Familie, die auch zwei Kinder etwa gleichen Alters hatte. Der Weg zum Strand von ihrem Ferienhaus an der Ostsee ging durch einen schattigen Buchenwald. Das tat gut wegen der Hitze. Auch die Beziehung der Eltern war hier besser. Es sind schöne Erinnerungen mit guten Gefühlen. Der Tanggeruch, den sie von Akiora mitbrachte, hat sie wieder hochgeholt.

5.14 Gesamteinschätzung des Traumes

Die aktuelle Auslösesituation für diesen Traum war nach allem, was mir Irenka erzählte damals, die Einlieferung des Bruders in die Klinik, wo ihm ein Bein amputiert werden sollte. Gleichzeitig nahm ich ihren Traum als Botschaft an mich wahr, als Zeichen auch, daß sie mir Einlaß gewährte in ihre verworrene Welt.

Die Situation des Bruders hatte nicht nur den Schmerz, sondern auch die ganze Aktivität der Mutter für den geliebten Sohn aktiviert.

Irenka vermerkte mir gegenüber die »Aufregung« der Mutter sehr kritisch, der Bruder selber verhielte sich ihrem Engagement gegenüber außerordentlich zurückhaltend. Immer wieder lehnte er ihre Hilfe ab, wenn sie ihn im Krankenhaus besuchte. Zum Teil sprach er nicht einmal mit ihr, berichtete die Mutter selber. Für Irenka muß das mütterliche Engagement für den Bruder, das jedem Außenstehenden zunächst völlig natürlich erschien, die ganze Familienproblematik aktualisiert haben. Sie registrierte *un*bewußt wohl vor allem die Mittelpunktsituation, die der Bruder bei der Mutter nun wieder hatte. Mit seinem Unglück war nur ihr Bewußtsein beschäftigt.

Der Bruder war schon zum frühest möglichen Zeitpunkt – mit 17 Jahren – von zu Hause ausgezogen in eine Wohngemeinschaft. Er hatte mühelos – im Gegensatz zu ihr – sein Abitur gemacht und studierte inzwischen. Ihm war also jener Sprung aus dem Elternhaus gelungen, den Irenka nach ihrem Aufenthalt im Internat mit dem Studienbeginn in Frankreich schaffen wollte. Es war der erste kräftige Lebenstest in ihrer Existenz. Sie versagte weder wegen mangelnder Begabung noch wegen mangelnder Intelligenz – sie versagte, weil einerseits ihre Selbstwertzweifel zu tief und andererseits ihre Eigenerwartung zu hoch waren. Sie stürzte ab –[240] und landete wieder da, wo sie sich hatte lösen wollen, im Elternhaus, das für sie die Welt der Spinnen (Mutter), Frösche (Bruder) und Wikinger (Vater) gewesen war. Eine tiefere Kränkung – vor allem wieder im Vergleich zum Bruder – hätte ihr kaum widerfahren können. Er lebte trotz Verlustes seines Beines draußen selbständig, die Mutter war weiterhin ständig um ihn besorgt und bemüht – obwohl er sie oft flegelhaft und unfreundlich behandelte. Das bewies nur den unerschütterlichen Wert, den er bei ihr hatte. Irenka dagegen konnte der Mutter selten etwas recht machen, war ihr immer zu ungeschickt oder nicht ordentlich genug. Gleichzeitig war diese Mutter in ihrem Bewußtsein immer eine verläßliche Beschützerin gewesen, die auch für sie gekämpft hatte und die sie liebte. Sie war zutiefst verstrickt in innere Widersprüche und darin gefangen, wie die kleine Mücke im Netz der Spinne. Ihr zog die Riesenspinne im Wasser wieder eklige Schleimfäden über das Gesicht, die starken Frösche schwammen unbehindert von den Spinnen trotz Beinverlust weiter. Das Unerträgliche ihrer Unterlegenheit schlägt im Traum an dieser Stelle um – angetrieben von dem Ekelgefühl, das die Spinne ausgelöst hatte – in jene Überwindungsform, die mit Überlegenheit beginnt (sie kann 24 Stunden schwimmen und den Fröschen die Beine aus dem Leib holen zur Ernährung) und die mit der Konstruktion ihrer Nebenwelt in Akiora weitergeht. Es war dies eine letzte verzweifelte List ihrer entmutigten Seele, die sich für den Einsatz in den realen persönlichen und sachlichen Bezügen der Existenz gleichzeitig zu klein und zu groß wähnte.

In Akiora zeigt sie, was sie ist und kann: Sie rettet wie ein Mann, kämpft wie ein Mann und siegt wie ein Mann. Die Boxkampfszene macht sie mit männlicher Überlegenheit lächerlich, sie rettet eine ganze Familie (war sie nicht immer »Mittler« gewesen?), die Mutter dankt ihr das Leben von Baby-boy, sie rächt alle Entwertungen, die der Vater der Mutter angetan hat, also den psychischen Mord an der Mutter, rächt sich, über den Vater, gleichzeitig an der Mutter und holt sich trotzdem noch seine Zuwendung, nach der sie sich immer gesehnt hatte, bevor auch er die »Zeche« bezahlen muß. Nachdem das Gemetzel – die große Abrechnung – vorüber ist, hebt sie emotional völlig unberührt zur Ballonfahrt ab, bei der sie mir als Begleiterin ebenso deutlich macht, daß sie mit der realen Welt – dem Festland – nichts mehr im Sinn hat wie auch, daß es ihren Ort Akiora nirgendwo aufgezeichnet gibt. Nachdem sie noch einmal an ihr zentrales Thema – den (Konkurrenz-)Kampf mit dem Bruder und ihre verzweifelte innere Abhängigkeit von ihm im Boxkampfbild – gerührt hat, stürzt sie sich in ihr letztes Wert-Erleben in diesem Traum: sie rettet wertvolle Pflanzen vor dem Wasser und trotzt hoch oben am Hang dem »bösen Wind« und dem Meer. Die letzte Welle erreicht gerade ihre Fußspitzen – sie leistet Maßarbeit! Hoch oben – und nur in der Nebenwelt. *Das Gefühl, das sie mitbringt, strebt zurück nach Akiora* bzw. nach jenen fernen Kindertagen, wo sie am Meer gespielt hat und sich im »warmen« Wasser wohl fühlte.

Man muß nicht Anhänger der Psychoanalyse sein, um ihre mehrfache Betonung des Wohlgefühls im »warmen Wasser« in diesem Zusammenhang auch als Sehnsucht nach dem pränatalen Zustand der verantwortungsfreien Geborgenheit im warmen Fruchtwasser des Mutterleibes zu interpretieren. Adler sagt klar, daß wir »in Träumen (–) die Bilder (produzieren),

> die die Gefühle und Affekte erwecken, welche wir für unsere Zwecke brauchen, das heißt, um die Probleme zu lösen, mit denen wir zur Zeit des Traumes konfrontiert werden, und zwar im Einklang mit dem uns eigenen Lebensstil«.[241]

Der Traum zeigte auf eindrucksvolle Weise Irenkas tiefe Zerrissenheit. Jede einzelne Szene enthält ihr lebensstiltypisches Ja – aber!, das der Gesamttraum zusammenfaßt zu dem Gesamt ihres Ja-aber! gegenüber der Existenz: Einsatz ja – aber dafür muß ich mir eine andere Welt schaffen, in der ich wirklich groß-artig sein kann. Fritz Perls, der die Gestalttherapie in den USA ausgeformt hat, nannte das »Aber« einmal den »Killer des Ja«.

Träume sind Problemlösungsversuche. Ihr Bewegungsgesetz ist das gleiche, das auch die übrige Existenz leitet. Im

> »sozialen Umfeld der frühen Kindheit (liegt) die kausale Herausforderung zur finalen Ausrichtung des individuellen Lebensgesetzes. Die subjektive Befindlichkeit des Kindes – die natürlich auf objektive Gegebenheiten zurückgeführt werden kann – bildet den dialektischen Gegenpol zum gesuchten – und im Lebensstil festgeschriebenen – Zielpunkt.«[242]

> Immer bestimmt die Spannung zwischen der »empfundenen Unzulänglichkeit zu einer gewünschten Zulänglichkeit«[243]

das individuelle Bewegungsgesetz. »Die dynamische Leitlinie

des Traumes ist auf das Ziel der Überwindung einer Kränkung ausgerichtet.«[244]

Irenka, die sich immer unterlegen erlebt hatte, die mir diesen Traum mit eintöniger Stimme erzählte, schaffte sich im Traum eine grandiose Szenerie für die Darstellung ihrer Überlegenheit. Alle Mühe und Arbeit, alle Kämpfe, die sie sich in der Realität nicht zutraut, verlegt sie in ihre Innen- und Nebenwelt. Denn »dort, wo die Finalität den Menschen aus der Ge-

meinschaft heraustreibt, dort, wo nicht mehr aus der Spannung von Minderwertigkeitsgefühl und Geltungsstreben gemeinschaftsbezogene Ziele entstehen, dort entsteht – so lehrt es Adler – die Einsamkeit der Neurose«[245]

und die autistische realitätsferne Welt der Psychose.

5.15 *Realitätserfahrungen in Irenkas Alltag*

Kurz vor den Sommerferien – also 8 Monate nach Therapiebeginn – schloß Irenkas Probesemester an der Musikhochschule mit einem Konzert ab, in dem über ihre Aufnahme entschieden werden sollte. Da sie bislang noch unter Medikamenteneinfluß stand, war ihr die Teilnahme am Semesterbetrieb immer sehr schwergefallen. Sie hatte daher nicht im erforderlichen Maße üben können. Während sie der Entscheidung entgegensah, wurde ihr eine sie tief verletzende Einschätzung durch die sie bislang mit Medikamenten versorgende Psychiaterin zuteil. Diese hatte sich um Irenka kaum gekümmert, lehnte auch die Psychotherapie für sie ab und muß den Überblick über die Menge der von ihr verordneten Medikamente verloren haben. Sie übermittelte der Mutter durch die Sprechstundenhilfe, nachdem sie selber in den Sommerurlaub abgereist war, daß sie Irenka im Verdacht habe, Tabletten zu horten. Sie ließ Irenka ausrichten, wenn sie auch nur einen Abusus von zehn Tabletten auf einmal riskiere, würde sie sie sofort in die geschlossene Abteilung einer psychiatrischen Anstalt einweisen. Es war dies die gleiche Fachfrau, die Irenka einmal nebenbei mit der Frage versorgt hatte, sie »solle sich doch langsam entscheiden, ob sie Männlein oder Weiblein sein wolle«. Ihre Diagnose: »Psychose aus dem schizophrenen Formenkreis« gab offensichtlich nicht Irenka, sondern ihr selber Narrenfreiheit.

Zwischen Irenka und mir war mit diesem Vorfall das Thema Suizid angesprochen, das sie oder ich bisher nie erwähnt hatten. Ich wußte von der Mutter, daß Irenka sich kurz vor Therapiebeginn eine eindrucksvolle Tablettensammlung angelegt hatte, mit der sie sich während eines Wochenendausflugs der Eltern hatte umbringen wollen. Ein »sechster« Sinn ließ die Mutter damals zu Hause bleiben und in Irenkas Schublade stöbern. Was sie fand, gab wohl den letzten Anstoß für die Psychotherapie. Es zeigte deutlich die tiefe Verzweiflung Irenkas nach ihrer Flucht aus Frankreich, die in zutiefst widersprüchlichen Haltungen wurzelt:

»...in einer äußerlichen Auflehnung, die inneren Widerstand kaschiert – – – Unterwerfung bedeutet, daß man die Position des ›Außenseiters‹, des Angehörigen einer Minderheit, des Entrechteten, des Zurückgewiesenen akzeptiert. Sie hat zur Folge, daß man das Recht auf persönliche Erfüllung und Befriedigung aufgibt. – – – Der innere Widerstand zwingt den verzweifelten Menschen zu provozierendem Verhalten, mit dem er das Verhängnis oder die Sinnlosigkeit geradezu heraufbeschwört, das bzw. die er so sehr fürchtet – aber immer nur so weit, daß er dem Verhängnis jedesmal um Haaresbreite entkommt. – – – Trotz ihres offensichtlichen selbstzerstörerischen Elements sind Selbstmordversuche zugleich ein dramatischer Hilferuf. Viele Eltern erkennen erst dann, wie ernst die emotionalen Schwierigkeiten ihres Kindes sind, wenn sie mit einem solchen drastischen Schritt konfrontiert werden.«[246]

Deutlich muß sein, daß die Finalität eines solchen Hilferufes immer auf die Übernahme der Verantwortung durch hilfreiche andere zielt. Es war dies der Punkt in dem Psycho-Drama von Irenka, den ich trotz mancher sonstiger Verunsicherungen in der Arbeit mit ihr von Anfang an für mich entschieden hatte. So gab ich ihr auch jetzt zu verstehen, daß die Möglichkeit eines Tablettenmißbrauchs mir sehr wohl bewußt wäre, daß ich aber ablehne, mich darum zu kümmern, weil ich der Überzeugung wäre, dies sei allein ihre Verantwortung. Darauf sagte sie nur: »Wenn ich dich nicht getroffen hätte, hätte ich es längst gemacht.«

Bevor wir uns für die Sommerferien trennten, schenkte ich Irenka ein kleines Kuscheltier in Form eines Kameles. Wie sehr sie aktuell wieder entmutigt war, erfuhr ich nur noch durch einen kurzen Anruf von ihr. Die Musikhochschule hatte ihre Aufnahme abgelehnt.

5.16 Ein Beispiel aus der Arbeit mit der Mutter

Ich hatte in den begleitenden Gesprächen mit der Mutter immer wieder vorsichtig versucht, Begleitumstände und Gefühle bei Irenkas Schwangerschaft und Geburt sowie in den nachfolgenden frühen Jahren ihres Lebens zu erforschen. Das stieß einerseits auf große Schuldängste bei dieser Frau, andererseits auf eine Fiktion von ihr, sie habe ja schon immer gedacht, daß sie wie ein dunkler Unglücksvogel über dieser Familie schwebe. Ihr Mann habe auch immer gesagt, daß sie alles Unglück in der Familie verschuldet habe.

Sie litt sehr – zum einen aus Angst um Irenka – zum anderen wegen ihrer möglichen »Schuld«. Irenka wußte bis dato nichts von dem tragischen Konflikt der Mutter vor und nach ihrer Geburt. Was ihre Träume verschlüsselt zeigten, wollte ihr Bewußtsein kaum zulassen. Ihre sehnsuchtsvolle Liebe zur Mutter stemmte sich immer wieder verzweifelt vor allem gegen das, was sich analytisch an der Person der Mutter verdichtete. So kam mir die Idee, die Mutter darauf vorzubereiten, der Tochter selbst in meiner Gegenwart die Geschichte ihres konfliktbeladenen Ursprungs und ihrer widerspruchs-vollen gemeinsamen Geschichte zu erzählen. Das konnte für Irenka nicht nur eine neue Verstehensmöglichkeit ihrer gesamten Familie bedeuten, sondern gleichfalls eine Bestärkung für die notwendige innere und äußere Ablösung bringen. Beides wiederum konnte der Mutter helfen, sich von ihrem Schuldkomplex zu lösen. Der Traum der Mutter, um den es im folgenden gehen wird, hat mich in meiner Vorstellung von einem Gespräch zu dritt endgültig bestärkt. Es war ein sich seit vielen Jahren wiederholender Traum, dessen Inhalt sie immer nur soweit erinnerte, als daß es um ein Verbrechen ging, mit dem sie etwas zu tun hatte, und an dem sie immer laut weinend aufwachte oder von ihrem Mann wegen ihres Weinens geweckt wurde. Auch von Irenka war sie deswegen schon öfter geweckt worden, wenn sie im Urlaub im gleichen Zimmer schliefen.

Ich gebe nun das Tonbandprotokoll dieser Traumerzählung wieder, die ich 8 Monate nach Irenkas Therapiebeginn von der Mutter bekam und wo sie erklärte, daß dies der Wiederholungstraum[247] wäre, an dessen Inhalt sie sich früher nicht erinnern konnte:

»Es handelte sich bei diesem Verbrechen also um ein Mädchen, das verschwunden war und von dem man annahm, daß es ermordet worden war. Man konnte das aber nicht beweisen. Es wurde – wie im Fernsehen – ein sehr geschickter Kommissar darauf angesetzt, der mit immer ausgefalleneren und exakteren Methoden versuchte, zu beweisen, daß dieses Mädchen einem Verbrechen zum Opfer gefallen sei. Ich merkte, ich stand für alle Außenstehenden nicht im Verdacht, für den Kommissar wohl doch etwas. Niemand sonst hatte gedacht, daß ich das sein könnte. Und ich merkte, daß er sich immer mehr an mich heranarbeitete, daß er mich auch immer mehr im Verdacht hatte, daß er es aber nicht beweisen konnte. Das waren, wie gesagt, sehr diffizile Untersuchungen, mit denen er das beweisen wollte. Zuletzt war er aber mit seinen Möglichkeiten am Ende, der Fall war eigentlich abgeschlossen, ohne daß man ihn aufgeklärt hätte. Und dann kam eine weibliche Person, die mir sehr nahe steht und es gut mit mir meint, die entdeckte durch Zufall in meiner weißen Kostümjacke zwei Bilder – ein Bild von mir und dann noch ein weiteres in einem Rahmen von diesem Mädchen, das ermordet war. Und das war also das wichtigste Indiz dafür, daß nur ich dieses Mädchen ermordet haben konnte. Und Irenka saß am Tisch, sie war sehr unglücklich, ich tat ihr sehr leid, daß ich eine Mörderin war, und irgendwie konnte sie das auch nicht begreifen, daß ich das war. Die Person, die mich jetzt praktisch überführt hatte, der war ich so zugetan, und ich wußte, sie war so hochanständig, daß ich sie unmöglich bitten konnte, das Indiz nicht gesehen zu haben. Und dann bin ich aufgewacht.«

Als ich nach ihrem Gefühl beim Aufwachen fragte, sagte sie: »Ich war mit einem Schlag hellwach. Und dann habe ich mir gleich gesagt, das hat jetzt etwas zu bedeuten, das darfst du nicht vergessen, merk dir: weiße Kostümjacke und Bilder. Ich hatte rasende Kopfschmerzen und war einerseits entsetzt und andererseits wie erlöst, weil ich dachte: so, jetzt ist die

Jagd zu Ende... Im Traum war ich sehr voller Angst vor der Entdeckung.«

Es war dies der erste Traum, den die Mutter mir bringen konnte, obwohl wir schon Monate miteinander sprachen. Sie meinte, Auslöser sei ein Gespräch mit ihrem Mann gewesen. »Ich schleppe es ja sehr mit mir herum, daß sich eines Tages herausstellen könnte, an diesem ganzen Unglück, was wir so in der Familie haben, bin im Grunde ich schuld. Daß ich vielleicht nicht ganz normal bin, oder daß ich so ein Egoist bin oder so ein Katastrophenmensch, der praktisch Katastrophen anzieht und andere damit hineinreißt.«

Das Gespräch mit ihrem Mann sei – obwohl wieder einmal als Versöhnungsgespräch geplant – auch in diese Richtung gelaufen, daß sie das im Grunde »alles eingebrockt« habe, auch seine Depressionen und sein Alkoholproblem. Nun käme das mit Irenka noch hinzu, wo sie sich so schuldig fühle. »Vor so einer Wahrheit, da würde ich eine Riesenangst haben, daß mir das jemand beweisen könnte.« In den früheren Träumen wäre das auch schon immer so wie ein perfektes Verbrechen gewesen, wo sie gedacht hätte, da kann dir gar keiner auf die Spur kommen. »Aber die Spurensuche bei diesem Kommissar, die war so fein – am Schluß fehlte ihm nur noch ein winziges Glied in der Kette.«

Bei der Reflexion ihres Traumes gab sie ihrem Mann die Rolle des Kommissars, der schon immer mit dem Versuch der Schuldzuweisung hinter ihr hergewesen sei. Mit der unbekannten Frau, die es gleichzeitig gut mit ihr meint und ihr »Verbrechen« aufdeckt, verband sie mich. Irenkas Rolle zeigte die ganze Tragik ihrer Beziehungsfalle: sie war die Ermordete (Abgelehnte) und gleichzeitig gab ihr die Mutter die Rolle derer, die zutiefst mit ihr fühlte und sie gefühlsmäßig schützte. Man kann hier erkennen, daß die unbewußten Projektionen der Mutter, die ihren ungelösten frühen Konflikten entsprachen, genau jene inkompatiblen Botschaften für Irenka enthielten, die auch der Traum aufzeigt:

Ich will dich nicht, belaste mich nicht mit deiner Existenz (Projektion ihres Hasses auf den Bruder), und gleichzeitig: sei meine Mutter und habe mitfühlendes Verständnis für meine schwierige Situation (Projektion ihrer Wünsche an die Mutter nach der Geburt des Bruders).

Ihr Wille, Irenka in ihrer Not zu helfen und die intensiv gefühlte Erlösung nach ihrem Traum haben nach unserem Gespräch darüber zu ihrer Einwilligung in ein Treffen zu dritt geführt. Den Zeitpunkt sollte ich bestimmen. Den Wunsch nach einer Aufarbeitung ihrer frühen Konflikte hat sie nicht geäußert. Ich fühlte mich damals nicht nur vor allem solidarisch mit Irenkas Problem, sondern teilte – je länger, je mehr – auch die Einstellung, nach der es vor allem Sache des Problemlösers (Klienten) ist, das Maß seiner Konfliktbereitschaft zu bestimmen, für die er die Kompetenz und Mitmenschlichkeit des Helfers (Therapeuten) wünscht.

5.17 Auseinandersetzung mit Problemen der Lebenspraxis

Nach den Sommerferien spiegelte Irènka die ganze Problematik ihrer Ablehnung durch die Musikhochschule wider. Sie schwärmte von der verpaßten Chance in Frankreich und von den netten Leuten dort. Immer, wenn sie etwas tun wolle, komme ihr der Gedanke an Frankreich, und was dort hätte sein können, dazwischen. Sehr widerwillig setzte sie sich nun mit der Frage einer alternativen Berufsausbildung auseinander. Sie hätte wohl Interesse an Musiktherapie gehabt. Doch die Ausbildungsmöglichkeiten in der Bundesrepublik wären zu der Zeit noch gleich Null. Immer wieder überlegten wir, wie sie sonst ihre kreativen Fähigkeiten sinnvoll einsetzen könnte.

Gleichzeitig erwog sie immer ungeduldiger ihren Wunsch, zu Hause auszuziehen und die Möglichkeiten einer für sie sinnvollen Wohngemeinschaft zu finden. Vor der Konkretion schreckte sie aber noch monatelang zurück.

Zum ersten Mal, seit wir uns kannten, jobbte sie jetzt auch für einige Wochen in einem Büro als Aushilfe, um materiell etwas für sich und ihre Eigenständigkeit gegenüber den Eltern zu tun. Es strengte sie sehr an, erforderte es doch regelmäßiges Aufstehen und ganztägigen Einsatz. Aber sie hielt durch, wenn auch nicht, ohne diese Arbeit für sich ständig zu disqualifizieren. Wenn nichts zu tun war für sie im Büro, fertigte sie kunstvoll-abstruse Gebilde mit Hilfe der Schreibmaschine oder Skizzen an, die sie mir mitbrachte. »Glaube nur nicht, daß ich das alles wichtig und wertvoll finde«, war ihre unausgesprochene Botschaft. Sie konnte nicht zufrieden sein mit der schlichten Tatsache des »Brötchenverdienens«. Immer wieder stellte sich ihrem mühsamen Lernprozeß der normalen Teilnahme am sozialen Leben diese »Alles-oder-Nichts«-Einstellung (Shulman) entgegen, mit der sie sich das Empfinden potentieller Erfolgsfähigkeit oftmals verbaute.

> »Die psychotischen Wahrnehmungen stellen die Symptome der eigentlichen Psychose dar, und sie zeigen an, wie weit sich der Schizophrene aus dem Verbund der Sozialität im einzelnen Falle hinausbegeben hat. Daher stellen sie gewöhnlich das *erste* Operationsgebiet der Psychotherapie dar. Die *grundlegenden Meinungen* tauchen hingegen *im gesamten Verlauf der Therapie* auf. *Sie schließlich zu ändern, stellt das eigentliche Anliegen einer therapeutischen Vorgehensweise dar, deren Ziel darin besteht, die Persönlichkeit des Patienten dadurch neu aufzurichten, daß ihm beigebracht wird, die soziale Welt mit anderen Augen zu sehen und in einer neuen Weise zu begreifen.*«[248]

5.18 Ein weiteres Traumbeispiel

Etwa zehn Monate nach Therapiebeginn brachte Irenka mir einen Traum, den ich hier noch einmal als Tonbandprotokoll wiedergeben möchte. Er gab mir den letzten Anstoß für das geplante Gespräch zwischen ihr, ihrer Mutter und mir, in dem die Mutter Irenka ihre Wahrnehmungen und Erfahrungen der gemeinsamen Familiengeschichte erzählen sollte. Sie wird in diesem Traum zum ersten Mal in allen Gefahren von einer Freundin begleitet. Kurz zuvor hatte sie einen Kriegstraum aus dem Mittelalter berichtet, in dem sie auf der Seite der Engländer, die rote Farben trugen, gegen die Franzosen, die blaue Farben kennzeichneten, kämpfte. Nach der Schlacht fiel ihnen ein verwundeter junger Franzose in die Hände. Sie fühlte im Traum deutlich, daß er ihr sympathisch war. Sie halfen ihm nach Hause. Ihr Kommentar: Wenn nicht Krieg gewesen wäre, wären wir gute Freunde gewesen. Ihr Einfall zu den Farben Rot und Blau: sie holte ihr Skizzenbuch, wo sie der

Tigerin (Mutter) beide Farben zugeordnet hatte, die des Freundes und des Feindes. Das entsprach ihren Gefühlen gegenüber dem verwundeten Feind im Traum. Immer wieder stieß sie auf das Rätsel ihrer zwiespältigen Gefühle.

Ich zeichne nun das Tonbandprotokoll ihres nächsten Traumes auf:

»Meine Mutter, meine Tante (Schwester der Mutter) und ich sind in einem abgelegenen Dorf. Wir haben Zimmer in einem Dorfgasthaus. In der Nähe ist eine Art Burg auf einem Berg mit einem spitzkegeligen Turm. Der Berg ist bewaldet. Auf dem Turm war noch nie jemand drauf. Da geht nie jemand hin, weil die Leute Angst haben. Von dem Berg gehen elektrische Phänomene aus, so daß ständig irgendwo etwas aufleuchtet. Und diese elektrischen Erscheinungen terrorisieren die Dorfbevölkerung. Da beschließe ich, nachts einmal raufzugehen, und zwar barfuß und im Winter, was ja Quatsch ist. Und da habe ich noch eine Freundin gefunden, die will mitgehen, um herauszufinden, was da los ist. Und die gibt mir noch Hüttenschuhe, weil der ganze Weg vereist war. Nach einigen Schwierigkeiten kommen wir an die erste Anlage von der Burg heran, und da sehen wir, daß die elektrischen Phänomene wirklich von da oben ausgehen. Plötzlich gibt an einer Stelle der Schnee unter mir nach, und ich falle in eine Röhre hinein, die nach unten läuft. Und je weiter ich falle, desto heller und wärmer wird es, so daß ich denke, ich falle in einen Glutofen hinein. Ich kann mich noch an einem Geländer festhalten, meine Freundin, die hinterherfällt, die stoppe ich. Dann krabbeln wir wieder raus. Wir wollen so schnell wie möglich von diesem Berg wieder herunterkommen. Wir hatten zur Sicherheit so eine kleine Bombe mitgenommen, so ein kleines Ei-Ding. Dann verlieren wir auch noch die Bombe. Die rollt runter, und wir nichts wie weg in die entgegengesetzte Richtung. Da finden wir eine Bettdecke, die tun wir uns über den Kopf. Und dann geht auch die Bombe schon hoch. Einige brennende Aststücke fallen auf die Decke drauf, aber uns passiert nichts.

Auf dem Schloß sind die jetzt aber alarmiert worden, und die scheinen Wölfe in ihrem Dienst zu haben, die sie auf uns hetzen. Als wir zurücklaufen, hören wir die Wölfe heulen. Sie greifen aber nur einzelne an, keinen Verband. Wir kommen also noch glücklich nach Hause. Dann können wir die Dorfbewohner davon überzeugen, daß die elektrischen Phänomene von dem Turm ausgehen, und daß man da etwas dagegen tun muß. Daraufhin steigen wir alle hinauf, der Burgherr ist nicht besonders erbaut darüber. Der will alle Leute umbringen. Aber der hat eine Frau, die ihn schließlich tötet, bevor es dazu kommt. Er läßt im Schatten der Burg überall die Erde aufbersten, da kommt überall Lava raus. Die Leute flüchten in die verschiedenen Richtungen. Aber bevor es zu einem totalen Fiasko kommt, tötet sie den Mann. Und dadurch sind wir praktisch gerettet. Sie tat es, um uns zu schützen.«

Nachdem Irenka sich dieses bedrängenden Traumes entledigt hatte, zog sie sich sofort zurück. Ihr vorgeschobenes Kinn, ihr abweisender Gesichtsausdruck und ihre Einsilbigkeit zeigten mir deutlich, daß wieder einmal mit dem Sichöffnen ihr Mißtrauen im Raum stand.

War sie doch selber nicht nur todesmutiger Erkunder ihrer Traumburg, sondern ebenso auch die Burg selber, die Ausdruck ihrer eigenen inneren Verbarrikadierung sein konnte. Ich versuche, hier das Wenige zu notieren, was sie noch bereit war, zu ihrem Traum zu sagen.

Gefühle habe sie in Träumen kaum. Beim Heulen der Wölfe und bei der Lava habe sie schon Angst gehabt. Auch beim Aufwachen hatte sie immer noch etwas Angst. Wölfe kannte sie schon aus früheren Träumen. »Und wo ich hinging, kamen sie nach. Wenn ich mich in ein Haus einsperrte, konnte ich nicht mehr aus dem Haus heraus.« Und: »Das war total unheimlich mit diesen elektrischen Sachen. Das ging mir total über den Kopf, wie sie das machen. Das waren wie Blitze. Wenn man von ihnen getroffen wurde, war man tot. Tödliche Strahlen. Die Blitze gingen noch weiter, als der Mann tot war. Die Blitze waren allgemein gefährlich, nicht auf jemanden persönlich gemünzt.«

Die Freundin identifizierte sie mit mir. Hier projizierte sie ihren keimenden Mut zur Annäherung an ihr Problem, ihren vorsichtig sich einstellenden Realitätssinn (Hüttenschuhe versus Barfußlaufen über Eis) und die Hoffnung, einem Teil ihrer gefühlten Bedrohung (den Wölfen) nicht mehr ausgeliefert zu sein. »Die Wölfe greifen nur einzelne an.«

Auf dem Weg, das Geheimnis zu enträtseln, droht die Gefahr, daß sie abrutscht und verbrennt an etwas, das Teil des Geheimnisses ist. Sie *befürchtet*, verbrannt zu werden, sie *weiß* es nicht. Ist froh und erleichtert, daß sie sich selbst und die Freundin stoppen kann. Keine sonstigen Assoziationen. Was dort unten in der Tiefe glühte, war zu gefährlich, um berührt zu werden.

Die Bombe sollte zu ihrer Selbstverteidigung dienen. Als sie außer Kontrolle gerät, wird sie selbst mit der Freundin von ihr bedroht. Was hatte sie trainiert, um sich zu verteidigen und zu schützen? Sie antwortete zum ersten und einzigen Mal hier prompt: »Einzige Waffe war, nichts zu tun, nichts zu machen. Das habe ich früher immer gemacht.« Ja, und wenn das außer Kontrolle gerät – z. B. beim ständigen Schlafen –, dann bedroht es sie selber.

Mit der Dorfgemeinschaft verbindet sie die Therapiegruppe. Erste Zeichen des Vertrauens in eine hilfreiche Gemeinschaft. An den Mann und die Frau auf der Burg will sie kaum heran. Nur soviel: »Nach dem Aufwachen habe ich mir vorgestellt, daß es doch furchtbar ist, daß die Frau den Mann umbringen mußte. Sie hatte ihn doch wohl geheiratet aus Liebe. Das ist keine Lösung.«

Ich forderte sie auf, eine andere Lösung zu phantasieren: »Wir hätten die Burg gestürmt und den Burgherrn seiner Möglichkeiten beraubt, andere zu terrorisieren. Dann wäre die Frau nicht gezwungen gewesen, ihn zu töten.« Hier brach sie endgültig ab und wollte nicht länger bei dem Traum verweilen.

5.19 Einsicht gewinnen innerhalb des sozialkonventionellen Bezugsrahmens – gegen das »Unheimliche« schizophrener Phänomene

Nach diesem Traum und einem ausführlichen Supervisionsgespräch mit meinem Lehranalytiker habe ich mich zu der Verabredung eines gemeinsamen Gesprächs mit Mutter und Tochter entschlossen. Ich wollte Irenka über das Verstehenlernen ihrer frühen Geschichte einen Schritt weiterhelfen in der Entwicklung einer gemeinsamen Logik – gegen das zutiefst Bedrohliche, gegen das Unheimliche, das ihrer Einsamkeit unter den Menschen entsprach, aus der ich ihr mit allen Mitteln heraushelfen wollte. Sie gab mir Jahre später ein Blatt, auf dem sie versucht hatte, eine Erzählung über ihre Geschichte zu schreiben. Da in diesem Bruchstück ähnlich unheimliche Empfindungen wie im Traum – wenn auch als strukturierte, bewußte Erzählung – zum Ausdruck kommen, füge ich seine Niederschrift hier ein:

»Irgendwo weit weg und mitten unter uns gibt es ein Land. Dort leben kleine bepelzte, zarthäutige Wesen. Keines von ihnen kennt den anderen und doch leben sie zusammen. Sie werden geboren, bewegen sich langsam, essen, fressen manchmal auch einander, verdauen, vermehren sich und sterben wie wir. Unter diesen erblickte eines Tages ein kleines Pelzknäuel die Welt. Seine Eltern waren liebevoll um es besorgt, aber immer wenn sie die Fühler ausstreckten, um es zu streicheln, schien ihm, als geschähe das nicht nur aus Fürsorglichkeit, sondern auch um ihren eigenen Hunger auf es zu überdecken. Um zu überleben, versuchte es daher nicht aufzufallen und behielt seine kleinen Fühler wohlweislich im Pelzmuff versteckt, damit die anderen sie nicht abbissen. Auch als es größer wurde, glaubte es überall Ablehnung und Hunger in den Augen seiner Artgenossen zu sehen.«

Hier bricht Irenkas Erzählung ab.

Shulman schreibt – in Abgrenzung vor allem zu Freud und Sullivan:

> »Es ist richtig, daß besonders solche Menschen, die dazu neigen, die Welt argwöhnisch und voller Vorbehalte aufzufassen und sich selbst als lebensuntüchtig einzuschätzen, mit größerer Wahrscheinlichkeit das Gefühl der Unheimlichkeit empfinden werden. Unheimliche Empfindungen sind in der Tat die Folge von Entfremdungsgefühlen und nicht deren Ursache. Im wesentlichen stellen sämtliche Gefühle der Fremdheit und der Verlassenheit nichts anderes dar als subjektive Variationen des Gefühls, nirgends dazuzugehören. Damit wäre ein Zustand der Entfremdung gleichzusetzen mit dem Nichtvorhandensein von Gemeinschaftsgefühl. Den subjektiven Erfahrungen des Patienten, die dieser als befremdlich, eigenartig, seltsam, uner-

klärlich, unbeschreiblich usw. beschreibt, *sollte nach Möglichkeit eine allgemeinverständliche Erklärung gegeben werden, so daß diese Erfahrungen nicht mehr in den Bereich des Fremdartigen verweisen und der Patient die Gewißheit erlangt, daß es sich dabei um nichts anderes handelt als um Erfahrungen, die jeder andere Mensch auch haben kann.* So wird der Patient die Meinung bilden können, daß er um all diese Dinge *immer schon in seinem Leben gewußt* hatte, aber *lediglich nicht in der Lage gewesen war, einen Zusammenhang herzustellen zwischen dem Wissen um frühere Geschehnisse und seinen gegenwärtigen Erfahrungen.* Es geht also darum, den Patienten in die Lage zu versetzen, seine *Erfahrungen im Bezugsrahmen der allgemeingültigen Logik zu machen, diese in aller Deutlichkeit besprechen zu können und sowohl ihre Vorbedingungen als auch ihre Bedeutung zu verstehen.* Das *therapeutische Ziel* liegt in diesem Fall also darin, den Patienten dahin zu bringen, *Einsicht innerhalb des sozialkonventionellen Bezugsrahmens zu entwickeln* und gleichzeitig *von seinem autistischen Bezugsrahmen Abstand zu nehmen.*«[249]

Der Bericht der Mutter in der gemeinsamen Sitzung enthielt im wesentlichen all das, was sie mir schon früher erzählt hatte, und was ich auf S. 93ff. dieser Arbeit aufgezeichnet habe.

Nachdem die Mutter ihre Ausführungen beendet hatte, überraschte Irenka sie als erstes mit der seelenruhigen Bemerkung, die Sache mit der erwogenen Abtreibung habe sie längst gewußt. Während eines Streites zwischen den Eltern hätte sie es gehört, wie der Vater der Mutter das vorgehalten habe. Es hätte ihr aber »nichts ausgemacht«. Wir sprachen dann darüber, daß dies allein auch nicht ihr Problem sei, daß dieses wohl an den rundum widersprüchlichen Familienbeziehungen, wie sie auch jetzt wieder von der Mutter geschildert worden wären, und vor allem an den bewußt nicht mehr gewollten, aber latent doch vorhandenen Ablehnungstendenzen der Mutter seinen Ausgang genommen habe. Daraus habe sie für sich die Meinung geschöpft, daß sie in menschlichen Beziehungen entweder dauernd Übermenschliches leisten müsse – im Grunde die andern ständig mit ihrer Gegenwart aussöhnen müsse, indem sie sich z. B. zurückzöge oder den Mittler (Retter) spiele – oder aber sich ängstlich anklammere. Hand in Hand damit ginge eine tiefe Ablehnung ihrer Rolle als Frau und ein dazu korrespondierendes Männlichkeits(= Überlegenheits-)Ideal. Unsere weitere Arbeit werde vor allem darin bestehen, ihre seit der Kleinstkindzeit entwickelten autistisch-depressiven Tendenzen und ihr Rückzugstraining in den verschiedenen Lebensbereichen aufzudecken und in Frage zu stellen – hier warf Irenka ein: »Und die Rolle, die ich mir dabei gebe, abzubauen!« Ihr Gesicht war in seinem inneren Ausdruck ganz konzentriert und gegenwärtig und der jeweiligen Gesprächspartnerin in dieser Stunde voll zugewandt gewesen. Ich hatte unser Treffen auf meine letzte Abendstunde gelegt, um uns von jedem Zeitdruck zu entlasten. Als ich jetzt das Gespräch beendete, kam von Irenka ein befriedigt-glückliches Lachen: »Du hast noch nie so lange gemacht!« Die Mutter äußerte große Erleichterung. Ihr habe dieser Termin »sehr bevorgestanden«. Auch ich war erleichtert, auch mir hatte dieses Gespräch auf der Seele gelegen. Was Irenkas Gesicht jetzt spiegelte und uns atmosphärisch verband, war gut. An der Freude, die mir das bereitete, spürte ich einmal mehr, wie tief ich mich mit ihr eingelassen hatte.

Irenka hatte zu Anfang der eben besprochenen Sitzung berichtet, daß sie vor drei Wochen – also 10 Monate nach Therapiebeginn – mit der schrittweisen Reduzierung von Tofranil begonnen habe und jetzt auch zur wöchentlichen Verminderung von Haldol um 2 Tropfen pro Tag übergegangen sei. Als letztes solle dann – nach Anweisung der Psychiaterin – Orap abgesetzt werden. Sie berichtete auch von abnehmenden Gewichtsproblemen, sie könne jetzt kontrollierter essen und müsse kein Fett mehr ansetzen. Dadurch könne sie etwas »abmagern«, was ihr wünschenswert erschien.

5.20 Arbeit mit dem »gelenkten Tagtraum«

Die nächste Einzelsitzung war schon am folgenden Tag. Irenka gab vorsichtige Reflexionen der gemeinsamen Stunde mit der Mutter. Eine Woche später erschien sie mit versteinerten Augen und abwesender Miene. Sie wollte von sich aus über nichts sprechen. Ich hatte diese Krise erwartet, hatte ich ihr doch durch das gemeinsame Gespräch mit der Mutter deren Liebenswürdigkeit bestätigt, ihr aber gleichzeitig den Weg verlegt, über ihre frühe Mutter-Beziehung weiterhin nur Liebenswürdiges erinnern zu können, und damit ihre tiefe Zerrissenheit zu verdecken. Ich hatte also ihr Verantwortungsgefühl provoziert, sich verstärkt mit ihrem Problem auseinanderzusetzen, und das widersprach ja immer noch ihrem tiefen Verlangen nach symbiotischem Aufgehobensein bei mir. Ausweichmanöver waren nun noch schwieriger, andererseits war ich ihr wieder ein Stück näher gekommen. Ihr Mißtrauen stand erneut zwischen uns und äußerte sich in ihrem aggressiven Verstummen. Um ihr Problem und die damit für sie verbundene Angst und Verzweiflung wieder von der autistischen in die kommunikative Dimension zu überführen, bot ich ihr ein für sie bis dahin neues Ausdrucksmittel, den »gelenkten Tagtraum« im Sinne des katathymen Bilder-Lebens oder Symboldramas von Hans Carl Leuner an.

> »Das katathyme Bilderleben geht als eine Tagtraumtechnik von zwei Prämissen aus: 1. daß das Erleben des Menschen – und sei es auch nur in der Phantasie – und die damit verbundene Freisetzung emotionell-affektiver Impulse gemäß der jeweiligen individuellen Bedürfnisse eine intensive, d. h. tiefgreifende Auseinandersetzung mit sich selbst zur Folge hat; 2. daß die phantasietragende Auseinandersetzung unter den empirisch genommenen Einsichten der Tiefenpsychologie zu betrachten und am besten aufzuschlüsseln ist. Daraus ergeben sich nicht nur konzeptionelle, sondern auch technisch-therapeutische Konsequenzen.«[250]

Für den individualpsychologischen Umgang mit dem Symboldrama folgte ich dabei der – auch abgrenzenden – Einschätzung Rainer Schmidts, der der ersten Prämisse Leuners für die Individualpsychologie zustimmt, für die zweite die Richtigkeit unter der Einschränkung bestätigt, daß sie nicht zu eng an den kausal deterministischen Ansatz der Psychoanalyse gebunden werde.

Schmidt weist darauf hin, daß der Individualpsychologe auch im gelenkten Tagtraum vor allem das Ziel suchen werde, da auch der gelenkte Tagtraum geformter Ausdruck eines

Menschen unter dem Gesetz der Finalität des Lebensstils sei. In zwei Punkten, so meint er, sei das Symboldrama für die Individualpsychologie anregend. Zum einen sei es geeignet, eine erstaunliche Fülle von Bildern hervorbringen zu helfen. Zum anderen eröffne es die Möglichkeit, stützend in den Tagtraum einzugreifen und dadurch unmittelbar therapeutisch tätig werden zu können.[251]

Um Irenkas aktuelle Problematik – die »Enthüllungen« bei der Dreiersitzung – zur Projektion zu bringen, wählte ich die Kombination der Motive von »Wiese« und »Waldrand«, wobei »Wiese« als Bühne des Lebens verstanden werden kann. Leuner schreibt:

> »Das Motiv der Wiese eignet sich wegen der überwiegend angenehmen Qualitäten als Eingangsmotiv. Es ruft Phantasien des Gartens Eden, der Situation im Sommersonnenschein, der Fruchtbarkeit, der Möglichkeit, sich auszuruhen, Menschen zu begegnen und des gemeinsamen Erlebens hervor. Neurotisch gestörte Personen projizieren jedoch hier bereits ihre Probleme…«[252]

Und zum Motiv des »Waldrands« gibt er den Hinweis:

> »Wir vermeiden zunächst, den Patienten in den Wald gehen zu lassen, der sich nicht selten in der Nähe der Wiese befindet. Der Wald wird gemeinhin als Symbol des Unbewußten gesehen. Er kann einerseits, vor allem für Kinder, als bergender Ort der Sicherheit erlebt, von anderen als Ort drohender Gefahren betrachtet werden. – – – Um (–) unliebsame Zwischenfälle zu vermeiden, wird der Patient bei diesem Motiv angeleitet, von einer geschützten Stelle der Wiese aus in das Dunkel des Waldes zu blicken. Ihm wird vorausgesagt, daß früher oder später Gestalten menschlicher oder tierischer Art erscheinen und aus dem Wald heraustreten würden… Allein, daß diese vorher im Dunkeln schlummernden Gestalten nun an das ›Licht der Sonne‹ kommen, hat diagnostische und therapeutische Bedeutung.«[253]

Irenka bilderte eine bunte schöne Wiese mit einem Bach. Vorne stand eine Kuh, davor Stacheldrahtzaun. Als sicheren Ort schaffte sie sich einen Bunker am Rand der Wiese, von der Kuh getrennt durch den Stacheldraht. Der Bunker hatte keine Fenster, eine Art Periskop auf dem Dach ermöglichte ihr trotzdem die Beobachtung des Waldrandes. Und es kamen: »natürlich graue Wölfe«. Was wollen sie? »Mich fressen!« An dieser Stelle brach sie die Phantasie ab und erzählte von den verschiedenen früheren Träumen, in denen die Wölfe sie auch verfolgt hätten. Einer hätte sie einmal eingeholt und ihr ein Stück Fleisch aus dem Körper gerissen. Das Nebeneinander von Kuh und Wölfen deuteten wir als den »guten« und den »bösen« Anteil der Mutter. Von der Kuh meinte sie, sie »begreift die Gefahr nicht«. Auf dem Bild, das sie mir auf meine Bitte hin von dieser Szene malte, steht die Kuh – übrigens ohne Euter! – in der Wiese und schaut aufmerksam zu dem Bunker hinüber, während in ihrem Rücken – von ihr nicht gewußt – die Wölfe vom Waldrand her kommen. Hilfe erwartet sie keine von der Kuh. Die »würde im Ernstfall nach rechts wegspringen«.

Irenka hatte eine causa finalis ihres unbewußten Lebenszieles – jene für sie unendlich bedrohliche, »vergessene« Ablehnung der Mutter – in den Wölfen und ihren Versuch der Verarbeitung dieser Situation mit dem Zielentwurf Bunker = Autismus ergreifend dargestellt. Wir stellten uns die grauen Betonwände vor, hinter denen sie saß. Luden sie nicht gerade dazu ein, sie mit einer Phantasiewelt zu beleben?! Und sich angesichts der drohenden Gefahr ganz still und unbeweglich zu halten?! So wie das Kleinstkind Irenka still wurde, weil schon der Säugling vor der gefühlten Bedrohung erzitterte?

Aber war hier nicht auch genau der Ort, an dem sie allen Lebensproblemen ausweichen und sich unangreifbar machen konnte?

Mit menschlicher Hilfe, die von außen kommen müßte, könne sie ihren Bunker verlassen. Die Versteinerung in ihren Augen war gewichen. Sie hatte den Kontakt wieder aufgenommen, wenn auch noch wie das Kind, das die sichere Hand der Mutter ergreift.

In den folgenden Wochen und Monaten haben wir immer wieder auch mit Tagträumen gearbeitet, wobei ich mich auf die Motive der Grundstufe[254] beschränkt und Irenkas phantasierte Projektionen mit ihren und meinen Einfällen (und Deutungen) konfrontiert habe.

Irenkas noch schwaches Ich spiegelte sich in diesen Wochen und Monaten ständig in ihren Problemen bei der Loslösung vom Elternhaus und den Fragen einer sinnvollen Berufsfindung. So war sie immer wieder hin- und hergerissen zwischen dem dringenden Wunsch, zu Hause auszuziehen und der gleichzeitigen Angst davor. Dennoch zog sie ein Jahr nach Therapiebeginn in eine mir bekannte Wohngemeinschaft, in der auch eine Familie mit drei Kindern lebte. Mit den Kindern verstand sich Irenka gut, und sie übernahm hier auf Dauer regelmäßige Babysitterdienste.

Während des Umzugs ließ ich Irenka einen Tagtraum bildern, in dem sie ein Haus suchen und es beschreiben sollte:

»Wiese mit schön viel Wiesenblumen, Kieswege, verwilderte Rabatten. Dann eine Tür, die in den Angeln quietscht. Eine Treppe, die nach oben führt, Geländer kaputt, Spinnenweben, Staub, Halbdunkel, knarrende Dielen, Mäuse, vielleicht eine oder zwei Ratten, überall liegt Gerümpel herum. Zwei Türen nach links und rechts. Hinter der rechten eine alte Puppenstube, überall eingestaubte Möbel. Ein gedeckter Tisch, wo noch Kaffeetassen draufstehen, als wären die Leute nur mal weggegangen. Zugeklebte Fenster.«

»Was fällt dir ein zu deinem Bild?« Sie zögert.

»Man müßte das Haus saubermachen, dann könnte man wohl wieder darin wohnen, obwohl, wenn man so reinkommt, glaubt man's gar nicht. Das Haus scheint irgendwie auch selber zu leben. Mir kam das so vor, wenn man durch die Tür reinkommt, daß das wie so eine Art Winterschlaf ist.

Jedenfalls ist es vorher von einer Familie bewohnt worden, das ist das einzige, was mir noch einfällt.«

»Was fällt dir zu den zugeklebten Fenstern ein?«

»Ja, daß man nicht rein- und nicht rausgucken kann.«

»Zu Mäusen und Ratten?«

»Ich kann mir in so einer Umgebung gut Mäuse und Ratten vorstellen. Ich weiß zwar nicht, wovon die sich ernähren sollen...« – »Aber?« »Ich sehe die Mäuse kleine Bahnen durch den Staub ziehen. Na, vielleicht gehen sie mal raus und holen sich Gras. Irgendwovon werden sie schon leben.«

»Und die Puppenstube?«

»Ich glaube, ich habe mal einen Film gesehen von einem alten Haus. Da lauerte etwas Böses, und das steckte in der Puppenstube.«

Als wir uns in einer späteren Sitzung mit vorsichtigen Deutungen beschäftigten, fiel ihr als erstes ein, daß der Tagtraum mit dem Umzug parallel gelaufen sei. Und – aber das sagt sie erst ganz am Ende der Stunde – es gehe wohl um Behaust-sein bei sich selbst.

Wir verglichen das Haus mit ihrem Ich. Die Türen sind lange nicht oder wenig gebraucht worden, »quietschen in den Angeln«. Niemanden läßt sie in sich hineingucken, aber sie selber hat auch keinen Ausblick nach draußen, »die Fenster sind verklebt«. Gerümpel und Schmutz – die Fiktionen, die mit Hilfe der Therapie weggeräumt werden können. Das Bedrohliche der frühen Szenerie in der alten Puppenstube als immer noch lauerndes Böses.

Auf den Umzug reagierten sowohl Mutter als auch Tochter mit Verunsicherung. Irenka signalisierte Unfähigkeitsgefühle, die Mutter Ängste, daß Irenka den Umzug nicht verkraften würde. Irenka flüchtete wieder häufig in den Schlaf, war öfter erkältet und holte sich dann wieder die mütterliche Fürsorge. Gleichzeitig warf sie der Mutter ihre ängstlich-besorgte Fürsorge vor, die sich auch in starken Interventionen bei der Berufsfindungsfrage äußerte. Immer wieder zeigte ich ihr, wie die Overprotection der Mutter ihrer eigenen zögernden Attitüde entsprach.

Um die Beziehung zwischen Mutter und Tochter über den Tagtraum einmal zur Projektion zu bringen und der gemeinsamen Reflexion zugänglich zu machen, schlug ich ihnen in dieser Zeit eine gemeinsame Phantasie vor. Sie sollten beide – aber in der jeweils entgegengesetzten Richtung – um einen See wandern und im Wechsel über ihre Gefühle und Gedanken berichten. Während Irenka sich ausschließlich mit der Landschaft und ihrem »sehr schmalen« Weg beschäftigte, auch überlegte, ob sie nicht Lust zum Bootfahren hätte, dachte die Mutter schon nach den ersten Schritten, »wie es meiner Tochter geht, ob sie traurig oder fröhlich ist, ob man sich über den See hinweg verständigen kann, ob sie sich mit mir treffen möchte. Ich würde allein anders gehen, unbeschwerter, mit mehr Zeit, mich an der Natur freuen und daran, Zeit für mich allein zu haben.« Irenka äußerte abschließend Ärger darüber, »daß die Mutter sich wieder auf mich bezogen hat und nicht versucht, ihren eigenen Weg zu gehen«.

In der nächsten Einzelstunde bestätigte die Mutter, wie sehr sie sich noch auf Irenka fixiert fühle, daß sie gleichzeitig depressiv und lebensmüde sei und nicht mehr wisse, wofür sie noch lebe. Ich hatte sie schon vor Irenkas Auszug auf diese Reaktion vorzubereiten versucht, doch sie hatte die eigene Abhängigkeit wohl unterschätzt. Wir sprachen über die Notwendigkeit einer Neuorientierung für sie selbst, auch in bezug auf ihre Ehe.

Nach einem weiteren gemeinsamen Tagtraum notierte ich mir über die »gemeinsame Bootsfahrt« von Mutter und Tochter: »Die Mutter kann sich nur hauptamtlich und schwer arbeitend in der Beziehung zu Irenka definieren. Irenka kann dafür um so lockerer und gleichgültiger bleiben, muß nicht verantwortlich planen.« Aus unserer anschließenden Besprechung gingen als Zielvorstellung für die Mutter »mehr Zeit und Möglichkeit für sich und ihre Aufgaben investieren« hervor und für Irenka: »Immer mehr Verantwortung für sich selbst übernehmen und dabei schrittweise die eigenen Fähigkeiten entdecken.«

Wir planten jetzt nützliche Aktivitäten in der Wohngemeinschaft und anderswo, sie jobbte auch wieder zwischendurch, und immer wieder beschäftigte uns die Frage nach der Berufsausbildung. Sie hatte sich in den zurückliegenden Wochen mit Hilfe mehrerer (auch ärztlicher und psychotherapeutischer) Gutachten um die Revision des Ablehnungsbescheides von der Musikhochschule bemüht. Der Gutachterausschuß blieb bei seiner Entscheidung. Für den Augenblick mußte sie die Entscheidung akzeptieren. Nach Frankreich zu gehen, wo sie reale Chancen gehabt hätte, wäre gleichbedeutend mit Abbruch der Therapie und noch weiterer Entfernung vom Elternhaus als jetzt gewesen. Ich hielt mit meiner Einschätzung, daß sie sich damit zum damaligen Zeitpunkt psychisch überfordern würde, nicht hinter dem Berg. Das hat sie – wenn auch sehr mühsam – akzeptiert. Wir blieben uns einig darin, daß sie an der Ausübung von Musik dranbleiben würde, wenn das einen wichtigen Stellenwert behielte. Ich habe daran – nach allem, was ich von ihrem Spiel als Laie verstanden habe – bis heute nie gezweifelt. Doch sollte und wollte ich ihr helfen, sich in unserer Welt sozial zu verankern. Und dazu war in meinem Verständnis jetzt dringend eine

Wegstrecke mit geregelter Ausbildung, wo sie auch Erfolgserlebnisse und menschliche Kontakte haben würde, notwendig. Sie wählte schließlich die Ausbildung zur Krankenschwester – auch weil ihr nichts Passenderes einfiel. 16 Monate nach Therapiebeginn absolvierte sie zunächst ein sechswöchiges Praktikum als Schwesternhelferin, etwa zwei Monate später begann sie ihre Klinikarbeit.

Ich möchte an dieser Stelle aus der Zeit zwischen dem 10. und 16. Therapiemonat, in der sie immer wieder mit Unlust und Leere zu kämpfen hatte und sich in unserer Arbeit öfter in Widerstand und Ausweichmanövern übte, den Fortgang des therapeutischen Prozesses auch an einigen »Wandlungsphänomenen« (Leuner) in ihren Tagträumen beschreiben, wie sie sich vor allem an der Erscheinung der Wölfe aus dem ersten katathymen Bild zeigten.

Zunächst gebe ich einen auch in dieser Zeit über den gelenkten Tagtraum initiierten Versuch von mir wieder, das Thema Sexualität und Beziehung zum Mann, dem Irenka bisher vorsichtig ausgewichen war, ins »Bild« zu bringen. Bei dieser Gelegenheit berichtete sie, daß sie erst spät über einen Vergewaltigungsbericht in einer Illustrierten »aufgeklärt« worden sei. Von ihren frühen Wünschen, ein Junge zu sein, habe ich an anderer Stelle berichtet.

Ihr bis dato einziger sexueller Kontakt habe sich in der kurzen Beziehung zu einem Mann in England abgespielt. Ich leitete ihre Phantasie mit einer kurzen Vorgabe ein:

»Du wanderst auf einer einsamen Straße, ein Auto hält an und will dich mitnehmen.«

Irenka: »Ich würde mir einen roten Käfer vorstellen. Würde erst mal gucken, wer drin sitzt. Ich würde sagen: ein Mann. Ich frage, wo er hinfahren will. Dann würde ich ihm sagen, es ist zwar nett, daß Sie mich mitnehmen wollen, aber mir tut es gut, zu Fuß zu gehen. Dann würde ich die Autotür zumachen, mich bedanken und winken.

Hinterher würde es mir sehr viel besser gehen, nachdem er mir das angeboten hat. Ich würde viel leichter gehen. Regen, Nebel, Kälte würden mir nichts ausmachen, einfach, weil ich den getroffen hab'.«

Indem ich diese Zeilen schreibe, steigt in mir das Gefühl hoch, das mich damals überkam, ohne daß ich es körperlich ausdrückte: eine Welle der Zärtlichkeit für meine kleine, ebenso sehnsuchtvolle wie unbeholfene Schwester, deren zaghafte Gefühle ich selber aus der eigenen Geschichte so gut kannte.

Ich fragte sie nach Einfällen zu ihrem »Traum«. Aber sie hatte nicht weniger ge-merkt als ich, wie weit sie sich geöffnet hatte, und sofort kam ihre distanzierende Rationalisierung: »Da ist nicht viel dazu zu sagen. Ich finde es vernünftig, daß ich nicht gleich eingestiegen bin, das wäre zu vertrauensselig gewesen (und wer wollte ihr das streitig machen!). Ich weiß ja nicht, was der wirklich will. Wenn ich getrampt hätte, und der hätte dann angehalten, wäre das etwas anderes gewesen. Wenn der aber von allein anhält, frage ich mich automatisch, was will der?«

»Was fällt dir zu deinen guten Gefühlen in der Phantasie ein?«

»Wenn mir das so real passieren würde, hätte ich die auch.«

Doch dann ging sie zum »Gegenangriff« über: »Also – grundsätzlich – was soll das?«

»Was meinst du?«

Nach einigem Zögern: »Die Straße ist der Weg, den ich gehe. Der Mann ist eine Beziehung, die ich angeboten bekomme, ohne etwas dazu zu tun. In der Realität prüft man ja auch erst, worauf man sich einläßt.«

»Hast du dich eingelassen?«

»Das war mir zu direkt, ich würde das für zu vertrauensselig halten.«

»Wie müßte die Phantasie aussehen, damit du dich einlassen kannst?«

» – Wenn eine Frau am Steuer sitzen würde.
– Wenn eine Frau mit dabei ist.
– Wenn ich den Fahrer kennen würde.
– Wenn kleine Kinder dabei wären.«

»Es gibt keine Alternative, wo du einem Mann allein begegnen könntest?«

»Nein!«

»Siehst du selbst hier eine mögliche fiktive Einstellung?«

»Ja – vielleicht die Männer immer auf Abstand halten zu wollen« – und sich dabei überlegen fühlen zu können.

Vier Tage später erzählte mir Irenka, daß sie sich jetzt

schon zweimal beim Anzünden einer Zigarette die Finger verbrannt hätte. »Und das hat mehr weh getan als die Selbstverbrennungen an den Handgelenken in England.« Irenka darf sich wieder »fühlen«.

Diesem Tagtraum folgte ein Nachttraum, in dem sie ihren Tutor aus Frankreich zu sich zum Essen einlädt. Er verirrt sich auf dem Weg zu ihr, aber der Traum endet mit der Gewißheit: »Ich vertraue darauf, daß er den Weg zu mir nach Hause findet.« Nach diesem Traum wagte ich noch einen Schritt mit ihr weiterzugehen im gelenkten Tagtraum.

Vorgabe: ein Schlammloch, vor dem sie sitzt.

»Ich sitze im Schneidersitz auf einer Wiese vor dem Schlammloch. Ich bin ziemlich leer. Ein Mann kommt barfuß über die Wiese, tippt einmal mit dem nackten Zeh hinein und geht wieder weg. Mehr nicht.« Ein sofortiges Ausweichmanöver: »Daran angeschlossen befindet sich eine Zapfstelle für Mineralwasser. Einer meiner neckischen Einfälle.« Ich frage nach dem Aussehen des Schlammloches: »Groß, rund, dunkelbrauner Schlamm, blubbert. Mokka-Crème, ich möchte nicht reinfallen. Ganz wenige Blasen. Drumherum Gras. Es ist sonniges Wetter.«

»Was fällt dir auf?«

»Ich hab' überlegt, warum der Mann da nicht badet. Es ist zäh und eklig, hat keinen Grund, er wird sich hüten.

Ich vermute, daß es etwas mit Sexualität zu tun hat. Das Loch in der Sexualität hat auch keinen Boden.«

Ich frage nach ihren Gefühlen gegenüber dem Mann.

»Eigentlich gleichgültig. Aber auch etwas neugierig. Ich überlege, was er alles tun könnte.«

Die beiden Tagträume zeigen sowohl die dem gesamten Lebensstil Irenkas innewohnende Rückzugstendenz – das Leben ist gefährlich, ich könnte eine Niederlage erleiden – wie auch erste vorsichtige Annäherungsversuche an dieses – nicht nur individuell, sondern auch kulturell – heikle Thema.

Kurz nach ihrem Umzug in die WG bilderte sie eine Wiese mit Spaziergängern, die *Wölfe an der Leine führten* und einer Kuh, die sich wegen der auch sonst völlig veränderten Szenerie sehr »überflüssig« vorkam. Es gab noch ein Karussell und ein Festzelt mit Pferden, allerdings auch eine Bananenschale, »auf der man ausrutschen kann«. Als ich Irenka fragte, ob sie der Kuh etwas sagen wolle, wich sie erst aus und meinte dann aber, daß sie in ihren Stall zum Melken »verschwinden« solle.

Zwei Monate später, kurz vor Beginn ihrer Praktika, die ihr als bevorstehende Anforderung Angst machten, bilderte sie die folgende Szene:

»Es ist Herbst, die Wiese ist kurz und gelblich-grün. Buchenwald, gelblich-grün. Blätter liegen auf der Wiese, braunrot, und die Sonne scheint. Ich geh' mit irgend jemandem Hand in Hand über die Wiese. Uns umspringt ein schwarzer Mischlingshund, halb Spitz, halb Wolf, mit einem weißen Halsband. Ich kann meinen Atem sehen, weil es kalt ist. Für den Hund gibt es keine Leine, aber er gehört zu uns.«

Ich bat sie um Einfälle zu ihrem Bild:

»Mir fällt auf, daß ich mit jemandem zusammen bin, daß ich also in einer Beziehung bin, daß es Herbst ist und bald Winter wird. Herbst ist noch einmal ein Aufleuchten vor dem Winter. Winter ist Schlaf, Erstarrung, Kälte, Leichentuch, Krähen.

Mir ist auch der Hund mit dem weißen Halsband aufgefallen. Man sagt doch, daß das Böse dunkel und das Gute hell ist. In diesem Fall *liegt das Dunkel am Halsband des Hellen.*

Spitz ist eine der ältesten Hundearten – Torfspitz –, die mit dem Menschen zusammengelebt haben. Er ist also ein ausgeprägtes Haustier, halb Wolf zwar, aber *insgesamt eben domestiziert.*«

Auf Frage: »Den Herbst als Jahreszeit liebe ich besonders.«

Wieder zwei Monate später – nach ihrem Schwesternhelferinnen-Praktikum und vor Beginn der eigentlichen Schwestern-Ausbildung – sollte sie wieder einmal von einem sicheren Ort aus den Waldrand beobachten: »Ein Unterstand an der Wiese, halb Unterstand, halb Laubhütte, gegenüber vom Waldrand, dazwischen die Wiese, kurz, grün, keine Blumen, festes Gras. Unterstand aus Stämmen, darüber Äste und Wiesenfladen. Drin zum Teil duftendes Heu, zum Teil nackter Lehm- und Steinboden. Nach hinten Ausgang in einen mit Bohlen überdachten Graben, der sich in ein Erlenwäldchen hin öffnet. Nach drei bis vier Metern eine Felswand, in dieser eine natürliche Höhle, in dieser ein 10–20 m langer Gang, der in der Höhle einen Knick macht, so daß man nicht sieht, daß er auf der anderen Seite zum Ausgang führt. Oben drauf Tannen. In der Höhle entspringt ein kleiner Bach, der nach draußen fließt. Der Weg führt dann jenseits des hinteren Ausgangs am Bach entlang 50 m weiter. Erlen am Rand. Dann ein langer See. Ein Anlegesteg mit einem Ruderboot.

Ich mache mir ein bißchen Heu in den Türrahmen des Unterstandes und lege mich hin, um den Waldrand zu beobachten. Es regnet. Es mag Mai sein. Es ist Mittagszeit. Der Waldrand steht und tropft. *Es kommt nichts.*« Ihr fällt ein, »daß Unterstand ja eigentlich eine Verteidigungsmaßnahme ist. Und daß ich hinter mir einen ganzen ausgeklügelten Fluchtweg inklusive Boot eingerichtet habe. Und dann steht man natürlich dumm da, wenn nichts kommt.«

Mir fällt ein: »Du erwartest immer noch Bedrohung, hältst dir Fluchtwege offen, und dann kommt nichts. Gestern abend in der Kneipe (mit der Therapiegruppe) hast du dich hinter deiner Zeitschrift verkrochen, weil du wieder einmal gezweifelt hast an deinen Möglichkeiten, teilzunehmen am Gespräch.«

Irenka: »Ich finde, es ist doch langweilig, wenn ich da liege, statt aufzustehen und loszugehen und einfach nachzusehen, was denn im Wald ist.«

Welch ein Unterschied zwischen der im Bunker hockenden und die Wölfe vom Waldrand erwartenden Irenka und der ihre Fluchttendenzen und Bedrohungsgefühle offen ansprechenden jungen Frau, die trotzdem ihren Aufbruch anvisiert.

5.21 *Zunehmende Übernahme von Verantwortung und die sie begleitenden Irritationen*

Eine Woche später berichtete sie mir engagiert Begebenheiten, die ihre zunehmende Handlungsfähigkeit spiegelten, und drei Wochen später sprach sie von einem »ruhigen und guten Grundgefühl« in ihrer Existenz. In der Klinik war sie sehr engagiert, machte eigene Beobachtungen an Patienten und Mitarbeitern und berichtete oft von produktiver Arbeit. Als Problem erlebte sie immer wieder, daß ihr »keine einfachen Lösungsmöglichkeiten« einfielen. Wir machten deutlich, daß sie aufgrund ihrer tiefen Selbstwertzweifel sich immer wieder an zu hoch gesteckten Zielen orientierte. »Ich muß immer besser als gut sein«, meinte sie. Die daraus resultierende Überforderung quälte sie noch oft.

Eines Tages berichtete sie wieder von einem »unheimlichen Phänomen«: sie habe im Gespräch mit einer Mitarbeiterin plötzlich einige Minuten Gedächtnisschwund gehabt. Angst stand wieder in ihren Augen. Ich ermutigte sie dazu, diesen Gedächtnisschwund als ihre eigene gezielte Produktion zu verstehen und nachzuforschen, wozu sie ihn gebraucht habe. Sie fand heraus, daß sie die besagte Mitarbeiterin öfter als unloyal empfand und deshalb diese Fluchtbewegung »inszeniert« hatte. Ich konnte sie ermutigen, die Situation offen anzusprechen und eine Aussprache herbeizuführen, um den Gedächtnisschwund überflüssig zu machen.

Zeitgleich zu diesem Ereignis träumte sie:

»Ich befinde mich mit einigen anderen in einer Bucht. Da ich irgendwie weiß, daß bald eine Flut kommt und daß darin ein Mädchen ertrinken wird, gehe ich über den Kies zu der Stelle. Dort stehen Bohlen wie zur Spielplatzeingrenzung und dahinter zwei Mädchen, die ein drittes, sichtlich erschöpftes über das Wasser zu halten versuchen, das jetzt strudelnd ankommt. Da ich sehe, daß sie es nicht schaffen, übernehme ich das Mädchen, und wir schwimmen aus der Bucht heraus und auf die Küste zu, wo wir landen wollen. Allmählich komme ich auch in Panik, ob wir's schaffen. Da plötzlich tritt eine Art Gedächtnislücke ein. Ich weiß nicht mehr, bin ich vielleicht in der kurzen Zeit von dem Mädchen gezogen worden oder habe ich weitergezogen? Haben wir vielleicht für kurze Zeit unsere Identität getauscht? Zuerst fühle ich mich bei diesem Gedanken um meine ›Retterrolle‹ betrogen und fühle auch, versagt zu haben. Aber dann weiß ich, daß es nicht so darauf ankommt, sondern daß wir gemeinsam uns retten, daß ich Hilfe ruhig annehmen kann, daß es nicht wichtig ist, wer hier am meisten rettet.

Wir steuern jetzt auf die Küste zu, vor der eine schwarze Strömung liegt. Doch hoffen wir trotz des Abtreibens, noch wenigstens die Landzunge zu erreichen.«

Der Traum zeigt, wie bedroht Irenka sich im Vollzug ihres Lebensprozesses noch erlebte, in dem sie ja jetzt eine Ausbildung begonnen hatte. Die Frage, schaffe ich es?, war immer noch geeignet, Panik zu erzeugen, ihre Identität nicht nur angefochten, sondern gespalten zu erleben.

Gleichzeitig aber ist sie auch die, die nun beginnt, sich für sich selbst verantwortlich zu fühlen und auch den beiden ermüdeten Mädchen (hiermit verband sie meine Kollegin in ihrer WG und mich) zu Hilfe zu kommen.

Nach der Traumbesprechung bat ich Irenka, mir kurz aufzuschreiben, was ihr deutlich geworden sei. Zwei Gedanken notierte sie auf einen Zettel:

1. Sowohl das Mädchen als auch die »rettende« Person bin ich, wobei eine Verschmelzung der beiden zu einer Persönlichkeit deutlich wird.
2. Andere können mich nicht retten. Ich muß es selber tun, brauche es aber nicht alleine zu tun.

5.22 Irenka bricht auf

Kurze Zeit später – etwa 19 Monate nach Therapiebeginn – gab ich Irenka einen Zeichenblock mit der Aufforderung, noch einmal ihre Familie in Tieren zu zeichnen. Sie ging wieder sofort ans Werk. Diesmal waren alle Tiere größer gezeichnet. Vater und Bruder hatten die gleiche Rolle wie in ihrer ersten Zeichnung (Orang-Utan und Kater). Die Mutter dagegen war jetzt ein Huhn und Irenka selber eine Graugans mit ausgebreiteten Flügeln. Ich notiere die Eigenschaften der Tiere:

Graugans – Irenka:

»Gesellig, aber irgendwo auch eigenständig.«

Huhn – Mutter:

»Nützliches Tier, macht sich aber oft selber verrückt. Bildet Hackordnung heraus, ist als Glucke unheimlich fürsorglich. Ist jemand, der zu Hause bleibt, nicht fliegen kann, immer jemandem gehört.«

Orang-Utan – Vater:

»Kann sehr reizbar sein, sonst aber sehr gemütlich. Aber zu trauen ist ihm nicht.«

Kater – Bruder:

»Kann sehr egoistisch, aber auch sehr verschmust sein. Verträgt sich mit anderen Katzen und Katern nicht so sehr, solange er nichts von ihnen will oder an sie gewöhnt ist.«

Im Vergleich der beiden Zeichnungen fiel ihr zuerst auf, daß alle Tiere größer geworden sind. »Vielleicht habe ich nicht mehr so viel mit ihnen zu tun, da kann ich sie ruhig größer machen«, meinte Irenka. Mir fiel ein, daß sie sich selbst nicht mehr klein gezeichnet hat und daher auch die anderen nicht »klein machen« muß.

Zum Wechsel vom Meerschweinchen zur Graugans assoziierte sie: »Das Meerschweinchen finde ich nicht mehr so interessant, ich bin mehr fürs Fliegen. Meerschweinchen laufen nur blubbernd über den Boden, fressen Gras, leicht dumpf, verschreckter Nagerblick.«

Ich wollte wissen, was es bedeute, sie sei mehr fürs Fliegen?

»Mehr für die Weite, statt nur am Boden rumzukriechen«, meinte sie. »Es gibt doch den dummen Ausspruch: sein Horizont reicht bis zum Rand seiner Kloschüssel... Ich finde, der Platz von der Gans ist der annehmbarste im ganzen Bild: nicht zu weit oben, daß sie abhebt und nicht zu weit unten, daß sie durchfällt. Eigentlich müßte sie nach links gucken, weil ich Linkshänderin bin, aber dann würde sie aus dem Bild rausgucken.« Und das hätte geheißen: Weg von Huhn und Orang-Utan, denen die Graugans im Bild gegenübersteht.

Die veränderte Rolle der Mutter – Tigerin-Huhn – beschäftigt sie besonders. »Im ersten Bild hat die Tigerin standfestere Beine als das Meerschweinchen. Jetzt hat die Graugans festere Beine als das Huhn. Beim Huhn habe ich fast den Eindruck, wenn man es nicht hinten abstützt, kippt es.«

Wir stellen aber auch das Verbindende zwischen Huhn und Graugans fest: Beide sind Federvieh, können Eier legen, haben Flügel. Wobei die Graugans ihre Flügel im Unterschied zum Huhn gebrauchen kann. Irenka sah das Verbindende und konstituierte doch auch die notwendige Abgrenzung – durch viele Schmerzen und Rückschläge hindurch entwikkelte sie vorsichtig die Konturen einer eigenen Identität. Ich war in diesem Augenblick ergriffen und fasziniert wie bei der Geburt eines Kindes...

Diese Sitzung war die letzte, bevor wieder Sommerferien kamen.

Und danach – 21 Monate nach Therapiebeginn – kam sie nur noch, um ihren Abschied anzukündigen.

Ich sah ihre Augen, in denen ich so viele Monate gelesen

hatte, und wußte, daß ihr Entschluß feststand. Sie wollte nun »mündig werden«. Die Graugans wollte ihre Flügel erproben. Ihr Klinikpraktikum in einem Nachbarort hatte begonnen. Sie versuche, in der Klinik ein Zimmer zu bekommen.

Hinter ihrer entschlossenen Miene verbarg sie alle noch vorhandene Unsicherheit. Fürchtete sie, ich könnte sie zu halten versuchen? Oder hoffte sie es sogar insgeheim?

Das Risiko von Irenkas Entschluß stand mit fast schmerzlicher Deutlichkeit vor meinem Denken und Fühlen: war doch mit jeder neuen Anforderung ihr zerbrechliches Selbstgefühl in Gefahr. Gleichzeitig fühlte ich mich aber auch als ihr Anwalt für eine Chance zum eigenen Risiko. Ich hatte ihr zu Beginn unserer Beziehung Wahrhaftigkeit und Solidarität versprochen. Auch jetzt versuchte ich daher, ihr die bestehende Widersprüchlichkeit meiner Gefühle gegenüber ihrem Entschluß zu zeigen. Da war einerseits Verständnis und Freude über ihr Streben nach Selbständigkeit, und andererseits empfand ich Sorge wegen des möglicherweise verfrühten Alleinganges. Wir vereinbarten, daß wir uns weiter in lockeren Abständen sehen würden, wenn sie das Bedürfnis nach einem Gespräch hatte. Und ich trug ihr explizit die Verantwortung dafür auf, sich rechtzeitig Hilfe zu holen, wenn sie sie brauche.

6. Zusammenfassende Überlegungen

Irenkas wechselvolles Schicksal seit jenem Abschied, meine umfangreiche therapeutische Arbeit seither, der Reifungsprozeß in der eigenen Existenz sowie eine intensive weitere Arbeit an der Vertiefung und Erweiterung meiner tiefenpsychologischen Selbsterfahrung sind die Ausgangsbasis für die nachfolgenden Überlegungen zu meiner hier dargestellten Umgangsweise mit einer tiefen psychosozialen Störung.

Beeindruckt und beeinflußt von der integrativen Arbeitsweise des amerikanischen Adlerianers und Schizophreniespezialisten Bernhard H. Shulman, dessen Buch »Individualpsychologische Schizophreniebehandlung« während meiner Arbeit mit Irenka in deutscher Sprache erschien, und geschult in ähnlicher Weise durch die eigene integrative Lehranalyse waren der teleo-analytische sowie der sozialpsychologische Aspekt in meiner therapeutischen Arbeit stark ausgeprägt.

»Schizophrenie ist (–) nicht nur eine Reaktion, sondern eine Handlung, eine Entscheidung, eine Wahl.«[255]

Diese individualpsychologische Einschätzung gilt grundsätzlich für alle psychosozialen Störungen. Sie ist in ihren Auswirkungen auf die individualpsychologische Psychotherapie aber auslegungsbedürftig. In der Deutschen Gesellschaft für Individualpsychologie wird dies auch entsprechend ernst genommen und ist u. a. als Diskussion zwischen »Kognitivisten« und »Emotivisten« in vollem Gange. Es geht dabei im Kern – was ich mit dem obigen Zitat von Shulman andeuten wollte – um den Umgang mit dem Verhältnis von Finalität und Kausalität und damit im Sinne der Sache auch um die Frage nach Notwendigkeit und Umfang von »Regression«[256] wie auch um den Umgang mit Übertragungsprozessen.

Günter Heisterkamp traf auf dem 15. Kongreß der Internationalen Vereinigung für Individualpsychologie in Wien 1982 m. E. den nervus rerum mit dem »Schlagwort«: »Verleugnung der originären Insuffizienzerlebnisse durch Finaldeutungen«[257], und führte u. a. dazu aus:

»Wozu könnte der individualpsychologische Therapeut an der Wozufrage hängen? Was würde denn anders werden, wenn er darauf zugunsten einer kontinuierlichen Einfühlung verzichten würde? Der Patient würde mit zunehmender Intensität seine ganze emotionale Not zum Ausdruck bringen, seine panischen Ängste und seine schrecklichen Widerfahrnisse. Die Wozufrage bietet dem Therapeuten die Sicherheit von Rationalisierungen. Er kann sicher gehen, nicht zu tief in das Leid seiner eigenen Kindheit hineingezogen zu werden, vor dessen Wiederbelebung er insbesondere dann große Angst haben muß, wenn er dies selber in seiner eigenen Analyse nicht genügend wahrnehmen durfte. – – – Mit einer abstrahierenden und distanzierenden Form der Therapie sichert sich der Therapeut vor den Gefahren der Wiederbelebung seiner eigenen belastenden Insuffizienzerlebnisse. – – – Diese ›Flucht in den Kopf‹ (–), nämlich mit der Wozufrage aus dem Erleben in ein Darüberreden auszuweichen, funktioniert todsicher...«[258]

Im Gegensatz zu der so beschriebenen »kognitivistisch« ausgerichteten Form Adlerscher Therapie formuliert Heisterkamp »emotivistisch«:

»Den Patienten annehmen und verstehen heißt (–) weniger, sein Ziel festzustellen als sein Leid zu erspüren, zu dessen not-dürftiger Bewältigung er keine andere als eben diese Fiktion fand. Aus dieser dialektischen Sichtweise resultieren dann ganz andere Interventionsformen des Therapeuten. Die Aufdeckung des Ziels tritt dann hinter die Einfühlung in die aktuelle Lage des Patienten zurück. ...Der Therapeut hilft dem Patienten dabei, das Leid aus der Verkrustung eines stereotypen Bewältigungsversuches zu befreien. Er bietet dem Patienten die Möglichkeit, seine unerledigten Konflikte wieder *durchzuleben* und über die Ausformung von Angst, Resignation, Wut, Verzweiflung, Hoffnung usw. weiterzuführen und *so lange* mit diesen Erfahrungen *umzugehen*, bis das unerledigte Problem in einer für den Patienten befriedigenden Weise abgeklärt und abgerundet ist. – – – Er wird aus sich heraus, also ohne Appelle, Ermahnungen, Belehrungen oder gar Beschuldigungen beziehungsfähiger.«[259]

Auf dem gleichen Kongreß äußerte der bekannte österreichische Psychosomatiker, Psychiater und Individualpsychologe Erwin Ringel ähnliche Gedanken, als er die Überlegenheit der Freudschen Psychoanalyse hinsichtlich der *Analyse* gegenüber der IP ansprach und meinte:

»... ich glaube, daß wir Individualpsychologen einfach eine solche Feststellung aushalten müssen und deswegen nicht in Verzweiflung fallen dürfen. – – –

Alfred Adler war ein viel mehr an den Menschen glaubender Mensch als Freud, er war Optimist in seinem ganzen Wesen, sein Hauptziel war, den Patienten zu ermutigen. Daraus ergibt sich ganz klar: wenn es mein Ziel ist, den Menschen zu ermutigen, schwäche ich damit unwillkürlich den Tiefgang der Analyse ab. Dann kommt zum immer vorhandenen Widerstand des Patienten gegen so schonungslose Aufdeckung (wer will das schon?) auch noch die Tendenz des Therapeuten, dem Negativen nicht so ganz auf den Grund zu gehen, denn er will es ja doch mit einem Menschen zu tun haben, der noch an sich glauben kann, der imstande ist, sich aufzuraffen. Fazit: natürlich wollen auch wir Individualpsychologen aufdecken, wir nehmen das auch sehr ernst, aber vielleicht soll es doch nicht zu tragisch werden ...«[260]

An dieser Stelle verweise ich noch einmal auf die Bedeutung der »Wachsamkeit« im Bild vom Hüter meines Bruders, bezogen auf die Differenzen zwischen den sog. kognitivistischen und emotivistischen Ansätzen der IP. Ich habe die Falldarstellung zu Beginn als die Geschichte sowohl meines therapeutischen Vermögens als auch meines Unvermögens wie auch als die Momentaufnahme eines Lernprozesses bezeichnet. Im Aufgreifen jener Zweifel in mir nach Irenkas Abschied verweist mein Lernprozeß seither zu größerer Komplexität: Er geht einerseits eindeutig zum Zeitpunkt und Ort der frühen Kränkungen hin und immer stärker in die Richtung der *erlebnismäßigen* Durcharbeitung der frühen Konflikte. Wo ich mich in der damaligen Arbeit mit Irenka i. S. Heisterkamps noch vor der Gefahr der Wiederbelebung eigener Insuffizienzerlebnisse sichern mußte oder i. S. Ringels meine Hoffnung, daß sie noch imstande sei, sich aufzuraffen, bedroht fühlte, wird der geschulte Tiefenpsychologe unschwer erkennen. Diese »wunden« Punkte sehe ich dort, wo ich versucht habe, ihre kognitive Einsicht in etwas zu fördern, was sie selbst noch nicht wahr-nehmend gefunden hatte.[261] Das Verpflichtende im Bild vom Hüter meines Bruders für den tiefenpsychologisch arbeitenden Therapeuten liegt also einerseits für mich darin, daß er bereit ist, *seine* Schmerzen auf dem Wege der emotionalen Rückkehr zu seinen Ursprungserlebnissen zu durchleben und neu zu verarbeiten, um damit einer Umstrukturierung der neurotischen oder psychotischen Finalität des Leidenden ihm gegenüber den Weg zu eröffnen. Andererseits kann der Psychotherapeut auf die Freisetzung der kreativen Möglichkeiten, die mit der Zielaufdeckung verbunden sind, nicht verzichten. Es geht in der individualpsychologischen Psychotherapie mithin um die lebendige Gestaltung der »Wechselbeziehung zwischen Kausalität und Finalität«[262], das heißt für den individualpsychologischen Psychotherapeuten also um Bereitschaft und Fähigkeit zum dialektischen Umgang mit psychosozialen Störungen. Er muß

> »ein fließendes Gleichgewicht oder freies Oszillieren anstreben zwischen kausaler und finaler Betrachtungsweise, zwischen Finalität und den kausalen Bedingungen der Finalität, zwischen Einfühlen in die ›Opfer‹- oder Objekt-Seite einerseits und Verdeutlichung der ›Täter‹- oder Subjekt-Seite andererseits, um auf diesem Hilfsweg letztlich zu einer Integration beider Sichtweisen zu einer ganzheitlichen Einstellung zu gelangen«.[263]

Das begründet in meinem Verständnis keinerlei therapeutische Vollkommenheit, aber es schließt auf Inkompetenz beruhendes Fehlverhalten des Therapeuten aus und macht ihn erst belastbar mit dem wie immer wechselvoll gestalteten »Selbstheilungsprozeß«[264] seiner Klienten ebenso wie mit dessen Verweigerung als auch mit jener Paradoxie einer »Beziehung der Nichtbeziehung«[265] im therapeutischen Setting.

Der Vielfalt des Selbstheilungsprozesses beim Klienten kann dabei eine gewisse Entsprechung in der Vielfalt der therapeutischen Angebote für das erneute Durchleben und Durcharbeiten sowie die Zielaufdeckung gegenüberstehen. In diesem Sinne haben wir nicht nur eine »freudianisch aufgebesserte« IP anzustreben. Das modifizierte Katathyme Bilderleben (Leuner), die Bioenergetik (Lowen), das Psychodrama (Moreno) und die Gestalttherapie (Perls), um nur vier, ebenfalls von einer zu primärer Kreativität befähigten Persönlichkeit ausgehende und die Einheit des Individuums fördernde Therapieformen zu nennen, bieten dem individualpsychologischen Therapeuten Wege an, die der erlebnismäßigen Ausformung der Ursprungserfahrungen sowie der mit ihnen verbundenen Zielproblematik oft rascher und gezielter als die rein verbal-analytische Arbeit auf die Spur zu kommen vermögen. Gleichzeitig minimieren sie im Sinne der IP die Übertragung und sind vor allem darauf ausgerichtet, verborgene Konflikte zur Projektion zu bringen (Katathymes Bilderleben), Begegnung authentischer zu machen (Psychodrama), Identität über die Realisierung körperlichen Fühlens Substanz und Struktur werden zu lassen (Bioenergetik) oder abgespaltene Teile der Persönlichkeit durch Rollenspiele zu reintegrieren (Gestalttherapie). Dabei kann der Individualpsychologe immer davon ausgehen, daß zur Projektion gebrachte Konflikte, gegenwärtiges Psychodrama, erlebte Körperstarre und Muskelverspannung ebenso im Rollenspiel erfahrene mangelnde Identifikationsmöglichkeiten im Hier und Jetzt direkt zu den causae finalis der Finalität wie auch zum hieraus resultierenden Lebensziel und Lebensstil führen.

Hier ist in meinem Verständnis auch der Ort, wo es vor allem über das kognitivistische Moment zu empirisch-rationaler Überprüfbarkeit tiefenpsychologisch-Adlerscher Psychotherapie kommen kann, wo formulierbare und dem wissenschaftlichen Diskurs zugängliche Strukturen – wie z. B. die individuelle Finalität – erkennbar und damit vermittelbar gemacht werden können. Und nicht nur unter diesem Gesichtspunkt meine ich, daß der Streit zwischen »Kognitivisten« und »Emotivisten« in der IP kein Streit um die »bessere Methode« sein kann, sondern allenfalls um den jeweiligen Ort im Gesamt individualpsychologischer Tiefenpsychologie. Das könnte auch dem Anliegen der immer wieder neu zu prüfenden Frage: Wie kann ich als Psychotherapeut Hüter meines Bruders sein? dienlich sein sowie zur Versachlichung und Ermutigung im Hinblick auf die Hereinnahme »fremder« Therapieformen führen und dem offenen »brüderlichen« Erfahrungsaustausch in diesem oft noch sehr »diskret« gehandhabten »Geschäft« zugute kommen.

In Ergänzung zu der oben beschriebenen wichtigen Erfahrung in der Therapie, mit des Kindes Angst, Schmerz und Wut/Haß in mir endlich einmal emotional offen »herausrükken« zu dürfen und damit solidarisch angenommen zu werden, um sie in neuer Weise bewältigen und damit verabschieden zu können, in Ergänzung also zu dieser Möglichkeit zur Regression in der Therapie mit der dabei zentralen Erfahrung des brüderlichen anderen, möchte ich – vor allem was den therapeutischen Umgang mit sozial schwer geschädigten Menschen wie z. B. den schizophren Verstörten angeht – noch jene Möglichkeit der Regression ansprechen, die wir mit »Rückfall« bezeichnen. Wir müssen davon ausgehen, daß eine »endgültige Immunisierung« eines einmal schwer geschädigten seelischen Terrains nicht oder kaum zu erreichen ist. Jede Wunde hinterläßt eine Narbe, und Narbengewebe – auch psychisches – bleibt empfindlich. Gewiß kann Therapie auch zum Selbstschutz gegenüber erneuten Verletzungen im Sinne der Übernahme von Verantwortung für das gesamte So-sein der Existenz befähigen. Doch war es gerade ein Anliegen dieser sozialpsychologisch orientierten Arbeit, aufzuzeigen, daß in dem unentrinnbaren dialektischen Verhältnis von Individuum und Gemeinschaft in den hochtechnisierten Industrienationen Bedrohungen und Verletzungsmöglichkeiten einprogrammiert sind, die vom einzelnen Individuum direkt nicht beseitigt oder einfach vermieden werden können.

In der Psychotherapie der Psychosen und schweren Neurosen wird sich der Therapeut als Hüter seines Bruders also auch mit der Möglichkeit von Rückfall und damit u. U. verbundener erneuter geduldiger und solidarischer Arbeit belasten müssen, ohne das eigene Gleichgewicht zu gefährden. Hier wie überall in der Psychotherapie, wenn sie nicht »den

> Charakter des Psychotherapeuten verderben«[266]

soll, ist vor allem die grundlegende Einstellung wichtig, daß

> »Therapie nicht gleichgesetzt wird mit ›Heilen‹ oder ›Vollzug der Heilung‹, sondern mit dem Akt, in dem der Therapeut dem Patienten Gelegenheit gibt zur Selbstheilung«[267].

Wieviele Phasen in diesem Selbstheilungsversuch erforderlich sind, kann nicht der Therapeut entscheiden. Die einmal aufgenommene Beziehung zu einem tief verletzten Menschen kann nur von diesem selbst bzw. in Übereinstimmung mit ihm beendet werden.

Im Zusammenhang mit der eben beschriebenen latenten Verletzlichkeit schwer verwundeter Menschen komme ich noch einmal zurück auf die Notwendigkeit der »Nacherziehung« des Schizophrenen aufgrund seiner defizitären Geschichte. Diese Notwendigkeit fand ich auch in der Therapie anderer Störungen gegeben. Ganz konkret meine ich damit das Training von Lebenspraxis. Erwin Ringel sagte dazu in seinem Wiener Vortrag:

> »Wir wollen jedem Freudianer gerne zugeben, daß, wer seine Vergangenheit nicht versteht, gezwungen ist, sie in der Zukunft wieder zu erleben und daß es dabei schicksalhaft entscheidend ist, seine Vergangenheit richtig zu interpretieren.
>
> Aber: garantiert die Einsicht in die Vergangenheit bereits, daß sie sich in der Zukunft nicht wiederholen kann? Wir Individualpsychologen beantworten diese Frage mit Nein und wir fühlen uns verpflichtet, mit dem Patienten zusammen diese neuen Verhaltensweisen zu entwickeln und zu trainieren.«[268]

Die solidarische Begleitung eines jeden Trainingsschrittes als eines auch für den Therapeuten noch offenen und gefährdeten Wagnisses in der Existenz des Klienten ist dabei gerade das, was dem Betroffenen dieses Training ermöglicht. Dies hat seine Bedeutung auch – und hier sei noch einmal die sozialpsychologische Verantwortung des Psychotherapeuten über die politisierende Wirkung von Leiderfahrungen in der Psychotherapie angesprochen – in bezug auf die »grandiosen Unangemessenheiten« (vgl. Menschenbild) in der Existenz, auf Probleme wie Arbeitslosigkeit, Sinnentleerung, Krise von Ehe und Familie, atomare und ökologische Katastrophendrohung u. a. m. Hier können wir, wie Ernest Jouhy auf dem Wiener Kongreß ausführte, die in der Psychotherapie anvisierte

> »psychische Gesundheit nicht an der Sicherheit und Leidlosigkeit der Individuen in Sekten und Parteien (–) messen, nicht am Gemeinschaftsgefühl an sich, sondern an der Fähigkeit, gegen Leid, Schwäche und Machtlosigkeit den-

> noch vom Entwurf des Potentiellen her, ob biologisch oder historisch, der Gegenwart und dem Faktischen die Stirn zu bieten. Diese Fähigkeit zu entwickeln ist für uns Sinn und Möglichkeit von Erziehung und Psychotherapie,«[269]

und damit auch ein Weg zur Stärkung des einzelnen gegenüber gesellschaftlichen Zwängen.

Wenn Basaglia und Slavich zu der Feststellung kommen,

> »Verrücktheit ist nicht in einem Menschen, sondern in einem Bezugssystem«[270]

so ist dies ganz sicher nicht auf eine Klinikstruktur zu reduzieren, ebensowenig etwa nur auf die Herkunftsfamilie des Schizophrenen.

> »Die Ansicht M. Bleulers, daß Spaltung und Autismus die primären Symptome der Schizophrenie darstellen und miteinander zusammenhängen (–), findet ihre Bestätigung in der Formulierung Arietis, daß vor allem jener Ich-Anteil abgespalten wird, der sich der Welt und den Menschen zuwendet (–).«[271]

Hier wird die tiefe Verflochtenheit von Schizophrenie und Gesellschaft angedeutet, die der Verflochtenheit des Individuums mit der Gesellschaft entspricht.

Das hier angesprochene Unvermögen des Schizophrenen – das sich auch wie ein roter Faden durch meine Falldarstellung zieht –, sich der Welt und den Menschen zuzuwenden, dieses Unvermögen ist im Sinne des hier vorgelegten Menschenbildes und seiner Problematik in den Industrienationen weder nur als intrapsychisches noch nur als familienbezogenes, es ist als ein durchaus gesellschaftlich (mit-)bedingtes Elend zu diagnostizieren. Autismus und Spaltung sind, so verstanden, heute bereits Massenphänomene unter den sog. »normalen« Menschen der industriellen Gesellschaften, in denen wir leben.

In diesem Sinne betrachte ich heute die Schizophrenie nicht nur als ein medizinisches oder sozialpsychologisches, sondern auch als ein eminent politisches Problem[272].

Das auch von daher notwendige beherzte brüderliche Miteinsteigen in die »Niederungen der Aktion« – wie mein Gruppenmitarbeiter Lutz Grell es einmal formulierte – ist gewiß ein entscheidender Unterschied zum Freudschen Abstinenzgebot. Fehlleistungen können hier wie nirgend ausgeschlossen werden. Doch ist damit eine Essenz meines ebenso engagierten wie begrenzten Beitrages zur IP Alfred Adlers bezeichnet:

als eines – wie immer fehlsamen – Versuches, die mörderische Geschichte der »brüderlichen Urgestalten« durch Leiden-schaffende und leidenschaftliche Teilhabe und mit beherzter Vernunft – schwesterlich – fortzuschreiben.

Anmerkungen

1 Hier ist auf die nur dem Menschen – im Unterschied zum instinktgeleiteten Tier – eigene Schwierigkeit hinzuweisen, die ihm gerade durch diesen Doppelcharakter der Freiheit entsteht. Ernst Bloch formuliert:

> »Frei werden von etwas heißt auch losgelassen sein. Das macht zunächst leer, wenn es auch eine saubere Leere sein kann, worin es ehrlich hergeht. Wichtig aber wird sogleich hernach, wohin und wozu das Lossein loslegt.«

Bloch, E., 1970, S. 23

Vgl. hierzu auch die sozialpsychologische Studie über »Die Furcht vor der Freiheit« von Erich Fromm, 1980, S. 215ff., wo er u. a. feststellt:

> »Die europäische und die amerikanische Geschichte seit dem Ende des Mittelalters ist die Geschichte des vollen Auftauchens des Individuums. Es handelt sich um einen Prozeß, der in Italien während der Renaissance begonnen hat und der erst jetzt seinen Höhepunkt erreicht zu haben scheint. Mehr als vierhundert Jahre waren nötig, um die mittelalterliche Welt niederzureißen und die Menschen von den offenkundigsten Beschränkungen ihrer Freiheit zu erlösen. Aber während das Individuum sich in vieler Hinsicht geistig und emotional weiterentwickelt hat und in einem bisher unerhörten Rahmen kulturelle Leistungen vollbringt, ist die Kluft zwischen der ›Freiheit von‹ und der ›Freiheit zu‹ ebenfalls noch größer geworden. Dieses Mißverhältnis zwischen der Freiheit *von* jeder Bindung und dem Mangel an Möglichkeiten *zu* einer positiven Verwirklichung der Freiheit und Individualität hat in Europa zu einer panikartigen Flucht vor der Freiheit in neue Bindungen oder zum mindesten in eine völlige Gleichgültigkeit geführt.«

S. 238f.

2 Bloch, E., 1970, S. 240f.

3 Gardavský, V. 1970a

4 Ibid, S. 15

5 Vgl. hierzu neben der einschlägigen Frauenliteratur Gmelin, O. F. in Ostermeyer, H. (Hrsg.) 1979, S. 199ff., der dort aufgrund eigener Erfahrungen als »Hausmann« und Vater u. a. zu der Feststellung kommt:

»Die Wohn-, Eß-, Putz-, Wasch- und Kochgewohnheiten sowie das an ihre Pflege geknüpfte Rollenverhalten von Frauen, Männern und Kindern sind historische Erscheinungen, die auf die Arbeitsweise und Verhältnisse der jeweiligen Gesellschaft zurückzuführen sind; sie werden durch Formen der Kommunikation und kulturellen Mythen zusätzlich stabilisiert, großenteils abseits der zwingenden, weil biologischen und hygienischen Bedürfnisse. Den noch immer anhaltenden Zwang geschlechtsspezifischer Rollenzuweisung wird die Gesellschaft aufgeben müssen, weil klargeworden ist, daß die Frauen die Rollenerwartungen im Haushalt *und* Erwerbsberuf nicht erfüllen können, ohne sich zu ruinieren. – – –« (S. 208)

6 Vgl. Kutter, P. 1978, S. 20ff.

7 zur Lippe, R. in Kursbuch 35/1974, S. 1ff.

8 Vgl. Antoch, R. in Zeitschrift für Individualpsychologie (ZfI) 1/84, S. 3

9 Ibid, S. 5

10 Vgl. Künzli, A. in »Die neue Gesellschaft« 1/84, S. 60

11 1. Mose 4, 3–5, 8–9 in »Die Bibel«, 1912, S. 7f. (Hervorhebung von mir)

12 Vgl. Gamm, H.-J. 1965, S. 18f.

13 Vgl. Ibid, S. 19

14 Bloch, E. 1970, S. 83

15 S. hierzu Anm. 22

16 1. Mose 3,5 in »Die Bibel«, 1912, S. 7

17 Gardavský, V. 1970a, S. 36

18 Ibid, S. 48

19 Bloch, E. 1970, S. 83

20 Vgl. Gardavský, V. 1970a, S. 38

21 Siehe hierzu Adler, A. zit. nach Ansbacher, H./Ansbacher R. 1975, S. 182ff. zum Apperzeptionsschema

22 Mich hat im Zusammenhang mit meinen Überlegungen zur Kain-und-Abel-Geschichte auch die theologische Interpretation interessiert. Aus den Gesprächen mit meinem Bruder, dem Theologen Klaus Brix, gebe ich zu dieser Frage hier ein Tonbandprotokoll wieder, in dem er eine theologische Analyse und Interpretation umreißt.

1. Mose 4,1–16

»Zunächst muß die selbstverständlich klingende Voraussetzung ausdrücklich genannt werden, daß uns dafür nur der Text zur Verfügung steht, in der uns heute zugänglichen Form, sowie die an ihm auszumachende Entstehungs- und Auslegungsgeschichte. Dabei können in diesem Rahmen nur die wichtigsten Gesichtspunkte berücksichtigt werden.

Eine wichtige Voraussetzung für die theologische Interpretation besteht darin, daß die Erzählungen des Alten Testaments die Geschichte des Gottesvolkes widerspiegeln und nicht wissenschaftliche Geschichtsschreibung sind. Sie wurden von Zeugen des Glaubens nach zum Teil Jahrhunderte andauernder mündlicher Überlieferung aufgeschrieben. Die schriftliche Fixierung diente nicht nur der Bewahrung von Traditionen, die verlorenzugehen drohten, sondern vor allem der Verkündigung auch im nicht-jüdischen (= heidnischen) Umfeld. Theologische Mitte dieser Verkündigung – wie aller Verkündigung – ist, daß allem Selbstbewußtsein des Menschen die Bejahung und Wertschätzung Gottes vorausgeht, in der der Mensch sich auch in seinen Widersprüchen als Geliebter erkennen und fühlen kann. Im vorliegenden Fall stehen erste Eindrücke des Textes dieser genannten Voraussetzung entgegen. Welche Rolle z. B. spielt Gott in dieser Geschichte, der scheinbar willkürlich sich auf die Seite des einen stellt? Warum schützt Gott den Mörder Abels so auffällig? Läßt sich die Geschichte auf den Appell reduzieren, den eigenen (sündhaften) Zorn zu zügeln und im übrigen Gottes Zuwendung oder Ablehnung je nach Belieben hinzunehmen? Einige formale und historische Beobachtungen am Text geben wichtige Auskünfte über die Intention dieser Geschichte.

1. Sowohl Gerhard von Rad als auch Ernst Bloch weisen in ihren Analysen darauf hin, daß der Grund für die Ablehnung Kains weder im rituellen Vollzug noch in dessen Gesinnung liegt. Daß Abels Opfer im Unterschied zu Kain angenommen wird, hängt mit verschiedenen, miteinander rivalisierenden archaischen kultischen Traditionen zusammen. Im vorliegenden Fall bevorzugt nach Darstellung des Verfassers die Gottheit (Jahwe) das Blutopfer gegenüber dem Opfer von Früchten des Feldes. Aber diese Tradition ist im Grunde nicht ungebrochen, wenn man bedenkt, daß ausgerechnet Kain unter den besonderen Schutz Gottes gestellt wird. Auch die sogenannte Opferung Isaaks, die ja tatsächlich nicht stattfindet, sei – so Bloch – ein Beleg dafür. Beim Propheten Amos (5,21 und 22) polemisiert Jahwe gegen die Brandopfer, deren »Geruch« er verabscheut. Zu dieser Polemik gehört allerdings auch die Kritik, daß das Gottesvolk in der rituellen Betriebsamkeit überhaupt Jahwe aus den Augen verliert.

Die Erwähnung dieser Unterscheidung der im biblischen Text zusammenfließenden Traditionsströme ist erforderlich, um sich bei der theologischen Sinn- und Zieldefinition nicht bei der angeblichen Willkür Gottes aufzuhalten. Sondern: *Das gött-*

liche Handeln wird von Menschen dargestellt, die ihrerseits als das »wandernde Gottesvolk« sich wandelnde Vorstellungen des sie leitenden Gottes zum Ausdruck bringen. Die Ablehnung Kains läßt keine Schlüsse auf seinen Charakter zu, noch ist sie das Ergebnis eines mit seinen Untertanen beliebig spielenden Gottes. Daß der Erzähler dennoch ein Ziel in dieser Darstellung verfolgt, wird noch deutlich werden.

2. Bei der Textanalyse ist die Textlücke in Vers 8 von Bedeutung für das Verständnis der Intention der Geschichte. Was Kain zu Abel gesagt hat, fehlt. Die Übersetzung Luthers sowie diejenige der LXX glättet den Urtext unter Zuhilfenahme anderer Textzeugen (LXX = Septuaginta = die griechische Übersetzung des hebräischen Textes etwa im 2. bis ersten vorchristlichen Jahrhundert abgeschlossen). Nach der Fassung des Urtextes müßte es lauten: ›Und es sprach Kain zu Abel, seinem Bruder: »...?« Und es geschah, als sie auf dem Felde waren usw. usw.‹

Der seinen Bruder Abel hier anredende Kain paßt nach Ansicht Blochs nicht zum Bild des Mörders, so wenig, wie der ihn rettende und schützende Gott zu dem verfluchenden und bluttrinkenden paßt.

> ›Der Wechsel im Bild beider ist unübersehbar. Es gab spätjüdisch eine Sekte der Kainiten, die genau bei der Auslassung in Vers 8 Lunte zu riechen glaubte, nämlich eine, die sprengte, umkehrte, gerade Abel ins Unrecht setzte. Von daher auch der Satz der Kainiten »Am Blute freut sich der Herr dieser Welt«, doch ein anderer als er sei bereits, wie bei der Ablehnung des Opfers Abrahams, vorgestellt worden, habe sich als besserer vorgestellt. Womit man sich zugleich, also keineswegs unvorhergesehen, im wachsenden Gebiet jener Gottesvorstellungen befindet, die nun – mit welchen Rückfällen allerdings – den Menschen nicht mehr anfrißt.‹ (Bloch, Atheismus im Christentum, 121)

In der Überlieferungstradition besteht also eine Tendenz, die Opferpraxis Kains als seiner Zeit voraus erscheinen zu lassen. Diese Tendenz ergäbe keinen Sinn, wenn die Bedeutung der Geschichte nur darin bestünde, die Verwerflichkeit eines Mordes in den Augen Jahwes darzustellen. Und es wird sich zeigen, daß der Hintergrund der Handlungsweise Kains wesentlich problematischer ist, als zu sagen, er sei ein Krimineller gewesen.

3. Wichtig für das Verständnis der Geschichte ist auch die Bedeutung der Namen Kain und Abel.

a) Kain bedeutet »Lanze«, »Speer«. Wichtig in diesem Zusammenhang ist die Interpretation des Namens, die der Mutter

Kains, Eva, in den Mund gelegt wird: »Ich habe einen Mann gewonnen mit Hilfe des Herrn.« (1. Mose 4,1) Das hier von Luther mit »gewinnen« übersetzte hebräische Wort heißt »kana« und hat denselben Sinn wie Kain. Die Bedeutung dieses Wortes kann ferner wiedergegeben werden mit: »Loskaufen«, »Erwerben« (z. B. auch als Gattin), »Hervorbringen«. Menge übersetzt: »Einen Mann habe ich ins Dasein gerufen.« Die englischen Äquivalente werden mit »to get« und »to produce« (!) angegeben. Derartige Bezeichnungen für die Geburt eines Kindes sind völlig ungewöhnlich und lassen darauf schließen, daß mit dem Namen Kain dem Träger dieses Namens eine besondere Bedeutung zukommt. Es ist ferner auffällig, daß für einen neugeborenen Knaben das Wort Mann gebraucht wird. Wenn ein solcher Gebrauch unter uns Heutigen geschieht, werden damit eindeutige Vorstellungen und Erwartungen schon auf das neugeborene Kind übertragen. Einen ähnlichen, nur wesentlich tiefer gehenden Vorgang, müssen wir uns hier vorstellen.
Die Kontrolle an der LXX ergibt ein ähnliches Bild. Dabei hat das hier gebrauchte griechische Wort ἐκτάομαc noch die Bedeutung: »Herrschaft gewinnen«. Im Neuen Testament wird das Wort gebraucht für: »Das Leben gewinnen«, »erwerben«. (Lukas 21,19) Im Vergleich auch 1. Tessalonicher 4,4.
b) Abel hat die Bedeutung »Hauch«, »Vergänglichkeit«, »Nichtigkeit«. Was mit Nichtigkeit gemeint ist, wird deutlich, wenn man den Gebrauch des im Namen Abel steckenden Wortstammes näher untersucht: Auf einen Punkt gebracht geht es um die allem Weltlichen gegenüber gelassene Haltung, nämlich daß alles Irdische eitel sei. Das ist der Stimmungsgehalt jenes Wortes »habal«, das mit eitel übersetzt wird und in der Septuaginta etwas moralisierend sogar die Bedeutung von »gehaltlos« bekommt. Wir finden dieses Wort nicht zufällig in den Texten des Predigers, der der Weisheitsliteratur des Alten Testamentes zuzuordnen ist, wobei der auch etwas resignative Zug nicht zu überhören ist: »Es ist alles ganz eitel, sprach der Prediger, es ist alles ganz eitel. Was hat der Mensch für einen Gewinn von aller seiner Mühe, die er hat unter der Sonne.« (Pr. 1,2 und 3) oder 4,4. 6–8: »Ich sah alles Mühen an und alles geschickte Tun: Da ist nur Eifersucht des einen auf den anderen; das ist auch eitel und Haschen nach Wind. Besser eine Handvoll mit Ruhe als beide Fäuste voll mit Mühe und Haschen nach Wind. Wiederum sah ich Eitles unter der Sonne. Da ist einer, der steht allein und hat weder Kind noch Bruder, doch ist seiner Mühe kein Ende, und seine Augen können nicht genug Reichtum sehen. Für wen mühe ich mich denn und gönne mir selber nichts

Gutes. Das ist auch eitel und eine böse Mühe.« Zusammenfassend und damit gewiß auch etwas verkürzend läßt sich der unterschiedliche Gehalt beider Namen in einem Satz ausdrücken: Während der Name Kain das Prinzip von Herrschaft und Macht (auch in seiner positiven Bedeutung) repräsentiert, geht von dem Namen Abel der Hauch der Vergänglichkeit alles Irdischen der Ohn(e)-Macht aus. Hier steht ein aktivistisches Lebensprinzip einem rezeptiven gegenüber. Kain ist Bauer und bestellt das Feld, Abel ist Hirte und hütet Schafe!

4. Unter dem Verfasser dieser Geschichte müssen wir uns nicht so sehr einen Schriftsteller vorstellen, als vielmehr einen Redaktor, dessen Werk »weniger die eigene Erzählung als vielmehr die Auswahl und Anordnung überkommenen vorab sakralen Überlieferungsgutes bestimmt«. (Plöger, O. RGG, B. III 3. Aufl. Mohr Tübingen 1959, Spalte 516)

Seine Verkündigung fällt in die Zeit, in der sich der von Gott gestiftete altisraelitische Stämmebund organisatorisch und auch geistlich substantiell aufzulösen begann, eine Zeit, die man auch als die Epoche der salomonischen Aufklärung bezeichnet: Das Volk Israel gewinnt ein neues Selbstbewußtsein: Es will sich weiter entwickeln, weg vom Kultstaat, mit Jahwe als Herrn, hin zum weltlichen Königsstaat. Das aber wird im Alten Testament gewertet als Hinwendung zu heidnischen, auf weltliche Machtausübung gestützte Formen staatlichen Zusammenlebens, was nur katastrophale Folgen haben kann (worunter die Teilung des Volkes Israel verstanden werden kann, die sehr wahrscheinlich in die Entstehungszeit dieser Quelle fällt), (vgl. Martin Noth, Geschichte Israels 4. Aufl. Göttingen 1959, S. 152ff.)

Die Geschichte von Kain und Abel, die Frage, wer hier »richtig« geopfert habe, wird also von dem Redaktor aus dem rein sakralen Ursprung dieser Geschichte herausgeholt und in einen Zusammenhang gestellt, in dem es dem Volk und dem einzelnen um die Frage nach dem Sinn der Gotteskindschaft – Volk Gottes ging. Und es ist kein Zufall in der Anordnung der Texte, daß diese Geschichte als erste nach der Vertreibung aus dem Paradiese »geschieht«.

Zur Interpretation

Der mit der Gottähnlichkeit ausgestattete Mensch leitet daraus einen gottähnlichen Machtanspruch ab. Damit haben wir es in dieser Geschichte auch zu tun. In der emanzipatorischen aufgeklärten Loslösung aus der eigenen Gotteskindschaft kann Kain den Abel nicht mehr als Kind desselben Vaters im Himmel und somit nicht als Bruder erkennen. Die Frage: *»Soll ich meines Bruders Hüter sein?«, ist nicht nur die letzte Konsequenz, wenn* *man sich von Gott abgewendet hat, sondern auch ein Indiz dafür, daß er sich von seiner ihm ja zugehörigen Menschlichkeit abgekoppelt hat.*

Der Verlust des Glaubens an Gott führt zur Spaltung der Persönlichkeit. Der Mord ist die *Folge* der Abkehr von Gott.

Versehen mit der Signatur des Todes und des Totschlägers bleibt und lebt er aber weiter unter dem Schutz Gottes, wohnt im Lande Nod (d. h. übersetzt »Ruhelosigkeit«), baut eine Stadt »weg vom Angesicht des Herrn« und »jenseits von Eden« (1. Mose 4, Vers 16).

Und wer diesen Kain totschlägt, soll 7fach gerächt werden (Vers 15). Und jeder wird Lügen gestraft, der da sagt, er liebe Gott, den er nicht sieht und haßt seinen Bruder, den er sieht (1. Joh. 4,20)

Der Mörder bleibt unser Bruder. Jesus zu seinen Mördern: »Herr, vergib ihnen, denn sie wissen nicht, was sie tun.«

Nachbemerkung:

1. Als Traum gedeutet ginge es bei dieser Geschichte darum, daß Kain den ohnmächtigen, sanften, hütenden und angepaßten Teil in sich selbst erschlagen muß, um zu sich selbst zu kommen, sich zu behaupten und herrschen zu können. Dabei darf man allerdings die hütende »konservative« Rolle Abels bei der Interpretation des Traumsymbols nicht überbetonen. Immerhin tötet Abel ein Tier, um sein Opfer darbringen zu können. Das ist nicht nur eine sehr aktive Handlung, sondern auch psychisch und im gewissen Sinne auch körperlich eine »Leistung«. Um zu einem für ihn wichtigen Ziel, nämlich einer Opferhandlung für Gott, zu kommen, beherrscht er das Tier, überwindet dessen Widerstand und entscheidet über dessen Leben bzw. Tod.

2. In dem Märchen von Jorinde und Joringel wird erzählt, wie Jorinde unter die Macht einer Zauberin gerät, die sie in einen Vogel verwandelt und in einen Käfig steckt. Die Zauberin ist schon umringt von tausenden solcher Käfige. Joringel lebt daraufhin als Hirte weiter und trauert um seine Braut Jorinde. In dieser Phase hat er einen Traum, durch den ihm der Weg zur Erlösung von Jorinde gewiesen wird. In dem Augenblick, in dem Jorinde wieder zum Menschen geworden ist, verliert die Zauberin ihre Kraft. Sie ist befreit von dem Zwang, Menschen in Käfige sperren zu müssen.

23 Hier existiert eine Textlücke im hebräischen Urtext des Alten Testamentes. Siehe dazu Anm. 22.

24 Im Zusammenhang dieser Fragestellung verweise ich auf die 1920 erschienene Novelle von Franz Werfel mit dem Titel »Nicht der Mörder, der Ermordete ist schuldig«.

»Held der Novelle ist der österreichische Offizierssohn Karl Duschek. Von frühester Jugend an wird er vom Vater nur als Ausbildungsobjekt für den ›allerhöchsten Dienst‹ betrachtet. Als Zögling einer Kadettenanstalt empfindet er die dort verlebten Jahre als ›schwere Zuchthausstrafe‹. Selbst die zu Hause verbrachten Sonntage sind wahre ›Hinrichtungen‹, während derer Verhöre über Noten und Zensuren stattfinden. Mit ständiger Übelkeit im Magen und entsetzlichem Herzklopfen muß er strammstehen und ›Kommißschimpfworte‹, die ihm ›immer an den Kopf‹ flogen, anhören.
In Auflehnung gegen die aufgezwungene Militärkarriere schließt sich Karl, als Leutnant, einer Anarchistengruppe an, die ein Attentat auf den russischen Zaren plant. Er wird bei einer Razzia verhaftet und muß bei seinem Vater, dem General, zum Rapport antreten. Die furchtbaren Drohungen, Demütigungen und Beschimpfungen seitens des Vater-Generals enden, indem dieser seinem Sohn einen Hieb mit der Reitpeitsche ›breit über die Backe, dicht unterm Auge‹ versetzt.
Blutend und besinnungslos vor Schmerz erreicht Karl die Straße. ›Ich muß Genugtuung haben. Ich werde mich mit ihm schlagen.‹ Der Plan zum Mord an dem Vater reift. Noch am Abend dringt er, ungesehen, in die elterliche Wohnung ein. Als der Vater nach Hause kommt, bedroht er ihn mit einer schweren eisernen Hantel, einem Relikt aus Jugendtagen, mit dem er in den Ferien Turnübungen machen mußte, und welches er beim Warten auf den Vater wiederentdeckte.
Als der Vater vor ihm in die Knie bricht, nachdem Karl ihn mehrere Male durch das Zimmer gejagt hat mit der Waffe in der erhobenen Hand, schrickt Karl vor der Tat zurück. Nach einer Haftstrafe wandert Karl nach Amerika aus. Seinen Vater sah er nie wieder. Kurz vor seiner Abreise erfährt er, daß der ihm aus seiner Kindheit bekannte Budenbesitzer Julius Kalender von seinem Sohn ermordet wurde.
In einem Brief Karls ›an die k. k. Staatsanwaltschaft zu – – –‹ greift er – an eigene Jugenderlebnisse erinnert – zu einem albanischen Sprichwort: ›Nicht der Mörder, der Ermordete ist der Schuldige!‹
Karl erkennt allerdings, im Bewußtsein der großen Unterschiede beider Väter (einer zu hart, der andere zu gutmütig), daß es fast gleichgültig bleibt, ob der Vater hart oder weichmütig ist. Er wird gehaßt und geliebt, nicht weil er böse oder gut, sondern weil er Vater ist.
Karl identifiziert sich in diesem Brief so weit mit dem tatsächlichen Mörder, daß er schreibt: ›Ah! Ich will mich nicht frei-

sprechen. Ich, der Mörder, und Er, der Ermordete, wir beide sind schuldig! Aber Er, – Er um ein wenig mehr.‹« (Kindlers Literaturlexikon 1980, Bd. VIII, S. 6724).

25 Im Text selbst kann der Frage nicht nachgegangen werden, wie das »Unwerturteil« sozialpsychologisch zustande kommt. Dazu diese Anmerkung.

Was sich im Text der hebräischen Bibel als Urteil Gottes darstellt, der Wertkodex, den beide Brüder verinnerlicht haben, ist in der Sicht der modernen Soziologie ein kulturspezifischer Kodex. Nach Hirsch, E. E., zit. in Bernsdorf, W. Hrsg. 1969, Stichwort: »Soziale Werte« ist »die Fähigkeit des Wertens und des Ansprechens auf Werte dem Menschen angeboren. Die Maßstäbe für das Werten und Abwägen dagegen werden durch Erziehung und Erfahrung gelernt.«

Nach Jouhy, E., 1983, S. 159ff. ist der Wertkodex kulturspezifisch, also historisch und gesellschaftlich ausgebildet. Für mich – im Zusammenhang dieser Arbeit – geht es darum, wie ein verinnerlichtes Wertsystem unabhängig von seiner philosophischen oder anthropolischen Aussage, also unabhängig von der »internationalen Geltung« dieses Wertmaßstabes auf das Individuum, in diesem Falle auf die beiden Brüder, psychologisch wirkt. Zu dieser wichtigen Frage haben sich verschiedene Soziologen und Sozialpsychologen geäußert, deren Gedankengänge ich hier im einzelnen nicht wiedergeben will. Für die Vertiefung der Information in diesem Problemfeld gebe ich hier lediglich einige wichtige Fundstellen an: Zur Verinnerlichung der Werte E. Durkheim, »Jugements de Valeur et Jugements de Réalité«, Rev. Métaph. 19 (1911), S. 437, Araudy, La Conduite Humaine et Les Valeurs Idéales«, Paris 1939, T. Parsons, Toward a General Theory of Action, Cambridge, Mass., 1951, R. Dahrendorf, Gesellschaft und Freiheit, München 1961. Insbesondere die moderne Ethnologie hat sich mit dieser Frage beschäftigt: G. H. Mead, Die Definition des Psychischen, 1903, Die Genesis der Identität und die soziale Kontrolle, 1925, Wissenschaftliche Methode und wissenschaftliche Behandlung moralischer Probleme, 1923, alle drei Aufsätze zu finden in G. H. Mead, Gesammelte Aufsätze Bd. 1, Frankfurt 1980. Margret Mead, Coming of Age in Samoa, New York 1928.

In der modernen Entwicklungspsychologie haben insbesondere J. Piaget (Das moralische Urteil beim Kinde, Zürich 1954) und L. Kohlberg sich mit der Verinnerlichung von Werten experimentell und theoretisch beschäftigt. Vgl. dazu: J. Piaget, The Moral Development of the Adolescent in Two Types of

Society; Primitive and »Modern«, Unesco Occasional Paper, Paris 1947. L. Kohlberg, The Child as a Moral Philosopher, in Psychology Today 2, 1968, S. 25–30.

Die psychologische Bedeutung, die die Verinnerlichung von Werturteilen im Geiste meines Textes über das Menschenbild hat, ist für mich am eindeutigsten von Alfred Adler in fast allen wesentlichen Texten, am deutlichsten in »Der Sinn des Lebens«, Frankfurt 1974, wiedergegeben. Ich referiere dies hier nicht, da die ganze vorliegende Arbeit diese Gedankengänge mitträgt.

Die Erstarrung in »Handlungsunfähigkeit« ist im Falle der beiden Brüder die Folge eines Wertsystems bzw. seiner psychologischen Umsetzung, das die Autorität – in diesem Falle Gottes – als absolut setzt, demgegenüber die eigenen Gedanken und Gefühle folgerichtig als wert-los erscheinen müssen. Wir finden diese Art von Handlungsunfähigkeit und Erstarrung bei den verschiedensten Neurosen und Psychosen unserer Tage. Ein besonders deutliches Beispiel für diese Art von schizophrener Erstarrung wird beschrieben im Phänomen des »double bind« – siehe hierzu die Falldarstellung in dieser Arbeit.

26 An dieser Stelle soll die besondere Bedeutung hervorgehoben werden, die die moderne Forschung über die Psychologie des Vergehens und Verbrechens der Macht der Etikettierung zuschreibt. S. Glueck und E. Glueck (Unraveling Juvenile Delinquency, New York 1950) haben nachweisen können, daß das »Kainszeichen« durch die Zugehörigkeit zu einer Fremdgruppe oder zu einer Rasse oder zu der Rolle des einmal zum Außenseiter gewordenen Kindes oder Jugendlichen in der Familie auf allem lastet, und die so Gezeichneten zum Verbrecher stempelt bzw. sie zum Vergehen oder Verbrechen prädestiniert. Die Macht des Urteilenden, personal verkörpert meistens in den Eltern für das Kind, im offiziellen Wertkodex der Gesellschaft für den einzelnen Erwachsenen, ist so groß, daß derjenige, der die Norm durchbricht, sich selbst nach dem Wertkodex beurteilt, der ihn verurteilt. Weitere Ergebnisse der psychologischen Forschung zu diesem Thema findet man in Zusammenfassung bei Hans Bertram »Moralische Sozialisation«, in: Handbuch der Sozialisationsforschung, Weinheim und Basel 1980.

27 Watzlawick, P./Beavin, J. H./Jackson, D., 1974, S. 53

28 Das Interesse für den anderen ist Gegenstand der Sozialpsychologie Herbert Meads. In seiner Theorie über die Identitätsbildung geht er davon aus, daß im ersten Stadium der Bewußtseinsbildung über das Selbst zunächst das »Me« als das von dem anderen gesehene Ich erscheint und als solches vom Kind verin-

nerlicht wird. In zunehmendem Maße aber entwickelt das Kind seine eigene Antwort auf die Sicht seiner Person durch seine Umgebung und entwickelt dadurch das Ich (I). Für H. Mead ist das konstituierende Element der eigenen gesunden Identität darum die Antwort auf die Existenz der anderen. Die Rolle der anderen innerlich übernehmen zu können, ist nach ihm die Voraussetzung für soziales Handeln. Die Fähigkeit des »taking the role of the other« ist in dieser Vorstellung jenes in meinem Text beschriebene »Interesse«. Vgl. hierzu Mead, H., Aufsatz von 1913 über »Die soziale Identität« in: Mead, H., 1980, S. 244ff.

29 In seiner Studie »Familie und Wertsystem« weist Claessen (1967) darauf hin, daß die »tendenziöse Apperzeption« die Voraussetzung allen Werturteils und damit aller gesellschaftlicher Existenz darstellt. Der folgende Text macht dieses deutlich:

»Eine Kultur hat in jedem Menschen ihres Bereiches so fest mit seiner gesamten Emotionalität verwachsene ›Spiegelbilder‹ ihrer Möglichkeiten, daß diese ›selbstverständlich‹ sind. Dadurch ergibt sich, daß ›nicht mit den (je verbindlichen; d. V.) Werthaltungssystemen übereinstimmendes Verhalten, eigenes oder fremdes –… Furcht, Ärger oder Mißbilligung hervor(ruft) und… entsprechende Handlungen‹ stimuliert. Nicht nur die Abweichungen anderer Angehöriger der Kultur (oder Außenstehender) erwecken also Unbehagen, sondern auch die eigenen Abweichungen vom vorgegebenen Verhaltensmuster, die dann oft ›mit Erschrecken‹ festgestellt werden.

Zusammenfassend kann gesagt werden, daß ›Werte‹ wichtige Orientierungseinrichtungen in einer Gesellschaft sind, die teils – mehr oder weniger objektiviert – als äußere Leit- und Richtlinien wirken, teils im Individuum ›internalisiert‹, ihre Befolgung erzwingen.« S. 30f.

30 Wiesel, E., 1980, nennt den Untertitel seines Buches »Brüderliche Urgestalten«.

31 In besonders eindrucksvoller Weise weist A. N. Leontjew 1977 auf die historische Eingebundenheit aller psychischen Entwicklung hin. Vgl. hierzu u. a. SS. 279, 281, 202 sowie die »Einführung« zu Leontjew, 1977, von K. Holzkamp und V. Schurig.

32 »Macht ist ein allgemeines Phänomen der Gesellschaft auf allen Stufen ihrer Entwicklung und in allen Bereichen menschlicher Gesellung und sozialer Organisation. Die Merkmale der Macht: Überlegenheit, Führung und Gehorsam, Überordnung und Unterordnung, Einfluß, Prestige und Autorität sind in allen sozialen Bereichen und Gebilden festzustellen. Das Streben nach Macht entspringt einem menschlichen Be-

dürfnis nach Selbstbehauptung und Selbsterhöhung im sozialen Leben; – – – Machtbeziehungen sind in je eigentümlicher Weise mit gesellschaftlichen Interessen, mit Werthaltungen, sozialen Leitbildern und gesellschaftlich-politischen Zielsetzungen verbunden. Das Problem der Macht kann daher unter anthropologischen, psychologischen, sozialethischen, ökonomischen oder politischen Aspekten untersucht werden. Im Grunde handelt es sich um eine soziologische Problematik. In Max Webers Definition (–) kommt das deutlich zum Ausdruck: ›Macht bedeutet jede Chance, innerhalb einer sozialen Beziehung den eigenen Willen auch gegen Widerstreben durchzusetzen, gleichviel, worauf diese Chance beruht.‹ Macht kann also auch auf Gewalt beruhen, ist aber keineswegs identisch mit ihr. Soweit Macht in einer gesellschaftlichen Situation realisiert und von den Machtunterworfenen durch Glauben, Zustimmung oder Duldung legitimiert wird, entsteht Herrschaft« (Stammer, O. zit. in Bernsdorf, W. 1979 Bd. 2).

Im Sinne meines Textes sind es aber die kultur-historisch vorgegebenen Herrschaftsverhältnisse, die auf uns »lasten«.

33 Siehe hierzu Schneider, M., 1981.

34 Vgl. hierzu Albertz, H., 1976, S. 77ff.

35 Vgl. hierzu Fromm, E., 1980, Bd. II, S. 326.

36 »Die Existenzweise des Habens leitet sich vom Privateigentum ab. In dieser Existenzweise zählt einzig und allein die Aneignung und das uneingeschränkte Recht, das Erworbene zu behalten. Die Habenorientierung schließt andere aus und verlangt mir keine weiteren Anstrengungen ab, um meinen Besitz zu behalten bzw. produktiven Gebrauch davon zu machen. Es ist die Haltung, die im Buddhismus als Gier, in der jüdischen und der christlichen Religion als Habsucht bezeichnet wird. Sie verwandelt alle und alles in tote, meiner Macht unterworfene Objekte (Fromm, E., 1980, Bd. II, S. 325).

37 Vgl. hierzu Fromm, E., 1980, Bd. II, S. 406f.

38 »Ein weiteres Beispiel für den Unterschied der Existenzweisen des Habens und des Seins ist das Ausüben von Autorität. Der springende Punkt ist, ob man Autorität *hat* oder eine Autorität *ist*. Fast jeder übt in irgendeiner Phase seines Lebens Autorität aus. Wer Kinder erzieht, muß, ob er will oder nicht, Autorität ausüben, um das Kind vor Gefahren zu bewahren und ihm zumindest ein Minimum an Verhaltensratschlägen für bestimmte Situationen zu geben. In einer patriarchalischen Gesellschaft sind für die meisten Männer auch Frauen Objekte der Autoritätsausübung. In einer bürokratischen, hier-

archisch organisierten Gesellschaft wie der unseren üben die meisten Mitglieder Autorität aus, mit Ausnahme der untersten Gesellschaftsschicht, die nur Objekt der Autorität ist. Um zu verstehen, was Autorität in den beiden Existenzweisen bedeutet, müssen wir uns vor Augen halten, daß dieser Begriff sehr weit ist und zwei völlig verschiedene Bedeutungen hat: ›rationale und irrationale‹ Autorität. Rationale Autorität fördert das Wachstum des Menschen, der sich ihr anvertraut, und beruht auf Kompetenz. Irrationale Autorität stützt sich auf Macht und dient zur Ausbeutung der ihr Unterworfenen« (Fromm, E. 1980, Bd. II, S. 298 f.).

39 Die Verpflichtung des Staates, für die Sicherheit seiner Bürger zu sorgen, wird durch diese Problemstellung nicht berührt. Terroristischen Gewalttaten kann nicht anders als auch anderen kriminellen Gewaltdelikten begegnet werden. Zu fragen ist nach terrorisierenden Strukturen im gesellschaftlichen System wie in der individuellen Sozialisation. Zum Problem des Terrorismus s. u. a.: Jouhy, E., 1976, S. 205 ff. Ibid et al., 1977; v. Paczensky (Hrsg.), 1978; Fetscher, I., 1978, Fetscher et al 1979 in »Hearing des Bundesjugend Kuratoriums«.

40 Vgl. hierzu Claessens, D., 1967, S. 117 f.

41 »In der Existenzweise des Habens gibt es keine lebendige Beziehung zwischen mir und dem, was ich habe. Es und ich sind Dinge geworden, und ich habe es, weil ich die Möglichkeit habe, es mir anzueignen. Aber es besteht auch die umgekehrte Beziehung: Es hat mich, da mein Identitätsgefühl bzw. meine psychische Gesundheit davon abhängt, es und so viele Dinge wie möglich zu haben. Die Existenzweise des Habens wird nicht durch einen lebendigen, produktiven Prozeß zwischen Subjekt und Objekt hergestellt. Sie macht Subjekt und Objekt zu Dingen. Die Beziehung ist tot, nicht lebendig« (Fromm, E., 1980, S. 326).

42 »Da selbst eine knappe Darstellung der Entwicklung des Seinsbegriffes in der Geschichte der Philosophie von den Vorsokratikern bis zur modernen Philosophie den gegebenen Rahmen sprengen würde, möchte ich nur einen entscheidenden Punkt erwähnen: die Auffassung, daß Werden, Aktivität und Bewegung Elemente des Seins sind. Wie Georg Simmel hervorhob, hat der Gedanke, daß Sein Veränderung impliziert, das heißt, daß Sein gleichbedeutend mit Werden ist, seine zwei bedeutendsten und kompromißlosesten Verfechter am Anfang bzw. am Zenit der westlichen Philosophie in Heraklit und Hegel. – – – Aber wenn wir von der Realität lebender Menschen und ihrem Lieben, Hassen und Leiden ausge-

hen, dann gibt es kein Sein, das nicht gleichzeitig ein Werden und Sich-Verändern ist. Lebende Strukturen können nur sein, indem sie werden, können nur existieren, indem sie sich verändern. Wachstum und Veränderung sind inhärente Eigenschaften des Lebensprozesses« (Fromm, E., 1980, S. 291).

43 Prominentestes aktuelles Beispiel in der BRD: die 1984 aufgedeckte »Flick-Spenden-Affäre«.

44 Vgl. zu dieser Problematik die engagiert-zukunftsorientierte Darstellung von Jouhy zum Thema des »technisch-soziale(n) Wandel(s) in seiner Beziehung zu Kind und Familie«, 1984, S. 9f.

45 Aus der Selbstdarstellung des »Centrum für psycho-organische und psychosoziale Hilfe eV, Frankfurt am Main«, 1985

46 Aus einem Bericht der *Frankfurter Rundschau* vom 29.4.1983.

47 Vgl. hierzu auch Jouhy, E., 1976, S. 45ff.

48 Titze, M., 1979, S. 51.

49 Vgl. ibid, S. 51.

50 Vgl. ibid, S. 98.

51 Vgl. ibid, S. 46f.

52 Ibid, S. 155f.

53 Vgl. ibid, S. 50.

54 Vgl. ibid, S. 48.

55 Die Verbindung zwischen sozialer und rationaler Finalität entspricht dem von Fromm beschriebenen »Gesellschafts-Charakter«:

»Die subjektive Funktion des Charakters besteht bei einem normalen Menschen darin, *daß er ihn veranlaßt, so zu handeln, wie dies vom praktischen Standpunkt aus für ihn notwendig ist, und daß er ihm darüber hinaus bei seiner Betätigung noch eine psychologische Befriedigung gewährt.*

Betrachten wir den Gesellschafts-Charakter im Hinblick auf seine Funktion im Gesellschaftsprozeß, so müssen wir von der Feststellung ausgehen, die wir hinsichtlich seiner Funktion für den einzelnen Menschen machten: daß nämlich der Mensch, indem er sich den gesellschaftlichen Bedingungen anpaßt, eben jene Charakterzüge entwickelt, auf Grund derer er so handeln *möchte*, wie er handeln *muß*. – – – Die menschliche Energie (wird) durch die dynamische Anpassung des Charakters an die gesellschaftlichen Erfordernisse in solche Formen gebracht, daß sie – anstatt Reibungen zu erzeugen – die Menschen dazu antreibt, sich den besonderen ökonomischen Notwendigkeiten entsprechend zu verhalten. – – –

Kurz, *der Gesellschafts-Charakter internalisiert äußere Notwendigkeiten und spannt auf diese Weise die menschliche*

Energie für die Aufgaben eines bestimmten ökonomischen und gesellschaftlichen Systems ein« (Fromm, E., 1980, Bd. I., S. 382f.).

56 Adler, A., 1974a, S. 20f. Diese Zielgerichtetheit in der Adlerschen Anthropologie findet sich schon 50 Jahre früher in den folgenden Formulierungen von Karl Marx:

»Eine Spinne verrichtet Operationen, die denen des Webers ähneln, und eine Biene beschämt durch den Bau ihrer Wachszellen so manchen menschlichen Baumeister. Was aber von vornherein den schlechtesten Baumeister vor der besten Biene auszeichnet, ist, daß er die Zelle in seinem Kopf gebaut hat, bevor er sie in Wachs baut. Am Ende des Arbeitsprozesses kommt ein Resultat heraus, das bei Beginn desselben schon in der Vorstellung des Arbeiters, also schon ideell vorhanden war. Nicht daß er nur eine Formveränderung des Natürlichen bewirkt, er verwirklicht im Natürlichen zugleich seinen Zweck, den er weiß, der die Art und Weise seines Tuns als Gesetz bestimmt, und dem er seinen Willen unterordnen muß. Diese Unterordnung ist kein vereinzelter Akt. Außer der Anstrengung der Organe, die arbeiten, ist der zweckmäßige Wille, der sich als Aufmerksamkeit äußert, für die ganze Dauer der Arbeit erheischt, und umsomehr, je weniger sie durch den eigenen Inhalt und die Art ihrer Ausführung den Arbeiter mit sich fortreißt, je weniger er sie daher als Spiel seiner eigenen körperlichen und geistigen Kräfte genießt.

Die einfachen Momente des Arbeitsprozesses sind die zweckmäßige Tätigkeit oder die Arbeit selbst, ihr Gegenstand und ihr Mittel« (Marx, K., 1962, S. 192f.).

Im Zusammenhang mit meinem Text ist an dieser Stelle besonders zu vermerken, wie Marx die übergeordnete Zielsetzung als besonders wichtig für die Orientierung des Individuums ansieht, wenn die täglich aus seiner Arbeit und seinen Lebenszusammenhängen hervorgehende Zielsetzung nicht ausreicht, um sinnhaft zu wirken.

57 »Schon bei einem oberflächlichen Durchblättern anthropologischer Literatur stößt man auf eine Fülle einander oft radikal widersprechender Bestimmungen, die ein von allem Anfang an im Naturprodukt ›Mensch‹ nach Verkörperung drängendes Wesen zu erfassen sucht. Da wird der Mensch charakterisiert als ›homo sapiens‹, ja sogar als ›homo sapiens sapiens‹, gleichzeitig aber als ›homo demens‹ – ein Wahnsinniger –, als ›homo oeconomicus‹, aber auch als ›homo religiosus‹, als ›homo faber‹, aber auch als ›homo ludens‹ – ein Spielender –, als ›homo hierarchicus‹, aber auch als ›homo aequalis‹, als ›homo habilis‹

– ein Geschickter – und ›homo significans‹ ein Sinnstifter – ›homo pictor‹ – ein Maler –, ›homo divinans‹ – ein Voraussehender –, weiter als ›homo philosophicus‹, aber auch als ›homo absconditus‹ – ein Geheimnisvoller –, als ›homo erectus‹ – ein Aufrechtgehender – aber auch schlicht als ›homo natura‹.

Soweit diese Bestimmungen jeweils ›das Wesen‹ des Menschen erfassen sollen, begehen sie die ideologische Ursünde, einen Teilaspekt zum Ganzen zu erklären« (Künzli, A. in *Die neue Gesellschaft* 1/1984, S. 59ff.).

58 »Im Unterschied zum Tier ist beim Menschen das meiste Leid auf historisch-gesellschaftliche und nicht auf natürliche Bedingungen zurückzuführen: Not, Qual, Nicht-Befriedigung fundamentaler relationeller Bedürfnisse haben immer direkt oder indirekt die gesellschaftliche Organisation der instrumentellen Auseinandersetzung mit der Natur zu ihrer Ursache.

Im Unterschied zum Tier erfährt der Mensch – etwa ab dem 9. Monat nach der Geburt – Leid mit einem sich entfaltenden Bewußtsein, nicht nur des Zustandes selbst, sondern seines Gegenteils, das heißt des angestrebten dynamischen Gleichgewichts, dessen Störung eben Leid bedeutet. Das nach der Geborgenheit bei der Mutter schreiende Kind hat spätestens ab dem Ende des ersten Lebensjahres im Kopf die Möglichkeit seines Ausgleichs: es weiß seine Mutter als wirklich existierend, aber ihm nicht zugänglich; es hat ein heraufdämmerndes Bewußtsein der möglichen Anwesenheit der abwesenden Mutter. Hier liegt der Ursprung der Erfahrung von Elend. – – –

Elend ist ein Zustand, der – im Unterschied zum Leid – – – – nicht naturwüchsig und nicht naturnotwendig ist, wie eben Geburt, Leid und Tod, sondern historisch-gesellschaftlich« (Jouhy, E., in *Frankfurter Hefte*, 12/82, S. 59f.).

59 Spitz, R., 1973, S. 34.

60 Freud zit. nach Spitz, 1973, S. 34.

61 Vgl. Spitz, R., 1973, S. 40.

62 Siehe hierzu auch Jouhy, E., 1976, S. 66ff. (Aufsatz über »Sozialisation und kindliche Lernmotivation«).

63 Vgl. Titze, M., 1979, S. 66. Vgl. hierzu auch Rolfes, H., 1971; Leontjew, A. N., 1977, S. 222.

64 Adler, A., 1972, S. 67.

65 Vgl. Titze, M., 1979, S. 168ff.

66 Jouhy, E., in *Frankfurter Hefte*, 12/82, S. 55.

67 Ibid, S. 57.

68 Horkheimer, M./Adorno, Th., 1984, S. 29.
69 S. hierzu auch Arendt, H., 1960.
70 Vgl. hierzu Strasser, J./Traube, K., 1981, S. 200.
71 Titze, M., 1979, S. 180.
72 Vgl. Brix, K., 1984, S. 9.
73 Vgl. Richter, H. E., 1979, SS. 13f, 29, 81, 99, 164. An dieser Stelle sei noch einmal Fromm zitiert, der der Frauenbefreiung eine entscheidende historische Bedeutung beimißt:

»Die Machtausübung gegenüber dem Schwächeren ist der Wesenskeim des bestehenden Patriarchats wie auch die Herrschaft über die nicht-industrialisierten Nationen und über Kinder und Jugendliche. Die wachsende Bewegung zur Befreiung der Frau ist von unerhörter Bedeutung, weil sie das Machtprinzip bedroht, auf dem die heutige Gesellschaft (sowohl die kapitalistische wie die kommunistische) aufgebaut ist – vorausgesetzt, die Frauen meinen mit Befreiung nicht, daß sie an der Macht des Mannes über andere Gruppen, etwa die Kolonialvölker, partizipieren wollen. Falls die Frauenbewegung ihre eigene Rolle und Funktion als Vertreterin von ›Antimacht‹ begreift, werden die Frauen einen entscheidenden Einfluß auf den Kampf um eine neue Gesellschaft ausüben können...

Vielleicht werden spätere Historiker feststellen, das revolutionärste Ereignis des 20. Jahrhunderts sei der Beginn der Frauenbefreiung und der Verfall der Vorherrschaft des Mannes gewesen. Doch der Kampf um die Befreiung der Frau hat eben erst begonnen, und der Widerstand der Männer ist nicht zu überschätzen. (Möglicherweise liegt hier ein Übersetzungsfehler vor. Gemeint ist wohl ›unterschätzen‹, Anm. d. Verf.) Ihre gesamte Beziehung zu Frauen (einschließlich der sexuellen) basierte bisher auf ihrer angeblichen Überlegenheit. Jetzt haben sie bereits angefangen, sich im Umgang mit Frauen, die dem Mythos von der männlichen Überlegenheit keinen Glauben mehr schenken, recht unbehaglich und ängstlich zu fühlen« (Fromm, E., 1980, B. II, S. 407).

Dennoch kann ich als Frau die männliche Überlegenheit nicht als »Mythos« bezeichnen, sondern erlebe sie als ebenso bedrükkendes wie provozierendes Faktum!
74 Ruwwe, S., in *Die neue Gesellschaft*, 11/84, S. 1030.
75 Vgl. auch Janshen, D., in *Feministische Studien*, 1/1982, S. 83–92.
76 Adler, A., zit. nach Ansbacher, H./Ansbacher, R., 1972, S. 105.
77 Die in diesem Absatz angestellten Betrachtungen können und

wurden in der Tat in objektiven soziologischen und psychologischen Untersuchungen, also nicht als ethisch-psychologische Probleme behandelt. Schon an anderer Stelle der Anmerkungen wurde H. Mead erwähnt. Hier will ich die Weiterentwicklung der Rollentheorie zu einer Interaktions- und Persönlichkeitstheorie kurz streifen.
Statt den Menschen nur als einen Träger vorgeformter Rollen zu betrachten, wurde von Turner bereits eine Abwandlung dahingehend formuliert, daß jeder Mensch ein Rollen-Macher ist. D. h. es geht ihm darum, eine Selbst-Definition aus einer aktiv sozialen Beziehung abzuleiten, wobei die Betonung auf »aktiv« liegt. Die Bezogenheit auf den anderen und die anderen ist für Turner wie für Mead das konstituierende Element des Ich.
Genau in dieselbe Richtung weist auch Goffmann, indem er den Begriff der Rollendistanz einführt, und damit die Selbstbewertung wie auch die Bewertung des anderen abhebt von den gesellschaftlich vorgeformten Rollenmustern. Diese Bewertung ist immer eine Bewertung des eigenen Tuns und des Tuns des anderen, also auf eine ethisch-moralische Größe bezogen. Selbstbild und Fremdbild sind nun nicht mehr eine bewußtlose Konformität mit Gesellschaftsmustern, sondern das Ergebnis personaler und gruppenhafter Interaktion.
Wie zu Beginn dieser Anmerkung schon angedeutet, soll nur darauf hingewiesen werden, daß eine im Zusammenhang meiner Arbeit ethisch-psychologische Aussage durch empirisch-soziologische Forschungen erhärtet werden kann (Turner, Ralph, »Role-taking« in *Human Behaviour and Social Processes*, London 1962, S. 20–40, Goffmann, E., »Role-distance« in *Encounters. Two Studies in the Sociology of Interaction*, Indianapolis 1961, S. 85–152).

78 Vgl. hierzu Jouhy, E., 1984, S. 48 f.
79 Buber, M., 1954, S. 50 f.
80 Jouhy, E., 1984, S. 48.
81 Strohm, H., 1977.
82 Vgl. Jouhy, E., 1984, S. 51.
83 Strasser, J./Traube, K., 1981, S. 217.
84 Ibid, S. 220.
85 Vgl. hierzu Jouhy, E., in *ZfI*, 1/1985, S. 18 ff.
86 Vgl. Strasser, J./Traube, K., 1981, S. 221 f.
87 Vgl. Jouhy, E., 1984, S. 48 f.
88 Siehe hierzu den Tagungsbericht: Häfner, H./Picard, W., (Hrsg.), 1980, Psychiatrie in der Bundesrepublik Deutschland fünf Jahre nach der Enquête.
89 Siehe hierzu Freyer, H., 1955, S. 79.

90 Vgl. dazu Buber, M., 1954, S. 251.
91 Bloch, E., 1959, S. 1628.
92 Antoch, R., in *ZfI*, 1/1984, S. 5f.
93 Vgl. ibid ebda, S. 5f.
94 Vgl. Mueller, E./Thomas, A., 1974, S. 69–88.
95 Vgl. Marx, K., 1971, S. 400f.
96 »There are two schools of thought regarding why people conform to norms. The functionalist school of sociology maintains that norms reflect a consensus, a common value system developed through socialisation, the process by which an individual learns the culture of his group. Norms contribute to the functions of the social system and are said to develope to meet certain assumed »needs« of the system. They are maintained through the reward of conformity.

The conflict school holds that norms are a mechanism for dealing with recurring social problems.

The Marxian variety of conflict theory states that norms reflect the power of one section of a society over the other sections and that coercion and sanctions maintain these rules. Norms are thought to originate as a means by which one class or caste dominates or exploits others.«
(*Enzyclopaedia Britannica*, 1983, Bd. VII, S. 390).
97 Vgl. hierzu: König, R., in *Wörterbuch der Soziologie 3*, hrsg. v. Bernsdorf, W., 1979, S. 737f.
98 Vgl. Jouhy, E., in *ZfI*, 1/1985, S. 26f.
99 In ihrem Buch *Die friedfertige Frau* nimmt Margarete Mitscherlich u. a. auch engagiert Stellung zu dieser gesellschaftlich-politischen Scheinheiligkeit:

»Was die CDU unter Emanzipation der Frauen versteht, kann in der Broschüre ›Die sanfte Macht der Familie‹ nachgelesen werden. So rührend es erscheint, die irdische Misere durch weltweite Mütterlichkeit heilen zu wollen, wie der Arbeitsminister es will, so empörend ist die Wirklichkeit und die Doppelmoral, mit der unsere christlichen Politiker offenbar gut zu leben wissen und die sie nicht daran hindert, ihre Klischees ›ohne falsche Scham‹, wie es in dieser Broschüre heißt, zu äußern. Was hier mit ›heiler Familie‹ an Welterlösungsphantasien verbunden ist, kann man nur als Ausdruck ›unverblümter‹ Heuchelei ansehen.

In Wahrheit sind es die Mächtigen, die die Welt beherrschen. Dazu gehört die Macht der Männer über die Frauen, die Macht der Eltern über ihre Kinder. Folglich bestimmen die jeweils Herrschenden, was als Gewalt definiert wird. Um aber die Fronten zu verwirren, wird der Gewaltbegriff paradox verwendet. Wer gegen die Aufstellung von Raketen demonstriert, indem er beispielsweise den Verkehr blockiert, ist ›gewalttätig‹; wer Raketen aufstellt und so den Tod unzähliger Menschen ermöglicht, gilt als gewaltfrei. Wenn es den Regierenden gefällt, ist auch der Pazifismus Gewalt und hat zum Zweiten Weltkrieg, sogar zu Auschwitz, beigetragen. Der ›Familienminister‹ spricht auch dort von Gewalt, wo es um die Reform des Paragraphen 218 geht. Wer die Macht hat, bestimmt auch darüber, wer wann mütterlich und sanft zu sein hat, wer wann Kinder in die Welt zu setzen hat, welche Rolle die Frauen ohne Protest jeweils übernehmen, wann sie an lebensvernichtenden Kriegen teilnehmen, wann sie die ›sanfte Macht der Familie‹ zu stabilisieren, sich dafür zu opfern haben und ähnliches mehr« (Mitscherlich, M., 1985, S. 8).

100 Vgl. Boss, zit. i. Seidenfuß, J., 1979, S. 5.

101 Vgl. hierzu die nachfolgenden Adler-Zitate zu Ursprung und Entwicklung des von ihm so genannten ›Lebensstiles‹ als des ›Bewegungsgesetzes im Seelenleben‹:

»Ich bin überzeugt von der freien schöpferischen Kraft des Individuums in der ersten Kindheit und seiner gebundenen Kraft später im Leben, sobald das Kind sich ein festes Bewegungsgesetz für sein Leben gegeben hat. Diese Betrachtung läßt dem Kinde für sein Streben nach Vollkommenheit, Vollendung, Überlegenheit und Evolution einen freien Weg...

Der Lebensstil wird nach unseren Erfahrungen in der frühesten Kindheit ausgestaltet. Der angeborene körperliche Bestand hat dabei den größten Einfluß. Das Kind erlebt in seinen anfänglichen Bewegungen und Leistungen die Validität seiner körperlichen Organe. Erlebt sie, hat aber noch lange weder Worte noch Begriffe dafür. Da auch das Entgegenkommen der Umgebung durchaus verschieden ist, bleibt dauernd unbekannt, was das Kind etwa von seiner Leistungsfähigkeit verspürt. Mit großer Vorsicht und im Besitz einer statistischen Wahrscheinlichkeitserfahrung ist der Schluß gestattet, aus unserer Kenntnis der Minderwertigkeit von Organen, des Verdauungsapparates, der Blutzirkulation, der Atmungsorgane, der Sekretionsorgane, der endokrinen Drüsen, der Sinnesorgane zu folgern, daß das Kind seine Überbürdung zu Beginn seines Lebens erlebt. Wie es damit fertig zu werden trachtet, kann man nicht anders als aus seinen Bewegungen und Versuchen ersehen. Denn hier ist jede kausale Betrachtung vergebens. Hier wirkt sich die schöpferische Kraft des Kindes aus. Strebend im unausrechenbaren Raum seiner Möglichkeiten ergibt sich dem Kinde aus Versuch und Irrtum ein Training

und ein genereller Weg zu einem Ziel der Vollkommenheit, das ihm Erfüllung zu bieten scheint...
Jeder trägt eine ›Meinung‹ von sich und den Aufgaben des Lebens in sich, eine Lebenslinie und ein Bewegungsgesetz, das ihn festhält, ohne daß er es versteht, ohne daß er sich darüber Rechenschaft gibt...
Es war eigentlich der stärkste Schritt, den die Individualpsychologie gemacht hat, daß sie das Bewegungsgesetz im Seelenleben eines Menschen als das Ausschlaggebende für seine Eigenart erklärt hat. Obgleich es notwendig war, die Bewegung einfrieren zu lassen, um sie als Form zu sehen, haben wir immer alles von dem Gesichtspunkt aus, daß alles Bewegung ist, gesehen, und gefunden, daß es so sein muß, um zur Lösung von Fragen, zur Überwindung von Schwierigkeiten zu gelangen...
––– Sobald jemand Stellung nimmt oder seine Weltanschauung formt, so tritt das Individuelle seines Lebensstiles immer stark hervor« (Adler, A. zit. n. Ansbacher, L./Ansbacher, R., 1975, S. 186f. und 193f.).

102 Vgl. hierzu aus psychoanalytischer Sicht: Schmidbauer, W., 1980, wo unter dem Stichwort ›Helfersyndrom‹ die seelische Problematik der helfenden Berufe beleuchtet wird. Dort heißt es u. a.:

»Kennzeichnend für das Helfer-Syndrom ist, daß der Betroffene die Regulation seines Selbstgefühls weniger an gegenseitige als an einseitige Beziehungen zu anderen Menschen knüpft. Da er oft schon als Kind nicht um seiner gegenwärtigen persönlichen Gefühle und Eigenschaften willen geliebt wurde, sondern wegen der Verhaltensweisen, mit denen er sich an idealisierte Vorstellungen seiner Bezugspersonen anpaßte, glaubt er, nur für das, was er macht, geliebt zu werden, nicht für das, was er ist. Im Hintergrund dieser Haltung steht eine tiefe narzißtische Kränkung, die ein großes, wegen seiner Verdrängung unersättlich wirkendes narzißtisches Bedürfnis entstehen ließ. Die Kränkung erfolgte aus einer Situation der Abhängigkeit und Nähe heraus, mit denen das Kind ursprünglich seinen Bezugspersonen begegnet.
Diese ›primäre Liebe‹ (Balint) kann freilich nur da fortbestehen und sich weiterentwickeln, wo die Primärgruppe dem Kind einfühlend begegnet, d. h. es als das annimmt, was es augenblicklich ist und aufgrund seiner eigenen Bedürfnisse will. Stößt diese primäre Liebe, die zunächst gegebene Bereitschaft des Kindes, sich mit den Idealen der Primärgruppe zu identifizieren und sie narzißtisch zu besetzen, auf eine ableh-

nende, nicht einfühlende Haltung, kann sie sich nicht allmählich zu einer realistischen Gegenseitigkeit weiterentwickeln. Sie wird abgespalten, bleibt in ihrem archaischen, undifferenzierten, für den Erwachsenen unersättlich wirkenden Charakter erhalten. Zugleich entsteht Haß. Das Kind will die Bezugspersonen zerstören, die es nicht verstehen. Die Zurückweisung seiner Liebe schmerzt es ebenso wie der Zwang, ihn aus dem bewußten Erleben und aus der weiteren seelischen Entwicklung auszuschließen, weil es ja vollständig abhängig ist und nicht weiterleben kann, wenn es die Bezugspersonen zerstört. So lernt es freundlich zu sein, gehorsam zu sein. Doch die dadurch gewonnene Zuwendung macht es nicht wirklich satt. Der Haß hat gewissermaßen die feinen Saugwurzeln abgeschnitten, mit denen narzißtische Bestätigung aufgenommen und für eine Idealisierung der eigenen Person, der eigenen Werte nutzbar gemacht werden kann. Beim Helfer-Syndrom ist der Betroffene nur selten in der Lage, nach Abschluß einer Helfer-Interaktion sich selbst zu sagen: ›Das habe ich gut gemacht.‹ Er fragt sich: ›Was war zuwenig, was habe ich übersehen, was habe ich falsch gemacht?‹ Er ist, ohne es zuzugeben, hungrig nach den dankbaren Blicken, den anerkennenden Worten seiner Klienten oder Patienten. Aber sie machen ihn nicht wirklich satt, obwohl sie die einzige narzißtische Nahrung sind, die er aufnehmen kann« (S. 57f.).

Der dem Helfersyndrom u.a. zugrunde liegende, hier beschriebene intrapsychische Konflikt kann im Sinne v. Tenbrink (1985) durchaus in das Lebensstilkonzept der Individualpsychologie integriert werden. Für ein umfassendes Verständnis jenes oben beschriebenen Bewegungsgesetzes (Lebensstil) im Psychischen erscheint es mir – nach intensiven Zusatzerfahrungen mit Gestaltpsychologie und Bioenergetik – für die eigene psychotherapeutische Praxis als unverzichtbar. Im Blick auf die Problematik des Patienten (oder Helfers) meint Tenbrink u.a.:

»So sehr die Wahl und Bedeutung seiner Symptome durch seine persönliche Finalität determiniert sind, so sehr gehen doch auch die abgewehrten, d.h. vom bewußten Erleben ferngehaltenen, jedoch nicht endgültig erledigten Impulse in die Symptome ein und kommen dort in verzerrter, indirekter Weise zum Ausdruck, als Versuch der Abgrenzung und Durchsetzung gegenüber als wichtig erlebten Menschen, ohne dabei aber, für den anderen deutlich erkennbar, als eigenständiges ›Gegenüber‹ aufzutreten und damit (zunächst in der eigenen unbewußten Phantasie, was zunächst das Entscheidende ist) Zuneigung und Wohlwollen ganz zu verlieren.

In diesem Fall besteht die Bedeutung der Symptome – vereinfacht gesagt – in einer Sicherung des Selbstwertgefühls und eines Minimums an Wohlwollen seitens der Angehörigen, *indem Aggressionen und Abgrenzungswünsche auf dem Hintergrund eines kontinuierlichen intrapsychischen Abwehr- bzw. Sicherungsprozesses* (–) *abgespalten, d. h. der bewußten Verarbeitung und Äußerung entzogen werden*, und in modifizierter Weise – ungefährdet für die persönliche Finalität – zum Ausdruck kommen. Die hier vertretene Annahme von abgespaltenen Impulsen bzw. Persönlichkeitsanteilen steht mit dem individualpsychologischen Ganzheitsverständnis, (–) nicht zwingend in Widerspruch, denn die Abspaltung und permanente Abwehr solcher Anteile (wobei der Abwehrvorgang auch als unbewußt vorgestellt werden muß) vollzieht sich ja im Dienst der persönlichen Finalität. *Unter persönlicher Finalität verstehe ich die während der frühen Kindheit, im Kontext der Erfahrungen mit den relevanten Bezugspersonen gebildeten unbewußten, für das gesamte weitere Leben handlungsrelevanten Phantasien darüber, wie man zu sein hat, damit man nicht in seinem Selbstwerterleben permanenten Kränkungen und Bedrohungen ausgesetzt ist.* Die Abwehrprozesse werden also von der persönlichen Finalität her organisiert. Das ›Schicksal‹ dieser abgespaltenen Persönlichkeitsanteile bzw. autochthonen Impulse und ihr ›Dennoch-Wirksam-Werden‹ im Erleben und Verhalten und in den Symptombildungen wird bestimmt durch ein intrapsychisches, unbewußtes Zusammenspiel zwischen Finalität und den entsprechenden, mit ihr unvereinbaren autochthonen Impulsen, unter Verwendung von Sicherungstendenzen bzw. Abwehrmechanismen seitens der persönlichen Finalität. Das ganzheitliche Verständnis menschlichen Erlebens und Verhaltens sowie der Symptombildungen erfordert m. E. also auch die theoretische Abbildung von intrapsychischen Spannungsfeldern und ihrer Verarbeitung durch das Konzept von Konflikt und Abwehr, eingebettet in die Selbstwertregulationsprozesse. Aus dieser Sicht ließe sich auch der selbstdestruktive Anteil jeder neurotischen Erlebnisverarbeitung und Symptomatik (Ringel 1975) systematisch erfassen, denn die Abspaltung von autochthonen Impulsen i. S. von menschlichen Grundbedürfnissen im Dienst einer pathologisch gefärbten persönlichen Finalität bedeutet immer auch Selbsteinschränkung bzw. Selbstschädigung…

Ich habe (–) bereits mehrfach erwähnt, daß m. E. bei der Konzeptualisierung autochthoner Grundbedürfnisse nicht nur auf Adlers frühes Modell des menschlichen Strebens nach Selbstabgrenzung/Selbstdurchsetzung i. S. eines weitgefaßten Aggressionsbegriffs (Adler 1908) zurückgegriffen werden sollte, sondern daß auch Adlers (1908a) Arbeit über das Zärtlichkeitsbedürfnis des Kindes wichtige Anregungen für die Annahme eines autochthonen Bedürfnisses nach Anlehnung/Abhängigkeit in der individualpsychologischen Theorie bietet. Dementsprechend wäre nicht nur ein innerer Konflikt zwischen einer individualspezifisch gearteten persönlichen Finalität einerseits und einem Bedürfnis nach Selbstabgrenzung/Selbstdurchsetzung andererseits denkbar, sondern auch eine konflikthafte intrapsychische Dynamik zwischen einer persönlichen Finalität, sofern sie auf den Erfahrungen beruht, daß man nicht abhängig, anhänglich und hingabebereit sein darf einerseits und den autochthonen Wünschen/Impulsen nach Zärtlichkeit Anlehnung und Abhängigkeit andererseits« (Tenbrink, D., in *ZfI*, 1/1985, S. 52ff.).

Die von Tenbrink als autochthone Grundbedürfnisse ausgewiesenen Bedürfnisse entsprechen in meinem Verständnis den von mir als anthropologische Grundkonstanten bezeichneten Bedürfnissen und potentiellen Fähigkeiten nach Zuwendung und Zuordnung, deren Schicksal nicht nur lebensstiltypischen, sondern in meiner Wahrnehmung ebenso geschlechts- und kulturspezifischen intra-psychischen Konflikten ausgesetzt ist.

Aus individualpsychologischer Sicht hat Robert Antoch in einem Vortrag auf dem Psychotherapeutischen Forum in Hofgeismar die Frage gestellt: »Verdirbt Psychotherapie den Charakter?« Er faßte seine Ausführungen in der folgenden Aussage über die seelische Problematik des psychotherapeutischen Berufes zusammen:

»Wenn Psychotherapie den Charakter des Therapeuten nicht verderben soll, kommt alles darauf an, daß erstens Therapie nicht gleichgesetzt wird mit ›heilen‹ oder ›Vollzug der Heilung‹, sondern mit dem Akt, in dem der Therapeut dem Patienten Gelegenheit gibt zur Selbstheilung. Zweitens scheint es von entscheidender Bedeutung, daß in diesem Akt des Gelegenheitgebens die Teilmutualität gewahrt bleibt, die dem Verhältnis zwischen Therapeut und Patient das Gepräge einer ›Beziehung der Nichtbeziehung‹ nach Fürstenau (–) verleiht. Und drittens ist es wichtig, daß diese Haltung sich nicht in alle Beziehungen des Therapeuten hinein verallgemeinert, wenn dieser sich seine seelische Gesundheit erhalten will« (Antoch, R., in: »Die Dokumentation, Psychotherapeutisches Forum 1984 in Hofgeismar«, S. 26).

103 Leontjew (1977), auf den ich mich hier noch einmal beziehen

möchte, weist auf die intime Beziehung, die zwischen der gesellschaftlichen Existenzweise des Menschen mit ihren Arbeitsprozessen, Macht- und Herrschaftsverhältnissen sowie ihren kontrafraktischen Entwürfen und der psychischen Struktur bestehen (unter Rückbezug auf Marx) besonders deswegen hin, weil er in seinen Untersuchungen über das »historische Herangehen an die Untersuchung der menschlichen Psyche« (op. cit. S. 280ff.) die Entwicklung aller menschlichen Fähigkeiten und Verstümmelungen mit der gesellschaftlichen Existenzweise dialektisch verknüpft.

104 Richter, H., 1981 a, S. 8.
105 Lorenzer, A., 1984, S. 214.
106 Ibid, S. 214.
107 Ibid, S. 214.
108 Siehe hierzu Christ-Bode, U., 1982, SS. 25–114.
109 Vgl. Kappeler, Holzkamp, H.-Osterkamp, 1977, S. 224f.
110 Ibid, S. 225f.
111 Marcks, M., 1981.
112 Vgl. hierzu u. a. D.'Eaubonne, F., 1981.
113 Zit. ebda, S. 148.
114 Ibid, S. 208.
115 Dowling, C. (1984) arbeitet den Zusammenhang zwischen weiblicher Abhängigkeit und dazu korrespondierender gelernter Hilflosigkeit heraus. Ihr mit vielen Beispielen und Forschungsergebnissen versehener Beitrag zeigt die tiefen Ängste von Frauen, selbsttätige und konfliktbereite Verantwortung für sich selbst zu übernehmen, auf. Kritik am männlichen Partner – wie in der skizzierten Darstellung von Marcks – dient nach ihr meist als Ausweichmanöver vor der Übernahme eigener Verantwortung, deren Vorstellung oder Erfordernis bei vielen Frauen geradezu phobische Ängste auszulösen vermag (s. hierzu S. 75–94). Tiefenpsychologisch differenzierter vgl. hierzu Eichenbaum, L., Orbach, S., 1985.
116 Mitscherlich, M., 1985, S. 182.
117 Richter, H. E., 1981, S. 125.
118 Vgl. ibid, S. 125f.
119 Mitscherlich, M., 1985, S. 183.
120 Ibid, S. IX.
121 Ibid, S. 183:

»Der in Jahrhunderten trotz aufgezwungener Unterwerfungslust und Resignation geschärfte Sinn der Frauen für Unterdrückung in jeder Form sollte von ihnen stärker eingesetzt werden, zu aller Nutzen. An der Frau liegt es, die primären sadomasochistischen Sozialisationsformen, die den Geschlechterbeziehungen zugrunde liegen, zu ändern. An der Frau liegt es, ihren männlichen Lebensgefährten daran zu hindern, ständig Sündenböcke zu produzieren, ob im Privat-, Beruf- oder politischen Leben. An der Frau liegt es, männlichem Imponier- und Selbstdarstellungsgehabe, dieser Wurzel vieler Gewaltakte und kriegerischer Auseinandersetzungen, die zur Aufrechterhaltung solcher Mentalität notwendige Bewunderung zu versagen, die eigenen Identifikationen mit männlichen Idealen und Wertvorstellungen zu überprüfen und in Frage zu stellen. An der Frau liegt es aber auch, die von den Männern ›gepachteten‹ Positionen zu erringen, um ihre ›friedfertige‹, vernünftigere und objektbezogenere Einstellung zu vielen Fragen der Lebensgestaltung stärker zur Geltung zu bringen. An der Frau liegt es, sich ihrer Geschichte zu erinnern und sich auf ihre Vorbilder in Vergangenheit und Gegenwart zu besinnen.«

122 Janshen, D., in *Feministische Studien*, 1/1982, S. 83 u. 92.

123 de Chardin, P. Th., 1984, S. 40.

124 Vgl. Adler, A. zit. n. Ansbacher, H./Ansbacher, R., 1975, S. 147f.

125 Vgl. de Chardin, P. Th., 1984, S. 40f.

126 Mit Kutter, P. (1978) möchte ich das Schmieden unserer Bedingungen in der »Glut und Nähe der Feuerhitze« mit der notwendigen Verfügung über unsere Leidenschaften vergleichen. Sie sind »durch eine anhaltende Spannung gekennzeichnet. Descartes nannte sie ›Lebensgeister‹ und David Hume ›Triebkräfte unserer Assoziationen, Grundlage aller Vernunftgründe‹.

Sie stehen immer in Beziehung zu Menschen, sind also zwischenmenschliche Phänomene. Sie sind Bewegung, die etwas ausdrückt. Leidenschaften dienen der Verwirklichung unseres Daseins, sie erfüllen uns mit Leben, sie geben unserem Leben einen Sinn. Leidenschaften verändern uns und unsere Umgebung, sie führen, wie Jean-Paul Sartre in seinem Entwurf zu einer Theorie der Emotion sagt, im Handeln zu einer ›spontanen Umformung der Welt‹.

Leidenschaftlich leben heißt: seine Arbeit mit Begeisterung, mit Enthusiasmus tun, auf den anderen zugehen, auf ihn eingehen, sich in ihn einfühlen, sich in Beziehungen einlassen, sich nicht scheuen, einmal aus gewohnten Bahnen auszubrechen, sich engagieren, sich mit Leib und Seele einsetzen.

Leidenschaftlich sein heißt: eine Idee leidenschaftlich verfechten, sei sie politischer, wissenschaftlicher oder künstlerischer Art; dazu stehen, wenn andere auch dagegen sind und mir aus meinem Verhalten Nachteile erwachsen« (S. 37f.).

In diesem Sinne hat Leidenschaft immer – im Sinne des Wortes – etwas mit dem zu tun, was auch Leiden schafft. Dazu meint Leszek Kolakowski 1980, S. 114ff.:

»Zu den besonders signifikanten Zügen unserer Zivilisation gehört (die eher praktizierte, seltener ausgesprochene) Überzeugung, daß die Absicherung vor dem Leiden jeden Preis wert sei und daß insbesondere diejenigen Güter, deren Wert sich nicht genau bestimmen läßt und die zugleich nicht ohne Schmerz erworben werden können, Erfindungen von Wirrköpfen oder Überbleibsel des Aberglaubens seien...

Die obsessive Angst vor dem Leiden, vor dem Mißerfolg, vor der Verschlechterung der eigenen Lebensposition, die obsessiven Neidgefühle gegenüber jenen, die es ›geschafft‹ haben, die Unfähigkeit, Niederlagen und Schmerz selbständig zu verwinden, alles das sind Symptome ein und derselben Erscheinung: des Verlustes der Fähigkeit, dem Leben die Stirn zu bieten, des Verlustes von Werkzeugen, mit deren Hilfe der einzelne, kraft seiner eigenen, geistigen Bestände, sich das Gleichgewicht angesichts von Niederlagen und Leiden wiedererstatten könnte; der wachsenden Abhängigkeit von einem komplizierten Instrumentensystem, das die gestörte psychische Homöostase von außen her reguliert...

...anstatt die Anstrengung auf sich zu nehmen, die erfahrenen Unbefriedigtheiten selbständig zu bewältigen, oder anstatt die Kommunikationsschwierigkeiten mit anderen zu überwinden, brauchen wir nur nach einer künstlichen psychischen Umwelt zu greifen (Kolakowski meint in diesem Zusammenhang vor allem »Narkotika und Alkohol«, Anm. d. Verf.), die die Unbefriedigtheit in kurzfristige Erregung auflöst oder eine scheinbare Verständigung als ›gesellschaftlichen Kitt‹ schafft.

Die panische Flucht vor dem Leiden scheint dabei verheerender im Bereich der zwischenmenschlichen Beziehungen und des psychischen Lebens als im Bereich der physischen Beschwerden. Wenn ich sage, daß wir in einer Kultur der Analgetika leben, so denke ich vor allem an die Einrichtungen der Zivilisation, an die Formen der Sittlichkeit und Modi des Zusammenlebens, dank derer wir die Quelle des Leidens vor uns tarnen können, ohne den Versuch zu unternehmen, sie zu beseitigen oder sich ihnen zu widersetzen.

Wir fliehen vor der Todesvorwegnahme, die eine Quelle des Leidens ist, jedoch nicht um die Unvermeidlichkeit des Todes zu domestizieren, sondern um ihn aus dem Feld unserer Aufmerksamkeit zu vertreiben, um die Kollision mit Fragen nach letzten Dingen aus dem Leben zu verbannen und um sich restlos in der jeweiligen Unmittelbarkeit des Lebens auflösen zu lassen.

Wir fliehen vor der Liebe, die eine Quelle des Leidens ist oder zu sein pflegt, indem wir uns einen künstlichen Zynismus gegenüber dem gesamten Bereich der Sexualität auferlegen und aus Angst auf die Bereicherungen des Lebens verzichten, die in der Liebe nur selten ohne Schmerz erreichbar zu sein pflegen.

Wir fliehen in den Konformismus und oktroyieren ihn unseren Kindern, verschreckt vor dem Spuk der Schläge, die der einzelne von der ›Entfremdung‹ im Milieu erhält, unfähig, wahrhaft zu glauben, daß *jeder Versuch der Selbstkonstitution des Menschen eine Überschreitung des Konformismus ist und daß die menschliche Solidarität in Mühe und* schöpferischer Arbeit etwas völlig anderes ist als ein Leben, das über die ausgetretenen Pfade des Geschwätzes gleitet, in der anheimelnden Atmosphäre der Eintracht, *die sich stets dort erfüllt, wo es keinem um etwas geht.*

Wir fliehen vor der Einsamkeit, jedoch nicht in der Weise, daß wir die Einsamkeit auf dem Wege der für beide Seiten bereichernden Kommunikation mit dem anderen zu überwinden versuchen, aufgrund der Wertegemeinschaft; wir werden unfähig, die Einsamkeit in jeder beliebigen Gestalt zu ertragen, wir tragen Transistorgeräte mit uns herum, um uns von keinem einzigen Augenblick überraschen zu lassen, in dem wir nicht in Gesellschaft wären. Uns erscheint jede Pause in der Kommunikation mit dem anderen bedrohlich, die nicht der gegenseitigen Affirmation dient.

Die unbewältigten, lediglich narkotisierten Leiden, die verworfenen, weil schmerzankündigenden Werte, das ohne Anstrengung und Konflikte erreichte Zusammenleben, erzeugen eine menschliche Scheingemeinschaft, die an der geringsten Belastung zerbricht. Wo es kein Gedränge gibt, nehmen wir aufeinander Rücksicht, damit hat es sich; eine Gemeinschaft, die nur darauf beruht, daß man sich nicht gegenseitig anrempelt, wo es genug freien Raum gibt, geht sofort unter, wenn es enger wird. Wir rechnen damit, daß sich das Gedränge vielleicht verringern wird und daß unsere Gemeinschaft daher zulänglich ist; das sind jedoch vage Kalkulationen, und es genügt, sie an den demographischen Prognosen zu messen. Die Kultur der privilegierten Klassen hat verschiedene Formen der Höflichkeit und des Salon-savoir-vivre hervorgebracht, d. h. *Regeln des Nichtanrempelns unter Menschen, denen genügend Platz zur Verfügung steht;* diese Regeln verlieren ihre

Wirkung vollends, wenn tatsächlichere Interessenkonflikte auftreten (Vgl. den Konflikt der brüderlichen Urgestalten, Anm. d. Verf.). Die Kultur der benachteiligten Klassen hat eine Form realer Gemeinschaft und Hilfe geschaffen, einer Gemeinschaft in Not, einer Hilfe in der Gefahr. Die zeitgenössische Zivilisation hingegen baut das Gefühl der Gemeinschaft jener, die Not leiden, und die Fähigkeit zu gegenseitiger Hilfe der gemeinsam Bedrohten immer stärker ab, ohne das Gefühl der Not und der Bedrohung abzuschaffen. Not und Bedrohung bringen die Menschen nicht mehr einander näher. Die Kultur der Analgetika ermöglicht die scheinbare Überwindung der Einsamkeit und eine scheinbare Solidarität von minimaler Haltbarkeit. Die Unfähigkeit, Leiden zu ertragen, ist die Unfähigkeit, an der realen menschlichen Gemeinschaft teilzunehmen, das heißt, an *einer solchen Gemeinschaft, die sich ihrer Grenzen, die sich aller Potenzen des Konfliktes bewußt ist, die sie enthält und die bereit ist, ihre Grenzen auf die Probe zu stellen.*«

127 Vgl. Seehausen, D., 1981.

128 Sölle, D. Begriff aus einem von mir gehörten Vortrag im Radio, Datum nicht mehr bekannt.

129 Jouhy, E., 1985 in *Päd. extra*, 10/85, S. 28.

130 Vgl. Elsaesser, P. S., 1981, S. 19.

131 Sperber, M., 1978, S. 14.

132 Boszormenyi-Nagy et al. zit. n. Elsaesser, P. S., 1981, S. 24.

133 Vgl. von Krockow, Chr. Graf in *Die Zeit* Nr. 19, 1983, S. 68. »Grenzen – vom Letzten und vom Vorletzten«

134 »In der Schizophrenie ist, im Gegensatz zur Neurose eine tiefe Identitätskrise vorhanden...« (Benedetti, G./Benedetti-Straub, H. in Benedetti/Rauchfleisch, 1975, S. 28).

135 Vgl. Süllwold, L., 1983, S. 7.

136 Vgl. ibid, S. 85 f.

137 »Ich habe kaum Therapiegespräche mit Spitalkollegen erlebt, in denen diese Frage nicht aufgetaucht wäre. Sie findet in der Literatur allerdings einen geringeren Niederschlag, als es ihrem wirklichen Interesse entspricht. Wir beschränken uns hier freilich auf die Literaturangaben, setzen aber voraus, daß die Verbindung von Psychotherapie und Pharmakotherapie drei wesentliche Ziele erreicht: Sie stiftet Kommunikation dort, wo die Schwere der Psychopathologie eine solche praktisch unmöglich macht; sie erlaubt dem Kranken das Austragen seiner Symptome dort, wo das Warten auf die psychotherapeutische Erleichterung lange und quälend wäre; sie macht bei hospitalisierten Kranken die Umgebung für psychothera-

peutische Bemühungen kooperativer. Nicht Psychotherapie allein, sondern erst in Verbindung mit Pharmakotherapie kann sie der rein pharmakotherapeutischen Behandlung ebenbürtig oder überlegen sein.«
(Benedetti, G./Benedetti-Straub, H., in Benedetti/Rauchfleisch, 1975, S. 30).

138 Politisierung ist hier im umfassendsten Wortsinn zu verstehen: die Ver-störung des Individuums ist als Problem des ganzen Gemeinwesens zu verstehen und nicht als »Abschreibung« des Ver-störten, der sich selbst ausschließt.

139 Benedetti, G., 1983, S. 5 und 311.

140 Zur Situation der Stellung in der Geschwisterreihe bzw. zur Bedeutung der »Deutung« des Kindes, seiner Position und den daraus resultierenden Folgen für die Entwicklung des Lebensstiles und -zieles vgl. Adler, A. in Ansbacher, H./Ansbacher, R., 1975, S. 348ff.

141 Vgl. Lidz, Th./Fleck, St., 1979, S. 99.

142 Ibid, S. 91f.

143 Ibid, S. 119ff. beschreiben die von ihnen so benannte »schismatische eheliche Beziehung«, die mir der Ehe von Irenkas Eltern vergleichbar zu sein scheint, u. a. folgendermaßen:

»In den (–) Familien, in denen der von uns als ›Schisma‹ bezeichnete Zustand des Ungleichgewichts herrschte, hatten beide Ehepartner schon mit sich selbst große Schwierigkeiten, und diese Schwierigkeiten wurden durch die eheliche Beziehung noch hoffnungslos vergrößert. Das Versagen der Partner, was die Komplementarität der Ziele oder die Reziprozität der Rollen anging, war chronisch. Keiner von ihnen sah sich in seinen emotionalen Bedürfnissen durch den anderen befriedigt; jeder suchte den anderen zur Konformität mit den eigenen Erwartungen und Maßstäben zu zwingen und traf dabei auf offenen oder verdeckten Widerstand. In solchen Ehen besteht immer wieder die Gefahr, daß die Partner sich endgültig voneinander trennen; daß sie es dann nicht tun, hat seinen Grund nicht etwa darin, daß sie sich um Ausgleich bemühen, sondern darin, daß sie die Bewältigung des Konflikts einfach aufschieben oder den emotionalen Rückzug antreten – allerdings ohne alle Hoffnung auf eine Besserung oder darauf, jemals irgendeine Befriedigung in dieser Ehe zu finden. – – – Jeder Partner verfolgt seine eigenen Bedürfnisse und Ziele und ignoriert dabei weitgehend die Bedürfnisse des anderen, damit bringt er den anderen noch mehr gegen sich auf und verstärkt so das beiderseitige Übelwollen und Mißtrauen. Eine besonders bösartige Erscheinung in diesen Ehen ist das chronische

Abwerten des einen Partners durch den anderen vor den Kindern. Auffällig ist das angestrengte Werben um die Loyalität und Zuneigung der Kinder; zuzeiten dient es dem Zweck, sich einen Ersatz für die fehlende Zuneigung von seiten des Partners zu verschaffen; zuzeiten soll damit ganz einfach der Ehepartner verletzt oder gekränkt werden.«

Die Verfasser fanden in der überwiegenden Zahl der schismatischen Familien den Vater in der Außenseiterrolle und stellten zudem fest:

»Die wichtigste emotionale Bindung und Abhängigkeit des einen oder auch beider Partner blieb die Bindung an einen Elternteil bzw. die Abhängigkeit von diesem und ließ sich nicht auf den Ehepartner übertragen.«

Irenkas Mutter lebt bis heute in »großer Anhänglichkeit« an ihre Mutter.

144 Adler, A. in Ansbacher, H./Ansbacher, R., 1975, S. 226 zeigt auf, daß auch die Ambivalenz der zielgerichteten Einheit des Lebensplans folgt:

»Ist es vielleicht denkbar, daß ein Individuum, ein Unteilbares, das wir als Einheit empfinden und verstehen, von dem wir, was als einziges Kriterium des Verständnisses Wert besitzt, vorhersagen können, wie es sich in einer bestimmten Lage benehmen wird, mehreren Zielen nachstrebt? Wir haben es nie gefunden. Aber das double vie, die Ambivalenz? Sind hier nicht zwei Ziele zu sehen?... Als Sokrates einst einen Sophisten in durchlöchertem Mantel sah, rief er ihm zu: ›Jüngling von Athen, aus den Löchern deines Mantels guckt die Eitelkeit!‹ Bescheiden und eitel zugleich! Ist hier eine ehrliche Ambivalenz vorhanden? Oder ist es nicht eine Finesse... auch durch Bescheidenheit glänzen? Im double vie unterstützen sich beide Rollen, um das Ziel der Überlegenheit erreichen zu helfen...«

144a Die Mutter erinnerte sich während dieser Gespräche sehr intensiv, wie unglücklich sie nach der Geburt der Kinder in ihrer Ehe gewesen sei. Der Tiefpunkt wäre nach der Geburt des Sohnes gewesen. Den Gedanken an eine Trennung habe sie später dann wegen der Kinder immer wieder verworfen. Sie habe befürchtet, daß ihr Mann die Kinder in der Auseinandersetzung »benutzen« würde. Gleichzeitig meinte sie, ohne den Einfluß des Alkohols könnte sie gut mit ihm leben und fände »viel Liebenswertes« an ihm.

145 Ich möchte an dieser Stelle versuchen, einen deutenden Zusammenhang herzustellen zwischen dem noch heute – vor allem in Krisensituationen – bestehenden Händezittern von Irenka, das

von dem Zittern des Säuglings »übrig blieb« und dem Zittern der Mutter direkt nach Irenkas Geburt. Der Augenblick des Gebärens ist in meinem Verständnis und nach meiner eigenen dreimaligen Erfahrung ein Moment intensivster körperlicher und damit verbunden auch psychischer Ent-äußerung. So wie der Körper in einem Akt höchster Anstrengung sich so weit öffnet wie in keiner anderen Situation – es wird wie eine Art von Ent-grenzung erlebt – so wird – nolens volens – in meiner Vorstellung auch eine psychisch überwältigende Situation hergestellt. Die Kontrollen brechen zusammen. Die Frau wird »überschwemmt« von ihren Gefühlen. Zu diesen gehörte bei Irenkas Mutter der alte Haß auf den Bruder und die damit verbundene Angst des Kindes, die beide vergessen werden mußten. Irenkas Geburt re-aktivierte diese Gefühle in ihrer Identifikation mit dem geliebten Sohn für einen Augenblick so stark, daß die Mutter vor ihnen erzitterte. Es war der Moment, wo sie ihr den Säugling, der noch Teil von ihr war, auf den Bauch legten. Wir wissen, daß der Säugling Signale zuerst mit dem Körper aufnimmt wie auch sendet: »nihil est in intellectu quod non prius fuit in sensibus« (Spitz, R., 1976, S. 25)
War es nicht naheliegend, daß sich dieses starke erste Signal kongruent einzeichnete in die »weltoffene Plastizität« dieses kleinen Körper-Ichs?! Und war es nicht ebenso naheliegend, daß die »gute« Mutter diese Gefühle sofort wieder »vergessen« mußte, um ihr Kind, für das sie sich unter so vielen Schmerzen entschieden hatte, lieben zu können?! Für mich war und blieb Irenkas Zittern, das in der Therapie immer mehr zurückging, ein eindrucksvolles Zeichen der tiefen Tragik ihres »doublebind«.

146 Green, H. 1973 erzählt in diesem Buch die Therapiegeschichte eines schizophrenen Mädchens, vermutlich die eigene.

147 Bei der Einschätzung der somatischen und psychischen Ausdrucksformen in Irenkas Werdegang bin ich – ohne daß ich dies hier im einzelnen vertiefen kann, was die psychosomatische Forschung anbetrifft – von Adlers Lehre von der finalen Ausrichtung und Ganzheitlichkeit des Menschen ausgegangen. Adler bezeichnete psychosomatische Störungen als »Organdialekt« und sagt hierzu:

> »Erst das erkannte Bewegungsgesetz gibt uns Aufschluß. Dabei stoßen wir auf den Sinn, auf die Meinung der Ausdrucksbewegungen, die Worte, Gedanken, Gefühle und Handlungen sein können. Wie sehr aber auch der Körper unter diesem Bewegungsgesetz steht, verrät der Sinn seiner Funktionen, eine Sprache, meist ausdrucksvoller, die Meinung deutlicher

aufzeigend als Worte es vermögen, aber immerhin eine Sprache des Körpers, die ich Organdialekt genannt habe. --- Der Körper gerät auf den Wegen des vegetativen Nervensystems, des nervus vagus, der endokrinen Veränderungen in Bewegung, die sich in Änderungen der Blutzirkulation, der Sekretionen, des Muskeltonus und fast aller Organe äußern können. Als vorübergehende Erscheinungen sind diese Veränderungen natürlich, zeigen sich nur verschieden in ihrer Ausgestaltung je nach dem Lebensstil des Befallenen. Dauern sie an, so spricht man von funktionellen Organneurosen, die wie die Psychoneurosen, ihre Entstehung dem Lebensstil verdanken, der eine Neigung zeigt, im Falle eines Versagens, bei stärkerem Minderwertigkeitsgefühl, einen Rückzug vom vorliegenden Problem anzutreten und diesen Rückzug durch Festhaltung der entstandenen Schock-Symptome körperlicher oder seelischer Art zu sichern. So wirkt sich der seelische Prozeß auf den Körper aus« (zit. n. Ansbacher, H./Ansbacher, R., 1975, S. 217f., 219).

Adler war in seinen psychosomatischen Einschätzungen ausgegangen von dem eingehenden Studium der »Organminderwertigkeit« (vgl. hierzu Adlers »Studie über die Minderwertigkeit von Organen«, 1977), deren Wesen und Bedeutung sich aber im Laufe der Jahre immer mehr in die von ihm angenommene physische, psychische und soziale Ganzheitlichkeit des Menschen integrierte. Sein zu früher Tod verhinderte dennoch eine Präzisierung seiner Theorie.

Rainer Schmidt in Schmidt, R. (Hrsg.), 1982, trägt eine solche Präzisierung im Rahmen einer gedrängten Zusammenschau dessen, wie sich psychosomatische Medizin im wissenschaftlichen Kontext der Individualpsychologie versteht (S. 128ff.), vor und sagt dazu u. a. (S. 135ff.):

»Um das zu leisten, müssen wir heute den Begriff der Organminderwertigkeit ausweiten und ihn auf vielerlei Weise verstehen:

1. als heriditäre Organminderwertigkeit,
2. als erworbene Organminderwertigkeit,
3. als festgehaltenen physiologischen Zustand im zurückgehaltenen Affekt,
4. als subjektive (relative) Annahme von Organminderwertigkeit in der Folge sozialen Lernens (–).

--- Offenbar sind alle Ausdrucksformen von Organminderwertigkeit miteinander mischbar. So mag bei der Migräne eine Mischform aus hereditärer Anlage, Affektstau und sozialem Lernen vorliegen. Auch die Formen nur subjektiv angenommener, sozial erlernter Organminderwertigkeiten können, wenn sie über Jahre festgehalten werden, zur funktionellen und schließlich morphologischen Schädigung von Organen führen.

Fassen wir zusammen, welches die Beiträge der IP zu einer psychosomatischen Krankheitsbeschreibung sind, erkennen wir nun drei theoretische Annahmen.

1. Krankheit kann Organdialekt sein, d. h. Ausdrucksform eines – im Zuge der Sicherung einer angestrebten Überlegenheit – nicht mehr zur Abfuhr gelangenden – in den Dialog eingebrachten – Affektes.
2. Krankheit kann sich einer Organminderwertigkeit bedienen. Das minderwertige Organ oder Organsystem wird zum Symbolträger grundsätzlicher Annahmen von Minderwertigkeit. Es wird eingesetzt zur gelingenden oder mißlingenden Kompensation.
3. Jede Krankheit als erlebte Entfremdung – d. h. als Fremdwerden des Körpers wie als Fremdsein in der Welt – wird unter dem Gesetz der Finalität von dem Patienten mitgestaltet. Sie unterliegt also auch den Gesetzen von Entmutigung und Ermutigung.«

Auf diesem Hintergrund habe ich die »Sensationen« in Irenkas »Werdegang« zu verstehen versucht, als die zum einen verschlüsselten Ausdrucksformen eines unsäglich tiefen Minderwertigkeitsgefühles und der damit verbundenen tiefen Angst um ihren Wert unter den Menschen – zunächst aber in der Familie –, die sie nicht in einen Dialog einbringen und zur Abfuhr bringen konnte.

Zum anderen – und untrennbar damit verknüpft – können wir hier das verzweifelte kompensatorische Streben nach Überlegenheit erkennen, den Versuch, besondere Aufmerksamkeit zu bekommen – schlechtes Essen und Trinken, besonders schwere Kinderkrankheiten, spätes Sauberwerden, in der »Trotzperiode« finden wir ihre Auflehnung – und im Wechsel damit das auch auf Überlegenheit abzielende – weil Ablehnung und Niederlage vermeidende – Rückzugsverhalten: Hautallergien, (rührt mich nicht an!), Zittern, autistischer Rückzug in Schlaf und Suizidphantasien, Fettleibigkeit (um nur ja keine anziehende Weiblichkeit zu verkörpern).

Die Phänomene während ihres Frankreichaufenthaltes werden an einer späteren Stelle besprochen.

148 Mit meiner Aufforderung zum Zeichnen hatte ich in gewisser Weise eine »Technik« der Annäherung praktiziert, die Shulman, B. 1980, S. 113 mit dem Begriff der »Verblüffung«

bezeichnet und deren Anwendung er in all jenen Fällen empfiehlt, wo die Aufnahme einer Kommunikation abgelehnt wird. »Um dieses Ziel erreichen zu können, greift der Therapeut auf Techniken zurück, mit deren Hilfe er den Patienten verblüffen bzw. veranlassen kann, zeitweise gezwungen zu sein, von seiner bislang befolgten Entscheidung Abstand zu nehmen, eine jede zwischenmenschliche Beziehungsaufnahme zu verhindern. Denn hier, in einem Zustand der Verblüffung, muß er sich ja neuerlich entscheiden wie er auf das ungewohnte Vorgehen des Therapeuten eigentlich reagieren soll.«

149 Vgl. Titze, M., zit. ebda, S. 17f.

150 Vgl. Rausch, H., in *Musik und Medizin*, 10/83 S. 5ff.

151 Vgl. hierzu Dietsch, P./Volk, W., in *Handbuch der Psychologie*, Bd. 8, 1977, S. 287f.

152 Foudrain, J. zit. n. Rattner, J., 1976, S. 15.

153 Vgl. dazu u. a. Lempp, R. (Hrsg.), 1984; Süllwold, L., 1983; Benedetti, G., 1983.

154 »Wir können die gegenwärtige Kontroverse über den ontologischen Status der Schizophrenie besser würdigen, wenn wir rückblickend den historischen Kontext betrachten, aus dem ein neues Betätigungsfeld, die Psychopathologie, hervorging. Ein besonders auffälliger Faden im Gewebe der Geschichte ist die ›Mechanisierung der Hysterie‹.

Wir ersparen uns, hier die ganze lange Geschichte der Hysterie zu wiederholen. Ein Verhalten, das allen Erwartungen zuwiderlief, war schon in der Antike bekannt. Nach der damals bevorzugten Theorie lag die Ursache in der Position des schwimmenden Uterus, daher der Begriff Hysterie (hysterion = Uterus).

Aus unserer jetzigen Perspektive ist die Theorie des schwimmenden Uterus nicht besser und nicht schlechter als andere Theorien, die die Bedeutung des verwirrenden Verhaltens in einer bestimmten menschlichen Situation nicht berücksichtigen. Fast während des ganzen 19. Jahrhunderts wurden ›hysterische‹ Frauen von den Ärzten nicht ernst genommen...

Als Charcot die Hysterie zur Krankheit erklärte (Szasz, 1961), fiel auch das unerwartete Verhalten in den Zuständigkeitsbereich der mechanistischen Medizin. Die Verwandlung einer ›vorgetäuschten Krankheit‹ in eine ›wirkliche Krankheit‹ wurde durch die oberflächliche Ähnlichkeit zwischen den ›Symptomen‹ von Patienten mit neuropathologischen Störungen und den überspannten, verwirrenden und oft fremdartigen Verhaltensweisen von Patienten ohne nachweisbares Nervenleiden erleichtert.

Es war Charcot, auf den die Gleichsetzung von Verhaltensabweichungen und Krankheit zurückging. In den Jahren nach 1870 hatte er sich als der führende Neuropathologe des Jahrhunderts profiliert.
Sein Biograph (Guillain, 1955) weist darauf hin, daß sich Charcot auf Grund der administrativen Bedingungen in der Salpêtrière mit Hysterie zu beschäftigen begann; er leitete dort eine Station, auf der weibliche Hysteriker und Epileptiker untergebracht waren. Charcots Studium der Hysterie ergab sich aus der Notwendigkeit, mit neurologisch unauffälligen Patientinnen zu arbeiten, von denen manche ein Verhalten zeigten, das sich oberflächlich gesehen nicht von epileptischen Anfällen unterschied...
Wenn wir die Geschichte der medizinischen Psychologie und der Psychiatrie betrachten, so wird deutlich, daß der Wissensdruck der Leute, die sich mit dem verwirrenden und allen Erwartungen zuwiderlaufenden Verhalten anderer Menschen befaßten, sozusagen mit einem Kraftakt aufgehoben wurde: Man erklärte ein derartiges Verhalten als Folge von Krankheitsprozessen, die noch entdeckt werden müßten. Die frühen Modelle zur Erforschung dieses Verhaltens, das man jetzt zur ›Krankheit‹ gemacht hatte, stützten sich nunmehr auf die Diagnose von neurologischen Störungen, und so wurden die Theorien der Psychopathologie ein Abbild der Theorien der Organpathologie« (Sarbin, Th./Mancuso, J., 1982, S. 197f.).

155 Ibid, S. XII.
156 Ibid, S. 117.
157 Ibid, S. 251.
158 Schultz-Hencke, H., 1952.
159 Sullivan, H. S., 1976, sowie die Darstellung seiner Lehre bei Rattner, J., 1976.
160 Zu der zentralen Bedeutung von Umdeutungen in der Psychotherapie vgl. auch die »Lösungen« von Watzlawick, P./Weakland, J. H./Fisch, R., 1974.
161 Rattner, R., in Sullivan, H. S., 1976, S. XI.
162 Sullivan, H. S., 1976, S. 12f.
163 Szasz, Th., 1982, S. 171.
164 Ibid, S. 161f. Hier wird ein wichtiger Aspekt des teleo-analytischen Konzeptes der IP Alfred Adlers deutlich: wie »vorausschauend« nämlich der neurotische oder psychotische Mensch letztlich die Krankheitssituation als krankhafte Lebensbewältigung »benutzt«. – Der internierte »Geisteskranke« produziert Lebensbewältigungsstrategien, mit denen er von Ärzten und

Pflegern das zu bekommen versucht, was er »psychotisch braucht«.

165 Ibid, S. 73.

166 Trilling, ebda, S. 39.

167 Bach, G./Goldberg, H., 1981, S. 90.

168 Szasz, Th. 1982, S. 73f. Nach Fromm-Reichmann, zit. n. Rattner in Schmidt, R. (Hrsg.), 1980, S. 105, muß jeder Therapeut

»seinen eigenen Stil finden, wie er psychotherapeutisch an den Schizophrenen herangehen soll. Was technische Einzelheiten betrifft... hatte ich einmal sehr ausgesprochene Ansichten und Empfindungen. Jetzt halte ich das für unwichtig, solange der Therapeut über die dynamische Bedeutung dessen, was er und der Patient tun und was zwischen ihnen vorgeht, im klaren ist und er wachsam darauf achtgibt.«

Adler zit. nach Ansbacher, H./Ansbacher, R., 1975, S. 296 betont:

»wir müssen den Patienten wieder für die Kooperation gewinnen; und wir können dies nur durch Geduld und durch besonders zuvorkommendes, freundliches Verhalten erreichen.«

Shulman, B., 1980, S. 111f., teilt die Therapeuten nach der Art ihrer Vorgehensweisen gegenüber schizophrenen Patienten in zwei Hauptgruppen ein:

»Die eine Gruppe hebt die Notwendigkeit der therapeutischen Annäherung an den ›gesunden Teil‹ der Persönlichkeit des Patienten hervor, wobei der Einsatz von vernünftiger Argumentation, Freundlichkeit und persuasiver Strategien als erforderlich angegeben wird, um den Patienten zur Hinwendung zum Bereich der Sozialität zu bewegen. Die zweite Gruppe weist die Tendenz zur Inanspruchnahme solcher Techniken auf, die eine Verständigung zwischen dem Therapeuten und dem Patienten mit Hilfe von sprachlichen Modalitäten erlaubt, die relativ wenig an die allgemeingültigen Konventionen angebunden sind, dafür aber die Hinwendung zu den privaten Apperzeptionsvorgängen des Patienten möglich machen. ...Daneben gibt es natürlich viele Therapeuten, die in ihrer Vorgehensweise die Methoden dieser beiden Gruppen miteinander kombinieren. Das therapeutische Ziel ist aber jedesmal das gleiche, wobei die Herstellung einer kommunikativen Beziehung zum Patienten grundsätzlich die vordringlichste Aufgabe in den ersten Phasen der Therapie bleibt. Die einzelnen Vorgehensweisen – – – stellen damit Taktiken dar, die dem Therapeuten zu dem Zweck dienen, einmal eine Beziehung zum Patienten herzustellen und dann hinter den Vorhang seiner psychischen Manöver gelangen zu können, wo ihm die Begegnung mit dem verängstigten, stolzen, sich selbst entwertenden und entmutigten Mitmenschen erst möglich sein wird.«

Die von Shulman beschriebenen ›Techniken der individualpsychologischen Schizophreniebehandlung‹ dienen

»letztlich alle dem Ziel (–), Gemeinschaftsgefühl und Wirklichkeitssinn (common sense) des Patienten zu stärken. Aber auch Shulman weist darauf hin, daß primär doch immer das partnerschaftliche Verstehen zwischen Therapeut und Patient, das Adler als eine Kunst der Empathie und Intuition bezeichnet, das therapeutische Gespräch bestimmen muß.« (Hellgardt, H., in Schmidt, R., Hrsg., 1980, S. 196).

169 Benedetti, G., 1974, S. 89. Diese Sichtweise wird von Lidz/ Fleck 1979, S. 31, bestätigt.

170 Hellgardt, H. in Schmidt, R. (Hrsg.), 1982, S. 99f.

171 Szasz, Th., 1982, S. 194.

172 Sperber, M., 1978, S. 99f.

173 Selvini-Palazzoli/Boscolo/Cecchin/Prata, 1981, S. 10.

174 Adler, A. zit. n. Ansbacher, H./Ansbacher, R., 1975, S. 295f.

175 Ansbacher H./Ansbacher, R., 1975, S. 231, fassen Adlers Neurosentheorie folgendermaßen zusammen:

»Adlers Theorie der Neurose und anderer Verhaltensstörungen ist im wesentlichen folgende: 1) Ein Individuum, das eine falsche Meinung von sich und der Welt hat, d. h. ein Mensch mit falschen Zielen und einem falschen Lebensstil 2) greift nach verschiedenen Formen von abnormalem Verhalten, um seine Meinung von sich zu sichern, wenn er 3) sich Situationen gegenüber sieht, von denen er glaubt, daß er ihnen auf Grund seiner falschen Anschauungen und der sich daraus ergebenden unzulänglichen Vorbereitung nicht erfolgreich begegnen kann. 4) Der Fehler liegt darin, daß er sich mit sich beschäftigt, statt die menschliche Zusammengehörigkeit in Betracht zu ziehen. 5) Das Individuum ist sich dieser Vorgänge nicht bewußt.«

Adler selber – zit. ebda, S. 236f. – spricht bei der Bestimmung von Gesundheit, Neurose und Psychose von »drei Stufen der Sicherung« des Selbstgefühles.

»Es ist das Gefühl der Unsicherheit, das den Neurotiker zum stärkeren Anschluß an Fiktionen, Leitlinien, Ideale, Prinzipien zwingt. Auch dem Gesunden schweben diese Leitlinien vor. Aber sie sind ihm ein modus dicendi, ein Kunstgriff, um das Oben vom Unten, das Links von Rechts, das Recht vom Unrecht zu unterscheiden, und es mangelt ihm nicht die Unbefangenheit, im Falle des Entschlusses sich von diesen abstrakten Fiktionen zu befreien und die Rechnung mit dem Realen zu machen. Ebensowenig zerfallen ihm die Erscheinungen der Welt in starre Gegensätze; er ist vielmehr jederzeit bestrebt, sein Denken und Handeln von der irrealen Leitlinie loszulösen und mit der Wirklichkeit in Einklang zu bringen. Daß er überhaupt Fiktionen als Mittel zum Zweck benützt, liegt in der Brauchbarkeit der Fiktion, um die Rechnung des Lebens überhaupt ansetzen zu können. Der Neurotiker aber, wie das der Welt noch entrückte unselbständige Kind, wie der primitive Verstand früherer Völker, klammert sich an den Strohhalm der Fiktion, hypostasiert sie, verleiht ihr willkürlich Realitätswert, sucht sie in der Welt zu realisieren. Dazu ist sie untauglich, noch untauglicher, wenn sie, wie *in der Psychose, zum Dogma erhoben, anthropomorphisiert wird. ›Handle so, als ob du verloren, als ob du der größte, der angefeindetste wärest.‹* Das *Symbol als modus dicendi* beherrscht unsere Sprache und unser Denken. Der Neurotiker nimmt es wörtlich, und *in der Psychose wird die Verwirklichung versucht*...

Ich folge hier gerne der geistreichen Anschauung Vaihingers, der zur Geschichte der Ideen geltend macht, daß sie historisch betrachtet eine Neigung zeigen, zu einer Fiktion (einer unwahren, aber praktisch wertvollen Hilfskonstruktion), zu Hypothesen und später zu Dogmen zu werden. Dieser Intensitätswandel charakterisiert im allgemeinen in der IP das Denken des Normalen (Fiktion als Kunstgriff), des Neurotikers (Versuch, die Fiktion zu realisieren) und des Psychotikers (unvollständiger, aber sichernder Anthropomorphismus und Realisierung der Fiktion: Dogmatisierung).

Für diese drei Stufen der Sicherung ist folgendes Schema in Anspruch zu nehmen: Vorsicht (Normaler, Fiktion) z. B. als ob ich mein Geld verlieren könnte, ›unten‹ sein könnte. Angst: (Neurotiker, Hypothese) als ob ich mein Geld verlieren werde, ›unten) sein werde. *Melancholie: (Psychotiker, Dogma) als ob ich mein Geld verloren hätte, ›unten‹ wäre.* Mit anderen Worten, je stärker das Gefühl der Unsicherheit, um so mehr wird unter steigender Abstraktion an der Realität die Fiktion verstärkt und dem Dogma genähert.«

176 Hier sind nach Hellgardt, H. in Schmidt, R. (Hrsg.), 1982, S. 104 vor allem zu nennen:

»Frühkindliche Traumatisierungen in der Mutter-Kind-Beziehung, insbesondere während der Symbiose und der ersten Ablösung und Selbständigkeitsentwicklung, dann aber auch Störungen in der Beziehung zum Vater, den Geschwistern, der Familie im Ganzen und innerhalb des Lebens- und Interaktionsstils der Familie, wie sie u. a. von Bateson (Doppelbindungshypothese), Lidz (Spaltung und Strukturverschiebung in der Ehe der Eltern späterer Schizophrener), Wynne und Singer (Pseudogemeinschaft der Familie), Vogel und Bell (Sündenbockdynamik), Searles (Identitätsangst in der Familie), Laing (Mystifizierung und Konfusion) beschrieben wurden.«

177 Siehe hierzu für die Individualpsychologie: Ibid, ebda, S. 102ff.:

»Etwas vereinfacht ausgedrückt läßt sich die schizophrene Psychose als Krankheit der Individualität hypothetisch dem Ganzheitstheorem der IP entsprechend folgendermaßen zusammengefaßt darstellen:

– Entwicklungspsychologisch, aus der Mutter-Kind-Beziehung sowie familien- und sozialpsychologisch und erbbiologisch aufgrund von Organminderwertigkeiten oder stark divergierenden Erbanlagen als zu verstehende Störung des Selbst- und Gemeinschaftsgefühles;

– tiefenpsychologische Störung der psychosozialen Entwicklung des individuellen Identitätsgefühls in der dialektischen Spannung zwischen Anpassung und Abgrenzung gegenüber der Gemeinschaft;

– prämorbide Persönlichkeit, ihre ›Egopathie‹ (Kisker): Überangepaßtheit, ›Nesthockerdasein‹, die Angst bzw. Unselbständigkeit, in sozialen Beziehungen Ich-selbst sein zu können;

– unter den Bedingungen bestimmter biologischer Schwellensituationen (z. B. Pubertät, Schwangerschaft, Klimakterium, Alter) bzw. psychosozialer und/oder körperlicher Belastungssituationen (Heirat, Berufseintritt, Umzug, Schlafentzug): biologische und/oder psychosoziale Aktualisierung der tiefenpsychologischen Grundstörung des Identitätsgefühls;

– körperliche Auswirkungen der tiefenpsychologischen Grundstörung im Bereich des neuro-physiologischen Stoffwechsels, Störung im Zusammenspiel, der Einheit der biochemischen Abläufe, hypothetische Grundstörung Bleulers;

– die zunächst nur tiefenpsychologisch bedingten Störungen des Identitätsgefühls, der ›Einheit des Ich‹ (Adler) der präpsychotischen Persönlichkeit entgleisen in psychotischer Weise durch das Hinzukommen stoffwechselbedingter, neurophysiologischer Störungen. Die bewußt verstehende Wahrnehmbarkeit und Differenziertheit des inneren und äußeren seelischen Erlebens und seiner Zusammenhänge, der psychosoziale Strukturzusammenhang der Einheit der Persönlichkeit geht im psychotischen Selbsterleben verloren: intrapsychische Ataxie (Stransky), Hypotonie des Bewußtseins, mangelhafte Bewußtseinsstraffung (Berze, C. Schneider, Ewald), Minderung der Assoziationsspannung (E. Bleuler), Störung im Aktivitätshaushalt (Gruhle), oneiroider Zustand (H. Ey), Störungen des Ichbewußtseins (Störung der Ichidentität, der Ichgrenzen, des Aktivitätsbewußtseins), Ich-Anarchorese (Winkler, Häfner), Verlust der Selbstverständlichkeit (Blankenburg);

– Ichspaltung, die sich in den weiteren Primärsymptomen der Schizophrenie ausdrückt: verschiedene Aspekte des seelischen Erlebens können nicht mehr miteinander verbunden, integriert werden. Störung der Affektivität (Ambivalenz, affektive Verödung, Verlust des Gefühlswiderhalls, Kommunikationsstörungen), Störungen des Denkens (Dissoziation und Zerfahrenheit des Denkens, Sperrung der Gedanken, Gedankendrängen), Störung der Person (Autismus, Depersonalisation usw.);

– sekundäre Symptome im Sinne Bleulers (psychische Reaktionen auf das Erleben der Primärsymptome), die das Erscheinungsbild der Schizophrenie überwiegend phänomenologisch bestimmen: Katatone Erscheinungen, Halluzinationen, Wahnideen, hebephrenes läppisches unzusammenhängendes Verhalten;

– weitere Verstärkung der neurophysiologischen Störungen als Korrelat bzw. in Wechselwirkung mit den psychischen Störungen;

– Verstärkung der psychischen Störungen in Wechselwirkung mit sozialpsychologischen Zusammenhängen;

– weitere Desintegration der Persönlichkeit in der Wechselwirkung zwischen körperlichen, seelischen und sozialen Dissoziationsvorgängen im Sinne eines circulus vitiosus. Körperliches, seelisches und soziales Erleben funktioniert nicht, wie beim Gesunden, primär aufeinander bezogen, einheitlich integriert, sondern im Zerfall der Einheitlichkeit des Ganzen, unter Umständen (in der Prozeßpsychose) in einem sich selbst dynamisierenden circulus vitiosus zunehmender gegenseitiger Zerstörung. Das trotzdem bleibende psychosoziale Ganze der inneren und äußeren Lebenszusammenhange der Persönlichkeit kann nicht mehr einheitlich und harmonisch, sondern nur noch gespalten, quälend disharmonisch erlebt werden.«

178 Ibid zit., ebda, S. 105.

179 Zur Bereitschaft des Therapeuten, auch Pädagoge und Berater

zu sein, äußert sich Shulman, B., 1980, S. 102f., folgendermaßen:

»Im alltäglichen Leben gibt es vieles, das der Patient nicht zu verstehen und nicht zu genießen vermag. – – – Zuweilen muß der Therapeut daher bereit sein, relativ viel Zeit damit zu verbringen, solche Sachverhalte zu besprechen, die dem außenstehenden Beobachter als Routine und Geringfügigkeiten erscheinen mögen. – – – Die Bereitschaft des Therapeuten, in dieser Hinsicht als Berater zur Verfügung zu stehen, ermutigt den Patienten, ihn als solchen in Anspruch zu nehmen. ... Der Leser wird vielleicht einwenden, der Therapeut würde den Patienten aufgrund seiner Bereitschaft, diesen bei der Lösung seiner Probleme anzuleiten und zu beraten, dazu ermutigen, in offener Weise abhängig zu werden. Die Antwort auf diesen Einwand ist einerseits die, daß eine solche Form der Abhängigkeit immer noch besser ist als die Inanspruchnahme autistischer Methoden zum Zwecke der Bewältigung solcher Situationen. Andererseits sollte der Patient sich vergegenwärtigen, daß es für ihn notwendig ist, die Effektivität solcher Handlungsstrategien, die im Verbund der Sozialität verankert sind, aufgrund ihrer praktischen Anwendung selbst zu erfahren.«

180 Rattner, J., zit. n. Hellgardt, H. in Schmidt, R. (Hrsg.), 1982, S. 105.

181 Hellgardt, H., zit. n. Schmidt (Hrsg.), 1982, S. 106.

182 Vgl. Dörner, K./Plog, U., 1980, S. 120.

183 Vgl. ibid, S. 121f.

184 Ibid, S. 122.

185 Dörner, K./Egelmeyer, A./Koenning, K., 1982.

186 Vgl. ibid, S. 187f.

187 Vgl. ibid, S. 188.

188 Eine »geniale« Antwort auf das paradoxe Erfordernis, keine Schuldzuschreibung zu praktizieren und doch gleichzeitig die systematische Verantwortung der gesamten schizophrenogenen Familie zu mobilisieren, präsentiert in einem familientherapeutischen Modell das italienische Therapeutenteam Selvini-Palazzoli/Boscolo/Cecchin/Prata, 1981. Hierzu durchaus kritisch: Clemens, M. in *Psychologie heute* 5/1983, S. 39–45.

189 Dörner, K./Plog, U., 1980, S. 162.

190 Shulman, B., 1980, S. 162.

191 Sperber, M., 1978, S. 280.

192 Foudrain, J. in: Bateson/Jackson/Laing/Lidz/Wynne u. a., 1978, S. 331.

193 Benedetti, G., 1983, S. 268.

194 Vgl. Sperber, M., 1978, S. 280.

195 Vgl. Antoch, R., 1981, S. 130.
196 Vgl. hierzu auch Watzlawick/Beavin/Jackson, 1974.
197 Antoch, R., 1981, S. 132f.
198 Vgl. Sperber, M., 1978, S. 282.
199 Benedetti, G./Benedetti-Straub, H. in Benedetti/Rauchfleisch, 1975, S. 28.
200 Benedetti, G., 1983, S. 269f.
201 Vgl. Riemann, F., 1978, S. 38.
202 Benedetti, G./Benedetti-Straub, H. in Benedetti/Rauchfleisch, 1975, S. 90 weisen darauf hin, daß

»somatische Symptome (–) insbesondere in der Initialphase der Schizophrenie, aber auch im späteren Verlauf der Erkrankung, eine große Rolle (spielen). In einer Studie an 427 schizophrenen Patienten berichteten 33 % spontan über 1–8 somatische Einzelsymptome (–). Als häufigste Beschwerden werden genannt: Schlafstörungen, neurovegetative Symptome… Kopfschmerzen, Müdigkeit und Appetitstörungen sowie Anorexien (–). Diese Symptome sollten als Hilfen bei einer Frühdiagnose der schizophrenen Erkrankung (–) genau beachtet werden…«

Adler, A. zit. n. Ansbacher, H./Ansbacher, R., 1975, S. 292 führt zur Schlaflosigkeit u. a. aus:

»Eine Beschreibung des Symptoms der Schlaflosigkeit wird im wesentlichen nicht viel Neues bieten. Der Hauptakzent aber fällt immer auf die mangelnde Rast und auf das Resultat: die mangelnde Frische und Arbeitsfähigkeit. Der Genauigkeit wegen wollen wir hervorheben, daß eine ganze Reihe von Patienten das gleiche Resultat trotz ungestörten Schlafes oder bei Verlängerungen desselben beklagt. Die Art der Erkrankung, bei der das Symptom der Schlaflosigkeit vorkommen kann, ist leicht umschrieben: Es gibt keine psychische Erkrankung und keine zugehörige Symptomgruppe, bei der dieses Leiden nicht durch längere Zeit oder gelegentlich anzutreffen wäre. *Gerade die schwersten der seelischen Erkrankungen, die Psychosen, werden gewöhnlich durch ganz besonders schwere Formen der Schlaflosigkeit eingeleitet.*

Wenn man herauszubekommen wünscht, wie das Symptom der Schlaflosigkeit zur Gesamtpersönlichkeit paßt, frage man den Patienten: ›Was würden Sie tun, wenn Sie schlafen könnten?‹ Dann wird er erzählen, wovor er Angst hat. Zum Beispiel, wenn er schlafen könnte, dann könnte er besser arbeiten und somit sein Examen ablegen. Er fürchtet sich so vor seinem Problem, daß er angespannt ist; deshalb kann er sich nicht entspannen und somit kann er nicht schlafen«.

203 Shulman, B., 1980, S. 47f. führt zu der Zielgerichtetheit des Handelns in dieser Situation aus:

»Die ›Entscheidung‹, den Bereich der Sozialität zu verlassen, wie sie der Schizophrene getroffen hat, ist (–) als das sine qua non des psychotischen Schubs anzusehen. Boisen (–) und Boisen et al. (–) stellen deshalb einen Vergleich mit dem Problembereich des kreativen Denkens her, wobei sie feststellen, daß ein Mensch, der einen psychotischen Prozeß durchläuft, unverkennbar zum Ausdruck bringt, daß er ein ›ungelöstes persönliches Problem‹ hat. Die Schritte, die er sodann unternimmt, um dieses Problem zu lösen, sind nach Ansicht der Autoren denjenigen ähnlich, die im Rahmen kreativer Denkprozesse zur Entwicklung von ›Einsicht‹ führen. Aus diesem Grunde könne man davon ausgehen, die Psychose stelle ebenso wie das kreative Denken die gefundene ›Lösung‹ eines bislang ungelösten Problems dar.

Konnte der Schizophrene in den letzten Abschnitten seines prämorbiden Stadiums noch auf ein breites Spektrum von Verhaltensmustern zurückgreifen, um die Verfolgung seines Lebensziels dadurch zu sichern, erfüllen diese Kompensationen und Abwehrreaktionen bald nicht mehr ihren Zweck. Die ihm vorgegebene Lebenssituation erweist sich als ein Hindernis, das ihm bei seinem Versuch, die angestrebten Pläne zu realisieren, störend im Wege steht. Daher wird es ihm zur Notwendigkeit, die fundamentale Beziehung, die zwischen ihm und dem Leben besteht, zu ändern. Er erreicht dies dadurch, daß er die Realität des sozialen Lebens in Frage stellt und statt dessen seine eigene Form der Realität definiert.«

204 Die gleiche Klinik sprach in einem späteren Bericht an einen deutschen Klinik-Psychiater von »psychotischen Störungen«.

205 Benedetti, G./Benedetti-Straub, H. in Benedetti/Rauchfleisch, 1975, S. 22 referieren zur schizophrenen Angst u. a.:

»Es ist zutreffend, wenn man feststellt, daß hinter den schizophrenen Inhalten eine Urerfahrung der Angst steht, die einerseits ›spezifisch‹, eigentümlich schizophren ist, andererseits unserer Empathie nicht ganz entzogen ist (–). Diese Angst hat mit dem Erleben des Ich-Zerfalls zu tun, unabhängig davon, ob ein solcher durch eine unbekannte psychopathologische Katastrophe oder durch *reaktivierte Brüchigkeit der ersten Objektbeziehungen* (–) ausgelöst wurde...«.

206 »Welche Leidenskonzentration die Schizophrenie ist, zeigt der Befund, daß Suizidideen bei der Hälfte von 205 Kranken gefunden werden (–). Selbstzerstörungsimpulse findet man

bei 40% hospitalisierter Kranker...« (Benedetti, G./Benedetti-Straub, H. in Benedetti/Rauchfleisch, 1975, S. 22).

In der finalen Betrachtungsweise Adlers dient die Psychose insgesamt ebenso wie der Suizidversuch der Sicherung durch Distanz, die er auch als »zögernde Attitüde« beschreibt:

»Gleichzeitig mit dieser tendenziösen Distanz, die sich recht häufig auch in einer körperlichen Ausdrucksbewegung kundgibt, gestaltet der Kranke in einem hohen Grad von Spannung gegenüber den Gemeinschaftsproblemen, seine Abschließung von der Welt und Wirklichkeit in verschieden hohem Grade...« (Adler, A., zit. n. Ansbacher, H./Ansbacher, R., 1975, S. 260).

207 Vgl. Lowen, A., 1980, S. 16f.

208 Ibid, S. 49f.

209 Ibid, S. 60f.

210 Vgl. Ibid, S. 62f.

211 Adler, A., zit. n. Ansbacher, H./Ansbacher, R., 1975, S. 224, weist im Zusammenhang mit dem Schlaf auf die auch diesen bestimmende allgemeine Finalität des Individuums hin.

»Jede Theorie, die Schlafen und Wachen, Traumgedanken und Tagesgedanken als Widersprüche behandelt, muß schlechthin unwissenschaftlich sein.«

Und – im Sinne von Irenkas bewußter und unbewußter Zielsetzung:

»... der Kontakt zur Wirklichkeit ist schwächer. Wenn wir träumen, sind wir allein. Die Forderungen der Gesellschaft sind uns nicht so gegenwärtig...«

212 Rosen, J., zit. n. Lowen, A., 1980, S. 259.

213 Vgl. Lowen, A., 1980, S. 260f.

214 Shulman, B., 1980, S. 98f. schreibt zu diesem Problem:

»Der ihn kennzeichnende Pessimismus läßt den Schizophrenen außergewöhnlich vorsichtig sein. Er wird daher zögern, sich dem Therapeuten anzuvertrauen, und wird stärker als der nichtschizophrene Patient dazu neigen, diesen zu testen. Er zögert ferner auch ungewöhnlich lange, ehe er die Ratschläge des Therapeuten befolgt. Ein großer Fortschritt ist erzielt, wenn der Patient einmal entdeckt hat, daß der Therapeut weder ein Lügner noch ein Falschspieler ist. Die therapeutische Strategie besteht somit zum großen Teil darin, die verzweifelten Meinungen des Patienten zu invalidieren und diesem dadurch zu einem neuartigen Weltbild zu verhelfen. Eine jede Meinung, die den Patienten veranlaßt, normalen zwischenmenschlichen Beziehungen aus dem Wege zu gehen und die allgemeingültige Logik der Sozialität nicht in Anspruch zu nehmen, ist für diesen von grundsätzlichem Nachteil und führt zu immer neuen Versuchen, Distanz zur sozialen Welt einzulegen. Solche Meinungen müssen daher im Rahmen der Therapie aufgegriffen und kontinuierlich in Frage gestellt werden. Das heißt, der Therapeut muß sie mit all seiner Überzeugungskraft angreifen und zurückweisen. Das Endziel der Therapie besteht ja darin, daß der Patient neuartige Meinungen über das soziale Leben bildet, unter deren Einfluß es ihm möglich wird, das Leben im Kreise seiner Mitmenschen positiver sehen zu können.«

215 Lowen, A., 1980, S. 262f.

216 Zu dem von Adler so benannten »männlichen Protest« als Ausdruck eines Kompensationsversuches zitiere ich hier eine mit Adlerzitaten angereicherte Zusammenfassung von Hellgardt, H. in Schmidt, R. (Hrsg.), 1982, S. 75:

»Eines der Grundprobleme ›unserer neurotisch kranken Kultur‹ (Adler [–]) besteht in der praktischen Verwirklichung sozialer Gleichwertigkeit bei voller Bejahung der individuellen Verschiedenheit der Menschen sowie der prinzipiellen Verschiedenheit der Geschlechter.

Verschiedenheit ist nicht gleichbedeutend mit Gegensätzlichkeit. Nach Adler ist es phylogenetisch wie ontogenetisch eine primitive Form der Anschauung, die ›aus der Sehnsucht nach Orientierung – – ein Ding, eine Kraft, ein Erlebnis an deren arrangiertem Gegensatz mißt.‹ (Adler [–]). Die Orientierung am Arrangement des Gegensatzes – statt mit Hilfe der einfachen Unterscheidung, der fiktiven Abgrenzung – ist aus der Unsicherheit des primitiven Menschen wie des unerfahrenen Kindes individualpsychologisch zu verstehen als Überkompensation zur Sicherung der ersten Versuche des logischen Denkens. ›Man darf darin nicht, wie es meist geschieht, eine Wesenheit der Dinge erblicken.‹ (Adler [–]).

So ist es von größter tiefenpsychologischer Bedeutung, daß in unserer immer noch von Machtstreben und Prestigepolitik beherrschten Gesellschaft der Unterschied zwischen Mann und Frau meist schon von früher Kindheit an nach dem Gegensatzschema von oben-unten, überlegen-unterlegen, mächtig-minderwertig wahrgenommen wird. Adler sah in der starken Betonung des Gegensatzes von Mann und Frau und der Überbewertung der Männlichkeit, sog. männlicher Eigenschaften wie Stärke, Härte, Überlegenheit, Intellekt etc., eine der wesentlichen kollektiven Bedingungen für die Entstehung der Neurose in unserer Gesellschaft, denen das einzelne Individuum kaum entgehen kann. So ergibt sich aus dem gesellschaftlichen Leben heraus ›ein fortwährendes Streben nach Überlegenheit über die Frau auf der Seite des Mannes und dementsprechend eine stete Unzufriedenheit mit den männlichen Privilegien auf der Seite der Frau‹. (Adler [–])«

Adler sagt u. a. zu den Dispositionen des zweiten Kindes (Irenka) zit. n. Ansbacher, H. / Ansbacher, R., 1975, S. 351:

»Hier sehen wir das Ruhelose, ein Streben, das weniger auf die Tatsachen ausgeht, sondern meist nur auf den Schein, aber unbezwingbar, bis entweder das Ziel erreicht, der Vordermann überflügelt ist, oder nach mißlungenem Kampf der Rückzug beginnt, der oft in Nervosität ausmündet. Die Stimmung des Zweiten ist dem Neid der besitzlosen Klasse vergleichbar, mit der vorherrschenden Stimmung des Zurückgesetztseins. Sein Ziel kann so hoch gesteckt sein, daß er sein Leben lang daran leidet und seine innere Harmonie vernichtet wird als Folge davon.«

217 Auch verstärkte Züge von Anlehnungsbedürfnis und unterwürfigem Gehorsam auf der einen sowie Trotz und Größenphantasien auf der anderen Seite – in der menschlichen Realität wie auch bei Irenka meist als Mischform gegeben – sind nach Adler der Ausdruck für

»die Wirkung falscher Einstellungen, deren kompensatorische Bedeutung ... in der Vernichtung des Minderwertigkeitsgefühles ... besteht« (Adler, A., zit. n. Ansbacher, H. / Ansbacher, R., 1975, S. 71).

218 Peseschkian, N., 1979, S. 11.

219 Shulman, B., 1980, S. 98, zeigt auf:

»In seiner Arbeit mit schizophrenen Patienten begegnet der Therapeut solchen Meinungen auf Schritt und Tritt. So geht der Patient weiterhin davon aus, daß er in dieser Welt tatsächlich keinerlei Wert besitzt und es für ihn auch keine Möglichkeit gibt, an Wert gewinnen zu können. Er ist zudem überzeugt, daß die Anforderungen in dieser Welt so geartet sind, daß er jedesmal unweigerlich versagen muß, wenn er versuchen sollte, diesen gerecht zu werden. Der Patient lebt damit in dem Bewußtsein, in der Vergangenheit versagt zu haben und in der Gegenwart und der Zukunft ebenfalls zu versagen. Er hat das Gefühl, daß sein Leben kaputt ist.«

220 Vgl. Lowen, A., 1980, S. 50f.

221 Adler, A., zit. n. Ansbacher, H. / Ansbacher, R., 1975, S. 325f., 328.

222 Ibid, zit. ebda, S. 329.

223 Adler, A., 1974, S. 147.

224 Schmidt, R., 1980.

225 Ibid, S. 58.
226 Ibid, S. 59ff.
227 Ibid, S. 61f.
228 Ibid, S. 65.
229 Ibid, S. 65.
230 Ibid, S. 67.
231 Ibid, S. 66.
232 Ibid, S. 68.
233 Ibid, S. 69.
234 Ibid, S. 70.
235 Ibid, S. 72.
236 Ibid, S. 72.
237 Adler, A., zit. n. Ansbacher, H. / Ansbacher, R., 1975, S. 338.
238 Vgl. Schmidt, R., 1980, S. 17.
239 Shulman, B., 1980, S. 43 und 48, führt in bezug auf die »Ontologie der Schizophrenie« u. a. aus:

»Wir müssen (–) davon ausgehen, daß ein jedes Individuum, das sich entschlossen hat, aus dem mitmenschlichen Verbund der Sozialität auszuscheiden, in diesem Zusammenhang gleichzeitig auch die Teilhabe an jenem Bereich allgemeingültiger Regeln und Vorschriften aufgeben muß, die ihn daran hindern würden, sein angestrebtes Ziel zu erreichen (–). Er muß somit die Überzeugung gewonnen haben, daß der ›common sense‹ für ihn nur ein Hemmnis und keinesfalls von Vorteil ist...

Die Abkehr vom Geltungsbereich des ›common sense‹ geht einher mit der konsequenten Entwicklung eines neuen modus vivendi, da ja überall dort, wo die bisherigen Regeln des sozialen Zusammenlebens aufgegeben wurden, neue gefunden werden müssen, um die so entstandene Lücke wieder zu füllen. Diese neuen Regeln müssen weiterhin mit der ›privaten Logik‹ des Schizophrenen zu vereinbaren sein (–). Weiterhin sollen sie geeignet sein, zur Distanzierung von den Forderungen der Gemeinschaft beizutragen...«

240 »Fallträume sind weitverbreitet, vor allem unter Neurotikern und Psychotikern. Warum? Weil die Furcht zu fallen, ihnen immer vor Augen schwebt. Es ist die Furcht vor dem Prestigeverlust« (Adler, A., zit. n. Ansbacher, H. / Ansbacher, R., 1975, S. 337).
241 Ibid, zit. ebda, S. 335.
242 Schmidt, R., 1980, S. 29.
243 Ibid, S. 29.
244 Ibid, S. 22.
245 Ibid, S. 35.
246 Lowen, A., 1980, S. 190 und 104.

247 Adler, A., zit. n. Ansbacher, H./Ansbacher, R., 1975, S. 338, sagt:

»In wiederkehrenden Träumen können wir den Lebensstil mit großer Deutlichkeit ausgedrückt finden. Sie geben uns einen definitiven und unverkennbaren Hinweis auf das Ziel der Überlegenheit des Individuums. Ein wiederholter Traum ist eine wiederholte Antwort auf ein wiederholt konfrontiertes Problem. Der Lebensstil wird am besten durch Träume aufgezeigt, die sich häufig wiederholen oder über Jahre hinweg im Gedächtnis geblieben sind«.

248 Shulman, B., 1980, S. 98.

249 Ibid S. 137f.

250 Leuner, H. C., 1977, S. 9

251 Vgl. Schmidt, R., 1980, S. 118f.

252 Leuner, H. C., 1980, S. 21.

253 Ibid, S. 24f.

254 Vgl. ibid, S. 21ff.

255 Shulman, B., 1980, S. 26.

256 Siehe hierzu den ausgezeichneten Beitrag von Schmidt, R., in *ZfI*, 2/1984, S. 105ff.

257 Heisterkamp, G., in *Beiträge zur Individualpsychologie*, 3/1984, S. 144; ders., 1985, S. 21ff.; Porep, P., 1985, S. 62ff.; Seidel, U., 1985, S. 80ff.

258 Ibid, ebda, S. 148.

259 Ibid, ebda, S. 149.

260 Ringel, E., ebda, S. 25.

261 Antoch, R., in *ZfI*, 1/1984, S. 6f. sagt zutreffend:

»Um die Wahrheit lebendig zu machen, muß der Leidende den Irrtum, dem er erlegen ist, nicht nur im Kopf, sondern auch in seinem Erleben nachvollziehen. Denn auf der Grundlage dieses Irrtums hat er – mit Adler zu sprechen – das ›Kunstwerk seines Lebensstils‹ errichtet, sein Wahrnehmen, Wissen, Denken, Fühlen, Wollen, sein Ziel und eben auch sein Stil sind nur darauf gegründet. Mit anderen Worten: der Patient hat den Irrtum, der weder eine Ursache im strikten Sinne hat noch eine Ursache ist, zu einer Ursache gemacht; und auf diesem Fundament der vermeintlichen Ursächlichkeit hat er die Grundlage seines Handelns aufgebaut.«

262 Kruttke-Rüping, M., in *ZfI*, 4/1984, S. 218ff.

263 Ibid, ebda, S. 231f.

264 Vgl. dazu Antoch, R., in »Die Dokumentation. Psychotherapeutisches Forum 1984«, S. 17ff.

265 Fürstenau, P., zit. nach ibid, ebda, S. 26.

266 Antoch, R., ebda, S. 26.

267 Ibid, ebda, S. 26.
268 Ringel, E., in *Beiträge zur IP*, 2/1984, S. 27.
269 Jouhy, E., ebda, S. 130.
270 Basaglia und Slavich zit. n. Benedetti/Rauchfleisch, 1975, S. 20.
271 Benedetti, G./Benedetti-Straub, R., ebda, S. 19.
272 Vgl. hierzu auch S. 66ff. der Arbeit.

Literaturverzeichnis

Adler, A.: *Über den nervösen Charakter*, Fischer Taschenbuch 6174
– *Praxis und Theorie der Individualpsychologie*, Fischer Taschenbuch 6236
– *Der Sinn des Lebens*, Fischer Taschenbuch 6179
– *Menschenkenntnis*, Fischer Taschenbuch 6080
– *Studie über die Minderwertigkeit von Organen*, Fischer Taschenbuch 6349
– *Lebenskenntnis*, Fischer Taschenbuch 6392
– *Wozu leben wir?*, Fischer Taschenbuch 6708
– *Das Leben gestalten*, Fischer Taschenbuch 6393
– *Neurosen*, Fischer Taschenbuch 6735
Adorno, Th.: *Minima Moralia*, Frankfurt/Main 1981
Albertz, H.: *Dagegen gelebt – von den Schwierigkeiten, ein politischer Christ zu sein*, Reinbek bei Hamburg 1976
– *Störungen erwünscht*, Stuttgart 1980
– *Blumen für Stukenbrock*, Stuttgart 1981
Aliabadi, Ch./Lehnig, W.: *Wenn Essen zur Sucht wird*, München 1982
Altner, G.: *Tod, Ewigkeit und Überleben*, Heidelberg 1981
Ansbacher, H. / Ansbacher, R.: *Alfred Adlers Individualpsychologie*, München 1975
Antoch, R.: *Von der Kommunikation zur Kooperation*, München 1981
– »Gemeinschaftsgefühl und psychische Gesundheit« in *Zeitschrift für Individualpsychologie*, München/Basel 1/1984
– »Verdirbt Psychotherapie den Charakter?«, in »Folgen von Psychoanalyse – heute. Die Dokumentation.« Psychotherapeutisches Forum in Hofgeismar 1984
Arendt, H.: *Vita activa oder vom tätigen Leben*, Stuttgart 1960
Aronson, E. / Ayala, M. / Kafry, P. u. P.: *Ausgebrannt*, Stuttgart 1983
Bach, G / Goldberg, H.: *Keine Angst vor Aggressionen*, Frankfurt/Main 1981
Barnes, M.: *Meine Reise durch den Wahnsinn*, München 1979; Fischer Taschenbuch 42203
Bateson / Jackson / Laing / Lidz / Wynne u. a.: *Schizophrenie und Familie*, Frankfurt/Main 1978

Benedetti, G.: *Der psychisch Leidende und seine Welt,* München 1974; Fischer Taschenbuch 42139
Benedetti, G. / Benedetti-Straub, H.: »Die Schizophrenie in unserer Gesellschaft: Als genetisches Problem, als Behandlungsaufgabe, als Verlaufsgestalt« in: Benedetti, G. / Rauchfleisch, U.: *Die Schizophrenie in unserer Gesellschaft,* Stuttgart 1975
Benedetti, G.: *Todeslandschaften der Seele,* Göttingen 1983
Benesch, H.: *Wörterbuch zur klinischen Psychologie,* Bd. 1 und 2, München 1981
Bernsdorf, W. (Hrsg.): *Wörterbuch der Soziologie,* Bd. 1–3, Frankfurt/Main 1979
Bertram, H.: »Moralische Sozialisation« in: *Handbuch der Sozialisationsforschung,* Weinheim/Basel 1980
Die Bibel, Nach der deutschen Übersetzung D. Martin Luthers, Stuttgart 1912
Bloch, E.: *Das Prinzip Hoffnung,* Frankfurt/Main 1959
– *Atheismus im Christentum,* Reinbek bei Hamburg 1970
Blumenthal, E.: *Wege zur inneren Freiheit,* Stuttgart 1981
Brandl, G.: *Miteinander sprechen lernen,* München 1975
Brenner, Ch.: *Praxis der Psychoanalyse,* S. Fischer, Frankfurt/Main 1979; Fischer Taschenbuch 6740
Brix, K.: »Falldarstellung«, unveröffentlichtes Manuskript zur Vorlage bei der Prüfung zum Berater in der Deutschen Gesellschaft für Individualpsychologie, Ganderkesee 1984
– »Versuch einer theologischen Analyse und Interpretation von 1. Mose 4,1–16«, unveröffentlichtes Tonbandprotokoll, Ganderkesee 1983
Bruch, H.: *Grundzüge der Psychotherapie,* S. Fischer, Frankfurt/Main 1977
Buber, M.: *Einsichten,* Wiesbaden 1953
– *Das dialogische Prinzip,* Heidelberg 1954
– *Reden über Erziehung,* Heidelberg 1956
– *Ich und Du,* Heidelberg 1979
Caruso, I.: *Narzißmus und Sozialisation,* Stuttgart 1976
Centrum für Psycho-organische und Psychosoziale Hilfe e. V.: »Selbstdarstellung«, Frankfurt/Main 1985
de Chardin, P. T.: *Das Tor der Zukunft,* München 1984
Christ-Bode, U.: »Die neurotisierende Verwöhnungsdisposition in den hochindustriellen Gesellschaften«, in *Psyche und Politik,* 1/1981
Claessens, D.: *Familie und Wertsystem,* Berlin 1967
Clemens, M.: »Die Wahrheit interessiert mich nicht, nur der Effekt«, Interview mit Maria Selvini-Palazzoli in: *Psychologie heute,* Weinheim, 5/1983

Cooper, D.: *Psychiatrie und Anti-Psychiatrie,* Frankfurt/Main 1971
Dahrendorf, R.: *Gesellschaft und Freiheit,* München 1961
Degkwitz / Helmchen / Krockow / Mombour (Hrsg.): *Diagnosen-Schlüssel und Glossar psychiatrischer Krankheiten,* Berlin/Heidelberg/New York 1980
Dierichs, H. / Mitscherlich, M.: *Männer,* S. Fischer, Frankfurt/Main 1980; Fischer Taschenbuch 3819
Dietsch, P. /Volk, W.: »Endogene Störungen« in: Pongratz, L. J.: *Handbuch der Psychologie,* Bd. 8, 1. Halbbd., Göttingen 1977
Dörner, K. /Plog, U.: *Irren ist menschlich,* Rehburg-Loccum 1980
Dörner, K. / Egetmeyer, A. / Koenning, K.: *Freispruch der Familie,* Wunstorf/Hannover 1982
Dowling, C.: *Der Cinderella-Komplex,* S. Fischer, Frankfurt/Main 1984; Fischer Taschenbuch 3068
Durkheim, E.: »Jugements de Valeur et Jugements de Réalité« in: *Rev. Métaph* 19/1911
– *Der Selbstmord,* Frankfurt/Main 1983
Duhm, D.: *Der Mensch ist anders,* Lampertheim 1975
D'Eaubonne, F.: *Feminismus oder Tod,* München 1981
Eichenbaum, L., Orbach, S.: *Ganz Frau und wirklich frei,* Düsseldorf/Wien 1985
Elsaesser, P.: *Wenn sie dir zu nahe kommen,* Weinheim/Basel 1981
Enzyklopaedia Britannica, Bd. VII, Chicago 1983
Erdheim, M.: *Die gesellschaftliche Produktion von Unbewußtheit,* Frankfurt/Main 1984
Erikson, E.: *Identität und Lebenszyklus,* Frankfurt/Main 1974
Fetscher, I.: *Terrorismus und Reaktion,* Köln/Frankfurt 1978
– et al. in »Jugend und Terrorismus«. Ein Hearing des Bundesjugend-Kuratoriums, München 1979
Foudrain, J.: »Schizophrenie und Familie. Überblick über die Literatur zur Ätiologie der Schizophrenie aus den Jahren 1956–1960« in Bateson / Jackson / Laing / Lidz / Wynne u. a.: *Schizophrenie und Familie,* Frankfurt/Main 1978
Frankl, V.: *... trotzdem Ja zum Leben sagen,* München 1977
– *Der Mensch vor der Frage nach dem Sinn,* München 1979
– *Die Psychotherapie in der Praxis,* Wien 1982
Freud, S.: *Abriß der Psychoanalyse,* S. Fischer, Frankfurt/Main 1974; Fischer Taschenbuch 6043
– *Vorlesungen zur Einführung in die Psychoanalyse. Und neue Folge* Bd. I, S. Fischer, Frankfurt/Main 1975; Fischer Taschenbuch 6348
Fromm, E.: *Gesamtausgabe,* Bd. I–X, Stuttgart 1980
Frey, G.: »Andragogische und pädagogische Probleme, die aus ehe-

licher Situation erwachsen«, unveröffentlichte Diplomarbeit, Frankfurt/Main 1978
Freyer, H.: *Theorie des gegenwärtigen Zeitalters,* Stuttgart 1955
Frisch, H.: *Ehe?,* S. Fischer, Frankfurt/Main 1983; Fischer Taschenbuch 3861.
Fritsch, I.: *Eltern trennen sich,* Reinbek bei Hamburg 1980
Fuchs, M.: *Funktionelle Entspannung,* Stuttgart 1974
Gamm, H.-J.: *Sachkunde zur Biblischen Geschichte,* München 1965
Gardavsky, V.: *Hoffnung aus der Skepsis,* München 1970a
– *Gott ist nicht ganz tot,* München 1970b
Glueck, S. / Glueck, E.: *Unraveling Juvenile Delequency,* New York 1950
Gmelin, O.: »Die hauswirtschaftliche Entmündigung des Mannes« in: Ostermeyer, H. (Hrsg.): *Ehe – Isolation zu zweit?,* Frankfurt/Main 1979; Fischer Taschenbuch 3403.
Görlich / Lorenzer / Schmidt: *Der Stachel Freud,* Frankfurt/Main 1980
Goffmann, E.: »Role-distance« in: *Encounters. Two Studies in the Sociology of Interaction,* Indianapolis 1961
Goldberg, H.: *Der verunsicherte Mann,* Reinbek bei Hamburg 1982
Grassi, E. (Hrsg.): *Familientherapie,* Band 1 und 2, Reinbek bei Hamburg 1975
Graumann, C. (Hrsg.): *Handbuch der Psychologie,* Band 7, 1. und 2. Halbband, Göttingen 1972
Green, H.: *Ich hab dir nie einen Rosengarten versprochen,* Stuttgart 1973
Häfner, H. / Picard, W. (Hrsg.): *Psychiatrie in der Bundesrepublik Deutschland – 5 Jahre nach der Enquète,* Bonn 1980
Häsing / Stubenrauch / Ziehe (Hrsg.): *Narziß – ein neuer Sozialisationstypus,* Bensheim 1979
Heinert, K. (Hrsg.): *Einstellungs- und Verhaltensänderung,* München/Basel 1979
Heinrichs, Hans-Jürgen (Hg.), *Das Fremde verstehen,* Fischer Taschenbuch 42275
Heisterkamp, G.: »›Kriegskosten‹ der Finalität« in: Reinelt/Ottalorá/Kappus (Hrsg.): *Beiträge zur Individualpsychologie,* 3, München/Basel 1983
– »Progressive und regressive Momente in der Therapie«, in: *Beiträge zur Individualpsychologie,* 6, München 1985.
Hellgardt, H.: »Die Psychosen« in: Schmidt, R. (Hrsg.): *Die Individualpsychologie Alfred Adlers,* Stuttgart 1982
Hirsch, E.: »Soziale Werte« in: Bernsdorf, W. (Hrsg.): *Wörterbuch der Soziologie,* Stuttgart 1969

Hirsch, S.: »Eltern als Verursacher der Schizophrenie«, in: *Der Nervenarzt*, Berlin/Heidelberg/New York 1979
Hobmayr / Treffer: *Individualpsychologie, Erziehung und Gesellschaft*, München 1979
Holzkamp, K. / Schurig, V.: »Einführung« zu Leontjew, A.: *Probleme der Entwicklung des Psychischen*, Kronberg/Ts. 1974
Horkheimer, M. / Adorno, Th.: *Dialektik der Aufklärung*, Frankfurt/Main 1984
Horney, K.: *Neurose und menschliches Wachstum*, München 1975
– *Unsere inneren Konflikte*, München 1976
Jackson / Bateson / Laing / Lidz / Wynne u. a.: *Schizophrenie und Familie*, Frankfurt/Main 1978
Janshen, D.: »Verstrickung und Aufbruch – Frauen zwischen den Zeiten« in: *Feministische Studien*, Weinheim 1/1982
Jörns, K.-P.: *Nicht leben und nicht sterben können*, Bd. 2, Göttingen 1979
Jouhy, E.: *Das programmierte Ich*, Frankfurt/Main 1976
– et al.: »Über die sozialpsychologischen Gründe terroristischen Verhaltens«, Sendung des Hess. Rundfunks vom 16. 11. 1977
– »Bedarf der Zustand des Elends der Lösung oder der Erlösung?« in: *Frankfurter Hefte*, Frankfurt/Main 12/82
– *Nicht auf Tafeln zu lesen... Leben. Denken. Handeln.* Frankfurt/Main 1983
– »Ethnozentrismus und Egozentrismus – zur kollektiven und individuellen Verinnerlichung von Werten« in: *Pädagogik dritte Welt*, Jahrbuch 1983, Frankfurt/Main 1983
– »Technisch-sozialer Wandel in seiner Beziehung zu Kind und Familie« in: Landesjugendamt Wiesbaden (Hrsg.): »Wie wird die Kindertagesstätte der Zukunft aussehen?«, Tagungsdokumentation, Wiesbaden 1984
– et Christ-Bode, U.: »Kritische Überlegungen aus Theorie und Praxis zu den Begriffen ›Gemeinschaftsgefühl‹ und ›Toleranz‹« in: Reinelt / Ottalorá / Kappus: *Beiträge zur Individualpsychologie*, 3, München/Basel 1984
– »Heimat ist öffentliches Engagement« in: *päd. extra*, Bensheim 10/84
– »Woher der Mut zum nüchternen Umgang mit politischer Bedrohung?« in: *Zeitschrift für Individualpsychologie*, München/Basel 1/1985
Kappeler / Holzkamp / Osterkamp: *Psychologische Therapie – politisches Handeln*, Frankfurt/Main/New York 1977
Kausen, R. Hrsg.: *Mut zur Unvollkommenheit*, Luzern/Stuttgart 1979

Kehrer, A. / Scheer, P.: *Das weite Land der Individualpsychologie,* Wien 1983
Keupp, H.: *Psychische Störungen als abweichendes Verhalten,* München/Berlin/Wien 1972
Kindlers Literaturlexikon, Bd. VIII, Zürich 1980
König, R.: »Soziale Normen« in: Bernsdorf, W. (Hrsg.): *Wörterbuch der Soziologie,* Frankfurt 1979
Kohlberg, L.: »The child as a Moral Philosopher« in: *Psychology today* 2/1968
Kolakowski, L.: *Der Mensch ohne Alternative,* München 1976
– *Leben trotz Geschichte,* München 1980
Kopp, S.: *Rollenschicksal und Freiheit,* Paderborn 1982
– *Triffst du Buddha unterwegs,* Frankfurt/Main 1983; Fischer Taschenbuch 3374
von Krockow, Ch. Graf: »Grenzen – vom Letzten und vom Vorletzten« in: *Die Zeit* 19/1983
Kruttke-Rüping, M.: »Zur Wechselbeziehung von Kausalität und Finalität« in: *Zeitschrift für Individualpsychologie,* München/Basel 4/1984
Künzli, A.: »Menschenbild und demokratischer Sozialismus« in: *Die neue Gesellschaft,* Bonn 1/1984
Kutter, P.: *Sozialarbeit und Psychoanalyse,* Göttingen 1974
– *Die menschlichen Leidenschaften,* Stuttgart 1978
– »Emotionalität und Körperlichkeit« in: *Praxis der Psychotherapie und Psychosomatik,* Bd. 25, Berlin/Heidelberg 1980
Laing, R.: *Knoten,* Reinbek bei Hamburg 1982
Lasch, Ch.: *Das Zeitalter des Narzißmus,* München 1980
Lempp, R. (Hrsg.): *Psychische Entwicklung und Schizophrenie,* Bern/Stuttgart/Toronto 1984
Leontjew, A. N.: *Probleme der Entwicklung des Psychischen,* Kronberg/Ts. 1977
Leuner, H.: *Katathymes Bilderleben. Ergebnisse in Theorie und Praxis.* Bern/Stuttgart/Wien 1980
– *Katathymes Bilderleben,* Grundstufe, Stuttgart/New York 1981
Linden, K.-J.: *Der Suizidversuch,* Stuttgart 1969
zur Lippe, R.: »Objektiver Faktor Subjektivität« in: *Kursbuch 35,* Berlin 1974
Lidz, Th. / Fleck, S.: *Die Familienumwelt der Schizophrenen,* Stuttgart 1979
Lorenzer, A.: *Sprachzerstörung und Rekonstruktion,* Frankfurt/Main 1973
– *Die Wahrheit der psychoanalytischen Erkenntnis,* Frankfurt/Main 1974
– *Intimität und soziales Leid,* S. Fischer, Frankfurt/Main 1984

Lowen, A.: *Bioenergetik*, Reinbek bei Hamburg 1979
– *Der Verrat am Körper*, Bern/München 1980
Marcks, M.: *Roll doch das Ding, Blödmann*, München 1981
Marx, Karl.: *Das Kapital*, Bd. 1, Berlin-Ost 1962
– *Die Frühschriften*, Stuttgart 1971
Mead, H.: *Gesammelte Aufsätze*, Bd. 1 und 2, Frankfurt/Main 1980
Mead, M.: *Coming of Age in Samoa*, New York 1928
Mensack, A. (Hrsg.): *Gespräche mit Manès Sperber und Leszek Kolakowski*, Hamburg 1980
Miller, A.: *Das Drama des begabten Kindes*, Frankfurt/Main 1979
– *Du sollst nicht merken*, Frankfurt/Main 1983
Mitscherlich, A.: *Die Idee des Friedens und die menschliche Aggressivität*, Frankfurt/Main 1970
– *Freiheit – Eine Utopie?*, Frankfurt/Main 1975
– *Der Kampf um die Erinnerung*, München 1975
– *Krankheit als Konflikt*, Frankfurt/Main 1978
Mitscherlich, M.: *Die friedfertige Frau*, S. Fischer, Frankfurt/Main 1985; Fischer Taschenbuch 4702
Muck / Schröter / Klüver / Eberenz / Kennel / Horn: *Information über Psychoanalyse*, Frankfurt/Main 1974
Mueller, E. / Thomas, A.: *Einführung in die Sozialpsychologie*, Göttingen 1974
Müller, K.: *Leid – Glaube – Vernunft*, Stuttgart 1982
Naske, R. (Hrsg.): *Aufbau und Störungen frühkindlicher Beziehungen zu Mutter und Vater*, Wien 1980
Napier, A. / Whitaker, C.: *Die Bergers*, Reinbek bei Hamburg 1982
Navratil, L.: *Schizophrenie und Sprache*, München 1968
Nikelly, A.: *Neurose ist eine Fiktion*, München 1978
Overbeck, G.: *Krankheit als Anpassung*, Frankfurt/Main 1984
von Paczensky, S.: *Frauen und Terrorismus*, Reinbek bei Hamburg 1978
Parsons, T.: *Toward a General Theory of Action*, Cambridge, Mass. 1951
Peseschkian, N.: *Der Kaufmann und der Papagei*, Fischer Taschenbuch 3300
– *Positive Familientherapie*, S. Fischer, Frankfurt/Main 1980; Fischer Taschenbuch 6761.
Piaget, J.: *The Moral Development of the Adolescent in Two Types of Society: Primitive and ›Modern‹*, Paris 1947
– *Das moralische Urteil beim Kinde*, Zürich 1954
Porep, R.: »Zum Begriff der Regression in der Individualpsychologie«, in: *Beiträge zur Individualpsychologie*, 6, München 1985
Rattner, J.: *Psychologie der zwischenmenschlichen Beziehungen*, Olten 1969; Fischer Taschenbuch 6771

– *Tiefenpsychologie und Politik,* Freiburg/Brsg. 1970
– *Wirklichkeit und Wahn,* Frankfurt/Main 1976
Rausch, H.: »Pränatale Psychologie und ihre Bedeutung für eine präventive Medizin« in: *Musik und Medizin,* Neu-Isenburg, 10/1983
Rey, G.: *Neuer Mensch auf schwachen Füßen,* München 1982
Richter, H. E.: *Engagierte Analysen,* Reinbek bei Hamburg 1978
– *Der Gotteskomplex,* Reinbek bei Hamburg 1979
– *Alle redeten vom Frieden,* Reinbek bei Hamburg 1981 a
– *Sich der Krise stellen,* Reinbek bei Hamburg 1981 b
Riemann, F.: *Grundformen der Angst,* München/Basel 1978
Ringel, E.: »Die Begegnung der Individualpsychologie mit der Psychoanalyse«, in: Reinelt / Ottalorá / Kappus: *Beiträge zur Individualpsychologie, 3,* München 1984
Rolfes, H.: *Der Sinn des Lebens im marxistischen Denken,* Düsseldorf 1971
Ruwwe, S.: »Die Nekrophilie der kapitalistischen Wirtschaftsweise« in: *Die neue Gesellschaft,* Bonn 11/1984
Sarbin, Th. /Mancuso, J.: *Schizophrenie,* München/Wien 1982
Schmidbauer, W.: *Die hilflosen Helfer,* Reinbek bei Hamburg 1977
– *Helfen als Beruf,* Reinbek bei Hamburg
Schmidt, R.: *Träume und Tagträume,* Stuttgart 1980
– »Psychosomatische Medizin« in: Schmidt, R. (Hrsg.): *Die Individualpsychologie Alfred Adlers,* Stuttgart 1982
– »Befreiung durch rückkehrendes Erinnern« in: *Zeitschrift für Individualpsychologie,* München/Basel 2/1984
Schneider, M.: *Den Kopf verkehrt aufgesetzt,* Darmstadt/Neuwied 1981
Schultz-Hencke, H.: *Das Problem der Schizophrenie,* Stuttgart 1952
Searles, H.: *Der psychoanalytische Beitrag zur Schizophrenieforschung,* München 1974
Seehausen, H.: »Moderne Technologie – ihre Auswirkungen auf die private Existenz, öffentliche Erziehung und Bildung«, unveröffentlichtes Vortragsmanuskript, italienisch-deutsche Fachtagung der Friedrich-Naumann-Stiftung in Kooperation mit dem Arbeitskreis Bürgerinitiativen Rom 1981
Seidel, M.: »Regression als therapeutisches Agens in der individualpsychologischen Therapie – oder: Die ermutigende Begegnung mit dem Defizit«, in: *Beiträge zur Individualpsychologie,* 6, München 1985
Seidenfuß, J.: *Teleologische Erklärungen psychosozialer Störungen,* Frankfurt/Main 1979

Seiler, W.: *Grenzüberschreitungen,* Gießen 1980
Selvini-Palazzoli / Boscolo / Cecchin / Prata: *Paradoxon und Gegenparadoxon,* Stuttgart 1981
Shulman, B.: *Individualpsychologische Schizophreniebehandlung,* München 1980
Sölle, D.: *Das Recht, ein anderer zu werden,* Neuwied/Berlin 1971
Sölle, D. / Steffensky, F. (Hrsg.): *Politisches Nachtgebet in Köln 2,* Stuttgart 1971
Sölle, D.: *Leiden,* Stuttgart/Berlin 1973
– *Die Hinreise,* Stuttgart 1975
– *Sympathie,* Stuttgart 1978
– *Fürchte dich nicht, der Widerstand wächst,* Zürich 1982
– *Aufrüstung tötet auch ohne Krieg,* Stuttgart 1982
Sperber, M.: *Zur Analyse der Tyrannis,* Wien 1975
– *Individuum und Gemeinschaft,* Stuttgart 1978
Spitz, R.: *Vom Säugling zum Kleinkind,* Stuttgart 1972
– *Die Entstehung der ersten Objektbeziehungen,* Stuttgart 1973
– *Vom Dialog,* Stuttgart 1976
Stammer, O.: Stichwort: »Macht« in: Bernsdorf, W. (Hrsg.): *Wörterbuch der Soziologie 2,* Frankfurt/Main 1979
Stern, H.: *Die Couch,* S. Fischer, Frankfurt/Main 1983
Stierlin, H.: *Von der Psychoanalyse zur Familientherapie,* Stuttgart 1975
Strasser, J. / Traube, K.: *Die Zukunft des Fortschritts,* Bonn 1981
Strohm, H.: *Friedlich in die Katastrophe,* Hamburg 1977
Strzyz, K.: *Sozialisation und Narzißmus,* Wiesbaden 1978
Süllwold, L.: *Schizophrenie,* Stuttgart 1983
Sullivan, H.S.: *Das psychotherapeutische Gespräch,* Frankfurt/Main 1976
Szasz, Th.: *Schizophrenie,* Fischer Taschenbuch 6389
Tenbrink, D.: »Persönlichkeit als zielgerichtete Einheit und das Konzept vom intrapsychischen Konflikt« in: *Zeitschrift für Individualpsychologie,* München/Basel 1/1985
Titze, M.: *Lebensziel und Lebensstil,* München 1979
– »Einleitung« zu Shulman, B.: *Individualpsychologische Schizophreniebehandlung,* München 1980
Totmann, R.: *Was uns krank macht,* München 1982
Turner, R.: »Role-Taking« in: *Human Behaviour and Social Processes,* London 1962
Wagnerová, A.: *Scheiden aus der Ehe,* Reinbek bei Hamburg 1982
Watzlawick, P. / Beavin, J. / Jackson, D.: *Menschliche Kommunikation,* Bern/Stuttgart/Wien 1974
Watzlawick, P. / Weakland, J. / Fisch, R.: *Lösungen,* Bern/Stuttgart/Wien 1974

Watzlawick, P.: *Wie wirklich ist die Wirklichkeit?*, München/Zürich 1976
– *Anleitung zum Unglücklichsein*, München 1983
Wiesel, E.: *Adam oder das Geheimnis des Anfangs*, Freiburg im Breisgau 1980
Winnicott, D.: *Piggle*, Stuttgart 1980
Wolff, H.: *Neuer Wein – Alte Schläuche. Das Identitätsproblem des Christentums im Lichte der Tiefenpsychologie*, Stuttgart 1981
Zink, J.: *Vielleicht ist es noch nicht zu spät*, Stuttgart 1983

Bitte umblättern:

Alfred Adler
Werkausgabe

Herausgegeben von Oliver Brachfeld (†), Wolfgang Metzger (†), Heinz L. Ansbacher und Robert F. Antoch

Studie über Minderwertigkeit von Organen (1907; 1927)
Band 6349

Über den nervösen Charakter (1912; 1928) · Band 6174

Heilen und Bilden (1914; 1928) · Band 6220

Praxis und Theorie der Individualpsychologie (1920; 1930) · Band 6236

Menschenkenntnis (1927; 1947) · Band 6080

Die Technik der Individualpsychologie
Teil 1: **(1928)** · Band 6260
Teil 2: **(1930)** · Band 6261

Individualpsychologie in der Schule (1929)
Band 6199

Lebenskenntnis (1929; 1978)
Band 6392

Psychotherapie und Erziehung I (1919–1929) · Band 6746

Neurosen (1929; 1981)
Band 6735

Das Problem der Homosexualität (1930) · Band 6337

Kindererziehung (1930; 1976)
Band 6311

Das Leben gestalten (1931; 1979)
Band 6393

Wozu leben wir? (1931; 1979)
Band 6708

Psychotherapie und Erziehung II (1930–1932) · Band 6747

Der Sinn des Lebens (1933)
Band 6179

Psychotherapie und Erziehung III (1933–1937) · Band 6748

Religion und Individualpsychologie
Band 6283

Fischer Taschenbuch Verlag

fi 83/1

Geist und Psyche
Begründet von Nina Kindler 1964

Psychoanalyse

Hilda Abraham
Karl Abraham
Band 42213

Raymond Battegay
Psychoanalytische Neurosenlehre
Band 42279

J. Cremerius/Sven O. Hoffmann/W. Trimborn
Psychoanalyse, Über-Ich und soziale Schicht
Band 42206

Kurt R. Eissler
Todestrieb, Ambivalenz, Narzißmus
Band 42208

Sándor Ferenczi
Zur Erkenntnis des Unbewußten
und andere Schriften zur Psychoanalyse
Band 42194

Anna Freud
Das Ich und die Abwehrmechanismen
Band 42001
Einführung in die Technik der Kinderanalyse
Band 42111

Leon Grinberg/Marie Langer/Emilio Rodriguez
Psychoanalytische Gruppentherapie
Band 42094

Marie Jahoda
Freud und das Dilemma der Psychologie
Band 42276

Werner W. Kemper
Der Traum und seine Be-Deutung
Band 42184

Fischer Taschenbuch Verlag

fi 350/2a

Geist und Psyche
Begründet von Nina Kindler 1964

Psychoanalyse

Melanie Klein
Ein Kind entwickelt sich
Band 42222
Die Psychoanalyse des Kindes
Band 42291

Peter Kutter
Psychoanalyse in der Bewährung
Methode, Theorie und Anwendung
Band 42263

Peter Kutter/Jörg K. Roth
Psychoanalyse an der Universität
Band 42228

Stavros Mentzos
Neurotische Konfliktverarbeitung
Band 42239
Hysterie
Band 42212

Stavros Mentzos
Angstneurose
Band 42266

Theodor Reik
Die verschlungenen Wege des Selbst
Band 42235

D. W. Winnicott
Von der Kinderheilkunde zur Psychoanalyse
Band 42249
Reifungsprozesse und fördernde Umwelt
Studien zur Theorie der emotionalen Entwicklung
Band 42255
Familie und individuelle Entwicklung
Band 42261

Anton Zottl
Otto Rank
Band 42229

Fischer Taschenbuch Verlag

fi 350/4b

Geist und Psyche
Begründet von Nina Kindler 1964

Psychologische Ratgeber

Gordon W. Allport
Werden der Persönlichkeit
Band 42127

Leon Chertok
Hypnose
Band 42102

Maurice Dongier
Neurosen
Band 42241

Hans Driesch
Parapsychologie
Band 42030

John Eccles/Hans Zeier
Gehirn und Geist
Band 42225

Lili Fleck
Weiblicher Orgasmus
Band 42170

Viktor E. Frankl
Ärztliche Seelsorge
Band 42157

Anna Freud
Einführung in die Technik der Kinderanalyse
Band 42111

Gesellschaft für wissenschaftliche Gesprächstherapie
Die klientenzentrierte Gesprächspsychotherapie
Band 42149

Herbert Goetze/Wolfgang Jaede
Nicht direktive Spieltherapie
Band 42262

Leon Grinberg/Marie Langer/Emilio Rodrigue
Psychoanalytische Gruppentherapie
Band 42094